Les pathologies de la personnalité

perspectives développementales

GILLES DELISLE

Les Éditions du CIG

Montréal

Du même auteur

aux Éditions du Reflet

Les Troubles de la personnalité, perspective gestaltiste
La relation d'objet en Gestalt-thérapie
Vers une psychothérapie du lien

Aux Presses de l'Université du Québec

Le changement planifié
(première édition 1981, avec Pierre Collerette)

Les Éditions du CIG
5285 boulevard. Décarie, bureau 300
Montréal (Québec) H3W 3C2
Tél. et télécopie : 514-481-4134
administration@cigestalt.com
www.cigestalt.com

Dépôt légal : premier trimestre 2004
Bibliothèque et Archives Canada
Bibliothèque nationale du Québec

ISBN 2-9807561-0-5

Remerciements

Ce livre est en chantier depuis plusieurs années. S'il a pu voir le jour, malgré les aléas de la vie professionnelle et de la vie personnelle, il le doit au soutien, à la présence et aux encouragements d'un groupe de personnes, sans lesquelles l'écriture serait une activité trop solitaire…

Je remercie d'abord Sylvie Filiault qui s'est acquittée admirablement de la tâche fastidieuse et difficile de retranscrire les conférences et le matériel clinique nécessaires à l'armature de ce livre. Ensuite, je dois remercier Christiane Asselin, mon indispensable correctrice d'épreuves, pour sa patience à corriger autant que possible ma ponctuation, mes phrases interminables et quelques barbarismes aussi pernicieux que persistants.

J'exprime aussi ma reconnaissance aux superviseurs du CIG, membres du Groupe de Recherche sur l'Intégration en Psychothérapie, en Europe et au Québec. Leur présence stimulante, leurs questionnements au fil de la série de conférences qui a précédé ce livre m'ont servi de carburant et m'ont aidé à préciser, voire à réviser des éléments essentiels de ce qui sera présenté ici.

Merci aussi à mes fils, le petit François et le grand Patrick, de m'avoir permis d'être père, d'errer parfois et de voir leur résilience colmater les brèches…

Merci enfin à Line Girard, ma collègue du CIG, ma première lectrice, ma compagne, mon amie.

TABLE DES MATIÈRES

Introduction

J'ai reçu ma formation de psychologue clinicien pendant les années 1970. Comme tous les psychologues québécois, j'ai été, au cours de mes études, exposé aux trois grands courants de pensée en psychologie clinique : la psychanalyse, le comportementalisme et l'humanisme. Pour toutes sortes de bonnes et de mauvaises raisons, dont j'ai parlé ailleurs (Delisle, 1999), je me suis rapidement senti en affinité avec le courant existentiel-humaniste et, un peu plus tard, avec la Gestalt-thérapie. Je m'y suis formé d'abord à Montréal, auprès de Susan Saros, puis à San Diego, auprès d'Erving et Miriam Polster. Au cours de cette décennie d'études, j'ai eu la chance d'étudier avec Laura Perls, Isadore From, Jim Simkin et quelques autres parmi la première génération de gestaltistes.

Aujourd'hui, un quart de siècle plus tard, je sens toujours en moi les réflexes expérientiels que j'ai développés au contact de ces formateurs passionnés et passionnants. Toutefois, depuis la fin des années 1980, je me suis un peu écarté de cette route pour voyager ailleurs, en quête de quelque chose qui me manquait et dont je ressentais l'absence dans ma pratique clinique. Si la Gestalt-thérapie m'a légué un mode de présence à l'Autre, tout à son attention au moment présent, elle ne m'a pas permis de comprendre ou même de réfléchir sur le sens de la trajectoire de cet Autre. La Gestalt-thérapie n'a jamais fait mystère de l'absence, au sein de son appareil conceptuel, d'une théorie du développement de la personnalité et, par extension, d'une théorie de la pathogenèse. Il n'y a là, du point de vue de l'épistémologie gestaltiste, nulle incohérence, comme j'ai tenté de le démontrer dans *La relation d'objet en Gestalt-thérapie*[1]. Pour ma part, j'en arrivais, vers la fin des années 1980, à la conclusion qu'il ne m'était plus possible d'être conséquent dans ma pratique et mon enseignement en continuant à faire

---

[1] L'orthographe du titre (*Gestalt-thérapie*) a été corrigée avec la permission de l'auteur.

reposer sur la stricte phénoménologie du champ, telle que présentée par Perls, Hefferline et Goodman en 1951, la logique théorico-clinique sous-jacente à mes interventions cliniques.

C'est dans cet élan que j'ai d'abord voulu revisiter tant les théories classiques de la pathogenèse de la personnalité que les nosographies de la psychiatrie contemporaine. Cela a d'abord donné un essai de conciliation entre la classification psychiatrique du *DSM* et la phénoménologie de la frontière-contact, telle qu'enseignée par Erving et Myriam Polster et Polster (Delisle, 1991).

Puis, à partir de 1992, à la faveur de séminaires théorico-cliniques que je dirigeais, tant à Paris qu'au Québec, j'ai commencé à tenter divers rapprochements entre la théorie gestaltiste du Soi de Perls *et al.* et certaines des théories post-freudiennes du développement. Ces essais, pour stimulants qu'ils soient, me laissaient insatisfait : il me semblait toujours qu'il y manquait une structure intégrative de base à la Gestalt-thérapie, telle que je la pratiquais, c'est-à-dire une présence expérientielle, nourrie de fragments épars de théories psychanalytiques, elles-mêmes souvent contradictoires. J'ai voulu dépasser le simple rapprochement plus ou moins éclectique et aller plus loin dans cette logique intégrative. C'est ce qui a fondé ma thèse doctorale, publiée en 1998 sous le titre *La relation d'objet en Gestalt-thérapie*. Cet ouvrage contient une proposition visant à intégrer, dans la théorie du Soi, une structure de base qui permette de penser la pathogenèse de la personnalité sans renoncer aux paramètres fondamentaux de la théorie du champ.

Si l'on admet le point de vue qui y est énoncé, on considère que la structure étiologique fondamentale des pathologies de la personnalité est multifactorielle, qu'elle prend racine dans le champ développemental et qu'elle se maintient en introduisant des distorsions spécifiques dans le champ expérientiel. À partir de là, il devient théoriquement utile et cliniquement indispensable de s'intéresser au champ développemental et à la dynamique de ses différents enjeux.

C'est presque par accident que j'ai entrepris, en 1998, un travail de recherche théorico-clinique et d'enseignement qui m'a conduit à étudier trois grands axes développementaux : l'attachement, l'estime de soi et l'érotisme. En 1997, dans le cadre du congrès de l'Ordre des psychologues du Québec, j'avais animé un atelier portant sur les enjeux narcissiques en psychothérapie. Normalement, pour un atelier de six heures, j'aurais dû consacrer une vingtaine d'heures à la préparation. Or, après des jours et des jours de lecture, d'analyse de comptes-rendus de séances et d'études de cas, je découvrais, dans un mélange de stupeur naïve et d'excitation, que j'en étais encore au début d'un univers de connaissances théorico-cliniques chargé de théories complexes, de simplicités fumeuses, de débats contradictoires, parfois éclairants, parfois suspects... Au cours des cinq années qui ont suivi, j'ai voulu trier ce matériel, le mettre à l'épreuve de la clinique, l'organiser et l'intégrer à l'armature de la théorie du développement du Soi à laquelle j'avais abouti dans ma thèse. J'ai voulu le faire dans le respect des règles épistémologiques que j'avais adoptées jusque-là. C'est ainsi que j'ai eu l'occasion de présenter ce matériel à quelques centaines de professionnels de la santé mentale, et ce, dans le cadre d'une série de séminaires et d'ateliers théorico-cliniques sur les enjeux développementaux que j'ai animés depuis 1998, tant à l'étranger qu'au Québec.

Le présent ouvrage est donc issu de ces recherches. Il est enrichi par la discussion au sein des séminaires ainsi que par la pratique de ceux qui les ont suivis. Il n'a pas pour prétention de constituer une somme, loin de là ! Chaque année, des milliers d'articles concernant chacun des thèmes que nous aborderons ici sont publiés dans diverses revues professionnelles ou scientifiques. On observe donc un écart croissant entre la pratique du généraliste et les connaissances très pointues qui s'élaborent dans chaque sphère.

Or, nul ne peut tout lire et d'ailleurs, il est pertinent de se poser les questions suivantes : ce qui est récent est-il nécessairement plus juste que ce qui date ? Ce qui est scientifiquement mesurable et démontrable est-il cliniquement intéressant ? Ce qui intéresse le clinicien doit-il forcément être soumis à la mesure et démontré ?

À l'inverse du caractère de plus en plus pointu de la théorie et des recherches cliniques, de nombreuses forces socioéconomiques se conjuguent pour exercer une pression à la simplification de la pratique clinique. Les *psys* sont à la mode ! Ils sont partout : sur les lieux de travail, sur les plateaux de télévision, à la radio. Leurs services sont remboursés par des assurances privées ou collectives, à la condition de *faire vite*, que ça ne coûte pas trop cher et que l'on ne se complaise pas dans les méandres d'un vague « mal de vivre » ! Bref, le clinicien généraliste d'aujourd'hui se trouve souvent tiraillé par ces deux forces contradictoires. Il cherche à asseoir sa pratique sur des bases solides et à garder ses connaissances à jour, tout en veillant à ce qu'elles fertilisent une pratique clinique de plus en plus variée, où les pathologies lourdes côtoient les demandes d'aide situationnelles. Quel que soit le profil de sa pratique, *a minima*, le généraliste doit pouvoir repérer les pathologies de la personnalité et en comprendre les principaux ressorts. Cette compétence essentielle lui permet de faire des choix cliniques éclairés.

Le but du présent ouvrage est donc modeste : être utilisable afin d'accompagner le psychothérapeute généraliste dans sa pratique, au quotidien. Évidemment, il ne dispense personne de réfléchir et de développer ses propres lectures, au gré de ses intérêts et de ses interrogations spécifiques.

La structure intégrative qui fonde le présent ouvrage est donc celle qui est connue aujourd'hui sous le double vocable de *psychothérapie du lien* et de *PGRO* ou *Psychothérapie gestaltiste des Relations d'Objet.* Toutefois, le texte est écrit à l'intention de tout psychothérapeute désireux de tenir compte des réalités développementales. Le lecteur peu familiarisé avec le système théorico-clinique de la psychothérapie du lien trouvera, dans les premiers chapitres, une présentation synthétique de ses tenants et aboutissants. Cela devrait lui permettre, par la suite, de lire et utiliser les chapitres consacrés aux grands enjeux développementaux d'une manière cliniquement judicieuse.

CHAPITRE 1

Les enjeux développementaux dans l'étiologie des personnalités pathologiques

Les troubles de la personnalité, tels qu'ils sont définis dans le *DSM*, présentent l'avantage de circonscrire, et ce, dans un tableau clinique donné, les aspects durables et syntones d'une organisation pathologique. Il s'agit d'un des fondements du système multiaxial qui constitue l'armature nosographique de la psychiatrie empirique américaine.

Cette façon de voir n'a toutefois pas que des avantages. Ainsi, pour arriver à départager les troubles de la personnalité et les syndromes cliniques, l'*APA* a dû opter pour une épistémologie empiriste, laquelle devait, entre autres, permettre à des cliniciens d'orientations théoriques diverses de communiquer. Ce faisant, on a dû renoncer à tout un patrimoine de connaissances, construit depuis un siècle et procédant d'une autre épistémologie : celui de la tradition psychodynamique et développementale. Si le *DSM* nous permet d'appuyer un diagnostic sur des observations contrôlables, il ne nous est d'aucun secours quand vient le temps de comprendre l'étiologie et la fonction psychique d'une pathologie de la personnalité.

Or, ces pathologies semblent présenter des caractéristiques suffisamment particulières pour que nous les distinguions des autres troubles mentaux, en les plaçant sur un axe différent de celui des syndromes cliniques, c'est-à-dire sur l'axe II. Voyons-en les caractéristiques : ils sont en général présents depuis le début de l'âge adulte, ils tendent à être syntones au moi et sont répandus dans une variété de contextes. C'est dire qu'ils se maillent à l'identité du sujet, d'où leur appellation de *troubles de la personnalité.* Ces pathologies étant intimement liées à l'identité du sujet, il faut tenir compte de cette immersion du sujet, à la fois dans ce qui le définit et dans ce qui est à la source de sa souffrance. On ne saurait, aujourd'hui, approcher ces structures identitaires complexes d'une manière unidimensionnelle. Les pathologies de la personnalité se construisent à l'intersection de plusieurs facteurs étiologiques où l'on doit nécessairement mettre en relation l'inné et l'acquis, le génétique et le psychologique ainsi que les facteurs de risque et de résilience, présents tant chez le sujet que dans son environnement développemental.

Il appert que, dans l'histoire de la connaissance sur le développement de la personne, chacun de ces champs d'étude nécessaires à la compréhension des pathologies de la personnalité s'est développé parallèlement aux autres. Récemment, des dialogues ont commencé à s'établir entre ces champs de connaissance. On est encore loin d'une quelconque synthèse entre les théories de l'apprentissage social, les théories psychodynamiques et les neurosciences appliquées. Néanmoins, il devient possible de modéliser un système hypothétique d'interactions entre les divers facteurs impliqués dans le développement de la personnalité et dans la pathogenèse des troubles de la personnalité. C'est ce que montre la figure 1.

Figure 1 : Le développement multifactoriel

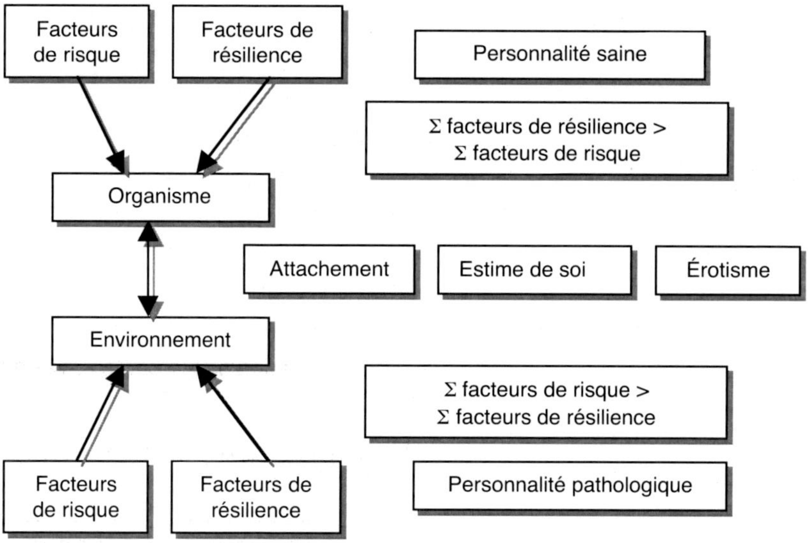

Posons que le développement de la personne est un phénomène de champ, au sens *lewinien* du terme, c'est-à-dire qu'il est soumis à une multitude de forces qui se conjuguent pour imprimer, dans le développement de chaque individu, une trajectoire qui lui est propre. Dans ce champ développemental, se rencontrent initialement un organisme psychophysiologique, une personne en devenir et un environnement au sens large, c'est-à-dire : humain, matériel, économique, politique, social et culturel. L'organisme psychophysiologique est mû par un programme génétique personnel et par un engramme phylogénétique lié à son appartenance à l'espèce humaine. Au troisième chapitre, nous parlerons de la nature de cette motion ou de ce premier moteur développemental. Quoi qu'il en soit de cette poussée originelle de l'organisme, celui-ci doit évoluer dans un environnement multiforme, pluridimensionnel. On peut dire que le développement de la personne résulte de l'interaction entre l'organisme et l'environnement. Or, chacun des deux pôles du champ organisme-environnement est porteur de forces que l'on pourrait, dans la terminologie du champ *lewinien*, qualifier de motrices ou freinantes. Ces forces soutiennent le développement ou l'entravent. Nous appellerons les forces freinantes : « facteurs de risque sur le plan développemental » et les forces motrices : « facteurs de résilience », au sens où les présente Boris Cyrulnik. Il se dégage alors une matrice d'interactions entre 4 ensembles de forces agissant dans le champ développemental.

Dans l'ensemble appelé « facteurs de risque inhérents à l'organisme », on peut placer les configurations du tempérament qui commencent à être étudiées et pourraient être rattachées à l'apparition d'une pathologie de la personnalité. Le tempérament est défini comme étant *la composante stylistique du comportement.* Ainsi, le tempérament ne détermine pas ce que l'on fait (le comportement) ni pourquoi on le fait (la motivation), mais bien comment on le fait (Cloninger et Svrakic, 2000). Que doit-on entendre par « singularité génétique du tempérament » ? À titre d'exemple, Cloninger et Svrakic identifient 4 traits de tempérament interagissant pour donner à chaque individu sa texture tempéramentale personnelle. Il s'agit de l'évitement de la douleur, de la recherche de la nouveauté, de la dépendance à la récompense et de la persistance. De son côté, Panksepp (1998) recense 4 systèmes d'activation émotionnelle : recherche de plaisir-jouissance, colère-rage, peur-angoisse, panique-détresse. Ces systèmes sont transmis phylogénétiquement. À l'aube de l'humanité, ils étaient déjà nécessaires à la survie de l'individu et de l'espèce. Ils sont « économiques », en ce sens qu'ils permettent une réponse automatique à des événements biologiquement significatifs. La singularité du tempérament de chaque individu viendrait de variations constitutionnelles d'une personne à l'autre.

Dans la foulée des recherches sur ces dimensions héritées génétiquement, on a pu mettre en relation certaines configurations de tempéraments et diverses pathologies de la personnalité. On peut donc dire que le tempérament hérité génétiquement peut constituer aussi bien un ensemble de facteurs de risque qu'un ensemble de facteurs de résilience inhérents à l'organisme psychophysiologique naissant.

Il en va de même de l'environnement, porteur lui aussi d'une configuration particulière où se retrouvent à la fois des facteurs de risque et des facteurs de résilience : santé mentale et physique des parents, conditions de vie sur le plan socioéconomique, scolarisation, éventuelles turbulences sociopolitiques, etc. Nous apprécierons d'ailleurs, dans chacun des chapitres consacrés aux grands enjeux développementaux, ces facteurs de risque et de résilience.

Ainsi, le développement résulte d'une rencontre entre un organisme psychophysiologique et un environnement, chacun porteur de facteurs de risque et de facteurs de résilience. Le Soi[2] naissant se développe en intériorisant[3] cet environnement, d'abord à travers les figures parentales, puis, dans un contact de moins en moins *médiatisé* par les parents, avec l'environnement au sens plus large. Également doté d'un engramme phylogénétique, le petit humain est outillé pour apprendre à se mouvoir, prendre et manier des objets, marcher et parler. Si son potentiel génétique est porteur d'une plus grande proportion de facteurs de résilience que de facteurs de risque, il aura davantage de chances de réaliser ce programme. Il en est de même pour son environnement. Le petit humain s'accomplira davantage si son environnement porte, lui aussi, davantage de facteurs de résilience que de facteurs de risque.

Mais qu'y a-t-il à accomplir ? La tâche est vaste ! D'abord, devenir une personne. Au mieux, devenir une personne outillée pour vivre sa vie, en extrayant la substance *vitale* des expériences vécues et en éliminant, de ces mêmes expériences, les éléments *toxiques*. Il existe de multiples façons de décliner les diverses ressources et habiletés qui donneront à la personne la santé et la robustesse psychiques nécessaires à l'accomplissement de son potentiel vital. Certains poseront que le ressort fondamental de la santé psychique, c'est la sécurité affective. D'autres parleront d'équilibre narcissique, d'autres de forces du moi. Enfin, certains ramènent le tout à deux capacités fondamentales : produire et aimer.

Je propose ici que nous organisions ces multiples tâches autour de 3 grands chantiers développementaux : l'attachement, l'estime de soi et l'érotisme. Cette articulation permet de rassembler un large patrimoine de connaissances, issues tant de l'observation de l'enfance et de la prime enfance que des récits d'adultes en psychothérapie, des recherches empiriques et de théorisations éclairées. Au-delà des divergences ou des nuances de

---

[2] Dans le présent ouvrage, nous utiliserons le terme *Soi* pour désigner la personne en tant qu'objet de sa propre conscience réflexive et de ses propres sentiments

[3] L'intériorisation est le processus par lequel certains des aspects du monde extérieur et certaines des relations avec celui-ci sont pris au sein de l'organisme et représentés dans sa structure interne. Nous avons opté pour ce terme, français, de préférence à l'anglicisme courant d'« internalisation ».

vocabulaire, l'organisation d'un patrimoine de connaissances sur le développement (autour de ces 3 grands enjeux développementaux) permet de profiter concrètement, sur le plan clinique, de complémentarités théoriques sous-jacentes et souvent dissimulées par un discours théorique conflictuel.

Nous pouvons maintenant énoncer la trame de fond du propos à venir : le développement psychique est un phénomène de champ où se rencontrent un organisme psychophysiologique et un environnement, au sein desquels se conjuguent un ensemble de forces appelées facteurs de risque et facteurs de résilience. Il prend la forme d'un parcours à travers 3 grands enjeux développementaux. On peut donc dire que la pathologie de la personnalité est la conséquence d'un manque de parachèvement de l'un ou plusieurs enjeux développementaux et que c'est dans la phénoménologie d'une pathologie spécifique que se profile la trace des enjeux inachevés. Nous pouvons établir l'hypothèse suivante, à savoir que l'incapacité à compléter un enjeu développemental donné résulte d'une configuration du champ développemental qui peut s'exprimer par cette équation :

Σ facteurs de risque > Σ facteurs de résilience = pathologie de la personnalité.

En d'autres termes, la somme des facteurs de risque dans le champ développemental, au sein de l'organisme et de l'environnement, est plus grande que la somme des facteurs de résilience. Cette équation rend compte de l'observation courante que sont à même de faire la plupart des cliniciens. Nous recevons des personnes ayant apparemment connu un environnement très porteur et qui, pourtant, souffrent, à l'âge adulte, d'une pathologie manifeste de la personnalité. Inversement, nous rencontrons des personnes ayant vécu dans un environnement extrêmement carencé et qui, elles, se portent plutôt bien.

Depuis Cyrulnik, nous reconnaissons mieux ces situations qui, jadis, auraient peut-être échappé à la logique des théories du développement. Nous commençons à comprendre qu'elles sont dues à la présence de facteurs de résilience qui, à côté d'autres facteurs mieux connus, les facteurs de risque, jouent un rôle dans la singularité des trajectoires développementales. Si la trame développementale peut se décliner ainsi, et si l'on accepte que la pathologie de la personnalité résulte d'une prépondérance de facteurs de risque, tant organiques qu'environnementaux, on est en mesure de mieux comprendre la capacité de l'adulte sain à vivre les hauts et les bas de l'existence sans qu'il sécrète des pathologies graves sur le plan psychologique.

Passer du stade de nourrisson doté d'un Soi embryonnaire à celui de personne adulte, c'est donc traverser un certain nombre d'épreuves, résoudre une série d'énigmes ou de problèmes développementaux qui se présenteront inévitablement à divers stades de la maturation psychophysiologique. Nous appellerons *enjeu développemental* chacun de ces axes de maturation, débutant plus ou moins tôt dans l'enfance, et qui préparent à affronter les grandes questions de l'existence humaine : Comment survivre ? Que faire de l'Autre ? Pourquoi la confiance ? Comment aimer, haïr ? Comment et pourquoi partir ? Comment et pourquoi rester ? Comment être libre et engagé, libre et attaché ? et combien d'autres questions ! Ainsi, la pyramide des besoins de Maslow, les stades de développement psychosexuel et autres typologies condensent en des termes différents ces axes développementaux.

La fonction psychologique de la personnalité en développement peut se représenter, métaphoriquement, comme le système immunométabolique de la psyché. Elle est alors l'équivalent psychique des systèmes digestif, métabolique et immunitaire. C'est à elle qu'il appartient de repérer, dans l'environnement, la nourriture psychique propre à assurer la santé et le développement continu. On peut avoir des « préférences alimentaires », par exemple la solitude, sans qu'elles renvoient à des pathologies comme la schizoïdie. Mais, nul n'étant invulnérable et parfaitement immunisé contre tout, chaque personnalité contient, outre des préférences, des vulnérabilités spécifiques (pour l'obsessionnel : l'incertitude, pour le dépendant : l'isolement, et ainsi de suite).

La personnalité se développe au fil d'un parcours qui exige de métaboliser, de la meilleure façon possible, un certain nombre d'enjeux développementaux. Le bon fonctionnement psychologique résulte de la métabolisation de chacun de ces enjeux (Johnson, 1994).

À l'âge adulte, il est donc caractérisé par un registre étendu et flexible de « préférences alimentaires » quant aux expériences recherchées et mises en place ainsi que par une capacité à métaboliser les événements de la vie afin d'en extraire l'énergie vitale. Cette flexibilité et cette métabolisation maximale ne signifient pas que la vie sera sans tristesse, sans inquiétude, sans tension et confusion et pas davantage que nous serons forcément un personnage sympathique et attachant. Cela signifie simplement que la personnalité est suffisamment exempte de déficiences structurelles pour ne pas sécréter de manière endogène des problématiques cliniques sérieuses, comme la dépression, l'hypocondrie, etc.

Cela étant dit, même les personnes bien portantes peuvent souffrir, de manière situationnelle, de troubles psychologiques nécessitant une intervention professionnelle. Cela se produit, par exemple, si l'intensité des facteurs de stress est telle que les capacités métaboliques et immunitaires de la psyché sont débordées. Il va de soi que nous pouvons souffrir d'un empoisonnement à la salmonelle sans pour autant présenter une déficience structurelle du système digestif.

La pathologie structurelle de la personnalité est la conséquence de l'échec de l'un ou de plusieurs enjeux développementaux. La personnalité pathologique se caractérise non seulement par une carence grave de ses capacités « digestives, métaboliques et immunitaires », mais également par le fait que ces carences s'accordent justement avec les préférences : le narcissique recherche constamment l'éloge, il le métabolise comme envie et confirme, de fait, un isolement affectif dans lequel l'appréciation de l'Autre n'est jamais nourrissante. À l'âge adulte, un ou des enjeux développementaux inachevés semblent persister. Le sujet cherche alors à remettre en place des configurations expérientielles propres à condenser ces enjeux. Cependant, au lieu d'arriver à les compléter, il se retrouve régulièrement dans une impasse. Impasse paradoxale, car elle est souffrance, mais elle permet aussi de rendre le monde prévisible au sein d'une expérience familière : « Cela fait mal, mais au moins la vie n'est pas absurde et insensée, car je connais cette expérience. » On reconnaît le besoin inconscient de trahison du paranoïaque, d'envie du narcissique, d'abandon du dépendant. Bref, un enjeu développemental est resté en friche. Ces enjeux développementaux sont tous cruciaux et liés de manière indissociable à notre condition d'être humain. Quand l'un d'eux ne peut être mené à terme, l'expérience de brisure ou d'échec du jeune enfant est, dans son intégralité, proprement intolérable. C'est pourquoi, à l'âge adulte, le sujet souffrant d'une pathologie structurale de la personnalité se doit d'ignorer la nature profonde de l'enjeu et son caractère inachevé : le paranoïaque ne sait pas qu'il a besoin d'être trahi, le narcissique ignore pourquoi il a besoin d'être envié et le dépendant ne se doute pas qu'il a besoin d'être abandonné. En fait, chacune de ces expériences est plutôt consciemment abhorrée. La figure 2 schématise le rapport entre l'organisme originel, l'environnement humain précoce, les enjeux développementaux et la personnalité pathologique

Figure 2 : Enjeux développementaux et personnalité pathologique

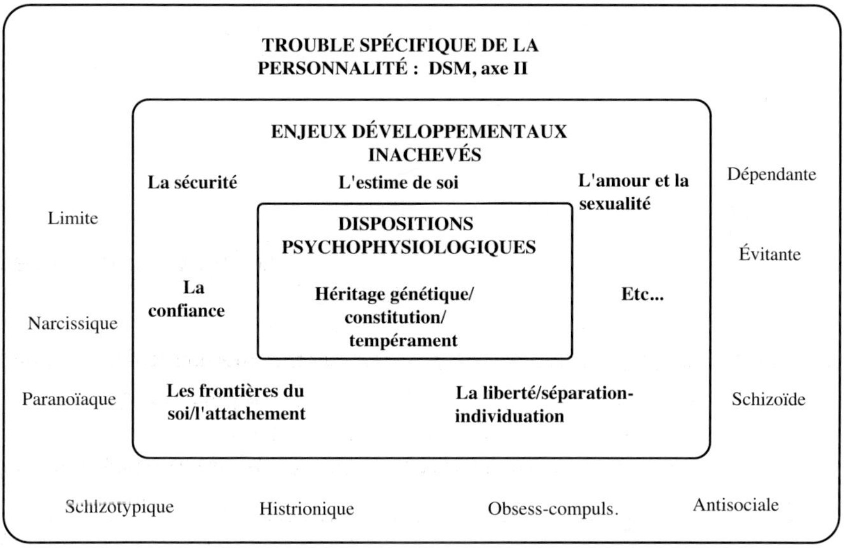

À partir de ce tableau, la tentation est forte d'établir des liens univoques entre tel enjeu et telle pathologie : enjeu de confiance = personnalité paranoïaque ; enjeu d'estime de soi = personnalité narcissique, etc. Il faut résister à ce leurre. Quiconque a travaillé assez longtemps avec des personnes présentant un trouble de la personnalité sait que les choses ne sont pas si simples. Souvent, nous découvrons que derrière une personnalité narcissique, par exemple, se cache une absence de la sécurité de base que fournit l'attachement précoce à une figure stable et fiable. L'apparent narcissisme sert alors de compensation pour l'incapacité à nouer avec un Autre fiable. La personne cherche à se rendre admirable afin d'induire chez cet Autre le désir de fusionner avec elle. C'est alors que le désir de l'Autre sert d'ersatz à l'attachement et de prothèse psychique visant à combler la béance.

Ainsi, dans les pathologies de la personnalité, un enjeu développemental est resté en friche. Il est inachevé, au sens gestaltiste du terme. Nous aurions tort de croire que cet ancien enjeu est devenu une espèce de site archéologique, figé par l'arrêt des travaux du temps jadis ! C'est en effet parce qu'il concernait une expérience indispensable, que le sujet transporte avec lui cet enjeu inachevé. Il doit le retrouver dans les champs significatifs de sa vie.

Il n'attribue pas seulement aux événements de sa vie des significations personnelles, comme nous l'enseigne la psychologie cognitive[4]; mais encore, il s'affaire activement à recréer les conditions présentant des affinités thématiques avec les enjeux non résolus. Il contribue donc à mettre en place des situations où les thèmes développementaux incomplets sont à nouveau présents. Il est à nouveau confronté à la complexité et à la douleur de l'attachement, de l'estime de soi, de la séparation, de l'individuation. La personne qui présente une pathologie de la personnalité produit et reproduit, dans sa vie courante, des impasses chronicisées qui ne relèvent pas simplement d'une lecture déficiente du réel. Ces impasses sont actualisées et impliquent des événements et des expériences réelles, vécues au sein de relations tout aussi réelles.

Or, quelle est la fonction de ces impasses, largement produites et chargées de significations par le sujet ? Pour comprendre, il faut savoir que l'enjeu développemental est resté en friche parce qu'il n'a pu s'achever dans une pleine prise de sens. En fait, une question et un problème restent posés. Ils attendent toujours leur réponse. Ce qui se substitue à la prise de sens et à la complétion expérientielle qu'elle aurait dû entraîner, c'est le dilemme et l'impasse <u>en tant que sens</u>. Autrement dit, tout se passe à l'âge adulte comme si le sens profond de l'expérience du sujet se résumait au dilemme non résolu ainsi qu'à la détresse subjective qui l'accompagne. Voilà une expérience paradoxale : la souffrance est ressentie et déplorée, mais elle est coupée de sa source signifiante et le sujet n'a pas conscience d'y participer autrement qu'en la subissant. En contrepartie, cette souffrance porte en elle-même une sorte de consolation : elle donne un sens à la vie. Le paranoïaque est dans une détresse considérable, encerclé par la malveillance d'autrui, cependant cette malveillance rend la vie prévisible, elle donne un sens et fournit une direction à sa vigilance.

On ne revient pourtant pas au masochisme de la compulsion de répétition. Le sujet ne reproduit pas l'impasse et le dilemme uniquement pour donner et maintenir un sens étriqué à sa vie. Il le fait avec l'espoir plus ou moins conscient qu'un jour, quelqu'un trouvera l'issue par laquelle on peut

---

[4] La psychologie cognitive étudie les fondements et les processus de l'intelligence humaine. Elle s'intéresse donc à l'ensemble de ce qui est en jeu dans le processus d'attribution de significations.

sortir de ce labyrinthe. Cependant, pour que cela arrive, il faut sans cesse remettre ce labyrinthe en place. En somme, la reproduction vise deux buts : maintenir un sens et compléter une expérience. Nous pouvons supposer que nous avons là un continuum au moyen duquel il est possible d'apprécier la sévérité d'une pathologie de la personnalité. Plus un sujet tend à reproduire ses impasses (afin de maintenir un sens étriqué en neutralisant les possibilités de complétion), plus la pathologie est sévère. En revanche, plus un sujet est ouvert aux possibilités nouvelles de complétion de l'expérience, plus la pathologie est légère.

Présenter la souffrance psychologique inhérente aux personnalités pathologiques de cette façon pose les balises d'un processus thérapeutique. C'est ce processus que nous verrons au chapitre suivant.

CHAPITRE 2

Une psychothérapie du lien

La *Psychothérapie gestaltiste des Relations d'Objet* est née de l'intégration, en Gestalt-thérapie, de certains concepts de l'École britannique des relations d'objet. Les cliniciens qui s'identifient à ce système ont en commun de vouloir faire profiter leurs patients et leurs clients de la capacité éprouvée et bien documentée de la Gestalt thérapie à accroître la conscience expérientielle, sans pour autant renoncer à la quête de sens que l'esprit humain revendique comme étant la plus singulière de ses conquêtes. Ce système formalise une pratique gestaltiste de la psychothérapie de fond, applicable aux troubles de la personnalité, tels que définis par le *DSM*.

La *PGRO* estime que la santé psychologique se caractérise non seulement par l'ajustement créateur dans l'immédiateté de l'expérience ressentie (donnée chère à la Gestalt-thérapie) mais encore par une propension de la conscience à embrasser sa propre continuité et son enracinement irréversible dans l'altérité. Pour que le sujet puisse atteindre à cette essence, il lui faut, s'il souffre d'une pathologie de la personnalité, apprendre à dénouer une série d'impasses expérientielles dont il n'a conscience que des conséquences, rarement du processus, jamais des enjeux.

Le présent chapitre veut permettre au lecteur de prendre connaissance des fondements théoriques de l'approche, de sa conception du développement normal et de la pathogenèse ainsi que de son cadre thérapeutique. Pour une présentation complète, le lecteur est invité à consulter *La relation d'objet en Gestalt-thérapie* (Delisle, 1998).

LES FONDEMENTS THÉORIQUES

La psychothérapie du lien est d'abord fondée sur la psychologie du champ de Lewin, telle qu'elle est comprise dans Perls, Hefferline et Goodman (1951). À ce titre, elle estime donc que les faits psychologiques ne peuvent s'apprécier qu'en référence au champ global au sein duquel ils apparaissent. C'est dire que la *PGRO* est tout, sauf une *one-mind psychology* . Là où certaines théories du développement parleront plus ou moins de la mère comme d'une entité universelle dotée essentiellement de caractéristiques génériques, la *PGRO* voudra savoir de quelle mère singulière il s'agit.

Le champ, dont on a parlé au chapitre précédent, c'est l'interaction dynamique entre l'organisme psychophysiologique et l'environnement, lequel englobe tant les contextes matériel, sociologique, économique, philosophique, voire métaphysique que, bien sûr, les personnes.

LE DÉVELOPPEMENT

Afin de mieux circonscrire l'objet de la *PGRO*, nous dirons que le destin normal de l'organisme psychophysiologique est de se construire en tant que Soi. Ce Soi, embryonnaire au début de la vie, est appelé à devenir une structure *processuelle* de contact, de métabolisation de l'expérience, de création de figures et de création de sens. Il se développe en intériorisant progressivement le champ.

À la naissance, la personne est donc un organisme psychophysiologique unitaire, dotée des potentiels cognitifs, affectifs et sensorimoteurs qui peuvent s'actualiser au contact d'un environnement humain favorable. C'est dans cet environnement que l'expérience précoce prend un sens. Ce qui compose le Soi, ce sont donc surtout les relations humaines ou relations d'objet, intériorisées.

Dès le début de la vie, le processus d'intériorisation s'amorce à travers l'observation rudimentaire de l'environnement. Puis, plus tard, le langage de l'environnement humain (la parole des parents) commence à prendre forme et sens. L'acquisition du langage est l'une des premières manifestations de l'intériorisation. Dans son développement, le Soi intériorise progressivement l'environnement et peut le faire sur deux modes : l'introjection et l'assimilation. Le Soi assimile ses expériences s'il est en mesure d'en tirer les éléments nutritifs et d'en éliminer les éléments nuisibles ou toxiques. Ces éléments assimilés et métabolisés lui fournissent son énergie psychique, de la même façon que la nourriture que nous assimilons régénère l'organisme physiologique.

Dans la santé, le Soi est fait d'intériorisations assimilées qui demeurent accessibles à la conscience. Les éléments du champ intériorisé servent alors de repères flexibles dans les phases de contact et de protections psycho-immunométaboliques contre l'ingestion d'éléments toxiques pour le Soi. C'est le cas des apprentissages adaptatifs, des expériences et des relations précoces qui ont construit notre sécurité fondamentale, notre estime de soi et notre capacité à aimer de manière productive.

La *PGRO* estime que la pathogenèse des troubles de la personnalité est à chercher du côté des expériences développementales précoces qui n'ont pu être assimilées. Dans le processus d'intériorisation, un dilemme se pose lorsque le champ est organisé de telle sorte qu'une expérience est à la fois indispensable et intolérable, donc inassimilable. Il est alors impossible pour le Soi naissant de construire une figure nette, d'en dégager le sens, de l'assimiler et de la métaboliser. La seule solution consiste à introjecter cette expérience. Ainsi, le sujet *a* l'indispensable sans pourtant *savoir* l'intolérable. L'introjection est définie comme un mode d'intériorisation en vertu duquel nous *prenons* à l'intérieur un élément de l'environnement sans vraiment y goûter, sans le « mâcher », sans en éliminer les parties non-assimilables. L'exemple classique est celui de la pêche. Pour bien l'assimiler, il faut y mordre, repérer le noyau, en détacher la chair, mâcher cette chair et rejeter le noyau. Sur le plan de l'intériorisation physique, l'introjection consisterait à avaler le fruit d'un bloc, ce qui laisse au tube digestif d'un adulte un travail presque impossible à achever. Pour le jeune enfant, pour le Soi en développement, ce travail de digestion devient carrément pathogène. Il en va de même sur le plan de l'intériorisation psychique. L'expérience ainsi introjectée permet de prendre le « fruit » indispensable (la relation, l'expérience, l'attachement, etc.) sans pour autant avoir conscience de la part de « noyau » intolérable qu'elle comporte (l'anéantissement de Soi, l'humiliation, etc.). Métaphoriquement, l'objet introjecté nous reste sur l'estomac, il est *indigeste*. Bien qu'il soit désormais *en* nous, il ne fait pas *partie* de nous, comme ce serait le cas d'une expérience assimilée. Il demeure un corps étranger. L'expérience qui aurait normalement dû aboutir à une assimilation et à une métabolisation est alors interrompue et elle reste inachevée.

La perte d'unité du Soi est la conséquence de ce processus. Des expériences relationnelles durables, véritables microcosmes du champ, sont alors prises en bloc à l'intérieur du Soi. Ils y « vivent », mais sont maintenus hors de la conscience. En d'autres mots, ils forment une masse inconsciente, bien que dynamique et vivante.

Ces microcosmes ayant été intériorisés sur le mode de l'introjection dite primaire, nous les désignons sous le terme de *Microchamps Introjectés* (*MI*). Chacune des expériences relationnelles durables et introjectées en réponse à un dilemme de contact est un *MI*. Les *MI* sont logés et maintenus dans un arrière-fond qui n'accède pas à la conscience, car la conscience du dilemme serait intolérable. À partir de là, de cet arrière-fond inconscient et dynamique, ils contaminent le processus de formation des figures et peuvent être confondus avec le champ externe. Dans les états psychotiques, ils peuvent même s'y substituer, la personne croyant véritablement vivre « au-dehors » un drame qui se joue en fait « en dedans ».

L'introjection précoce d'une expérience (constituée d'un élément de l'environnement, d'un élément du Soi et du contact entre les deux), à la fois inassimilable et indispensable à la survie, constitue le prototype des situations inachevées pathogènes dans le développement de la personnalité[5]. Ce sont des expériences relationnelles incomplètes et elles se définissent davantage dans la durée que lors de moments de contact. D'autres situations inachevées peuvent marquer notre développement. Elles peuvent être désagréables, voire pénibles, mais, dans la mesure où nous pouvons nous en souvenir et retrouver les affects qui leur sont associés, elles restent tolérables et n'agissent donc pas de manière inconsciente sur nos expériences actuelles.

Le développement n'est pas l'affaire d'un stade précoce de fabrication plus ou moins définitive de l'être humain. Il s'agit plutôt d'un processus continu

---

[5] Pour distinguer ces prototypes d'autres situations inachevées qui, elles, ne résultent pas de ce dilemme de contact et demeurent accessibles à la conscience, elles seront écrites en italiques et en majuscules : *Situations inachevées* (*SI*).

couvrant l'ensemble de l'existence. La trame du développement conjugue une multitude de forces. Elles agissent dans le champ et se condensent lors des épisodes cruciaux de contact. Ainsi, comme nous l'avons vu au chapitre précédent, le développement est lié au patrimoine génétique universel (avec ses étapes connues de maturation physiologique), au bagage héréditaire singulier d'une personne, à sa constitution et son tempérament. Il est également lié aux singularités des modes de contact de ses parents (reflets de leur propre histoire et de leurs propres intériorisations), aux « accidents » développementaux, à l'environnement social et culturel dans lesquels doit se poursuivre le processus de socialisation, etc.

LES FONCTIONS DU SOI : ÇA, JE ET MATRICE DES REPRÉSENTATIONS DU CHAMP

Pour les gestaltistes, il existe bien une fonction *Ça*. Vestige de la culture psychanalytique des créateurs de l'approche, cette fonction n'a ni la portée ni l'importance du ça freudien. Le *Ça* des gestaltistes n'est pas une structure de l'appareil psychique, mais une fonction, un moment dans le déploiement du Soi. Dans la *PGRO*, le *Ça* retrouve une partie de sa fonction d'inconscient dynamique, en ce que, en plus d'être le moment où le Soi émerge, au fil d'un cycle de contact, il contient, dans la pathologie de la personnalité, une structure inconsciente où logent les *MI* dont nous avons parlé plus haut. Le *Ça* est donc le « contenant » des *Situations inachevées* (*SI*), des *MI* qui en sont la trace et de l'énergie qu'elles continuent de porter.

Pour sa part, le *Je* assure la relation entre le Soi et l'environnement et se fait l'interprète du *Ça* et de la *Matrice des Représentations du Champ* (*MRC*). Dans les pathologies de la personnalité, la fonction *Je* cherche surtout à reproduire le genre de situation qui a conduit à la *SI* et, parfois, mais accessoirement, à la modifier. Le *Je* élimine donc des possibilités au profit du maintien de l'intégrité des *MI* et fait en sorte que les éléments du champ qui invalideraient un *MI* restent en fond, alors que ceux qui sont de nature à le confirmer émergent plus facilement en figure. Plus concrètement, le *Je* reproduit des expériences semblables à celles qui ont été interrompues, qui sont restées inachevées et maintenues hors de la conscience. On verra plus loin ce qui rend ces opérations nécessaires. La figure 3 illustre les diverses fonctions du Soi telles que les conçoit la *PGRO*.

Figure 3 : Le Soi comme processus d'intériorisation

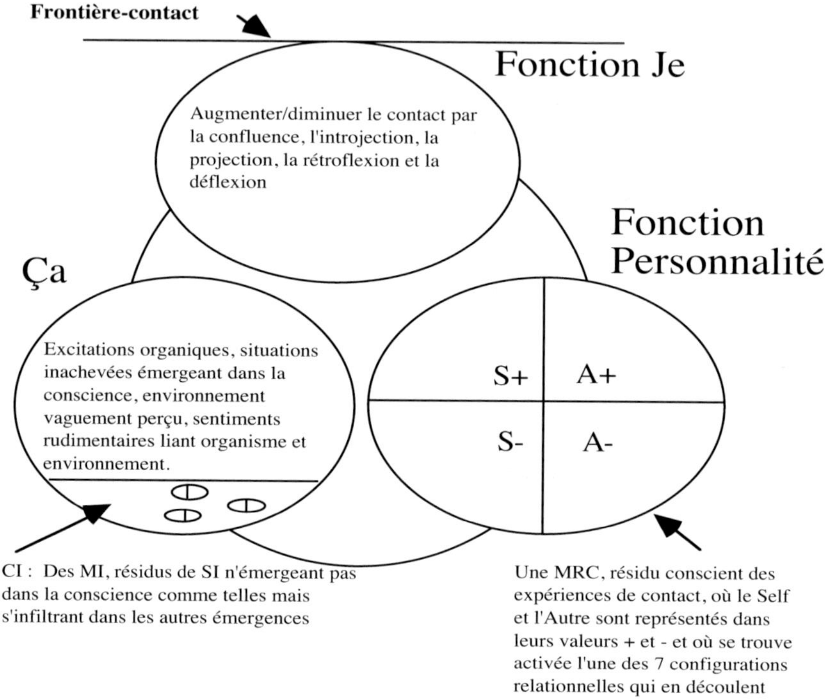

Le *Je* régularise les échanges entre le Soi et l'environnement, entre l'interne et l'externe. Il fonctionne essentiellement à partir d'un système de régulation comprenant cinq modes. Ces divers modes de régulation agissent à la manière d'un système : ils se relaient et se conjuguent pour, dans la santé, arriver à des ajustements créateurs entre le Soi et l'environnement et, dans la pathologie, aboutir à la reproduction d'impasses expérientielles chronicisées. La *confluence* consiste à ne pas différencier l'interne et l'externe. La *projection*, quant à elle, « voit » l'interne à l'externe. L'*introjection* « croit » l'externe à l'interne. La *rétroflexion* « empêche » l'interne de toucher l'externe. Enfin, la *déflexion* consiste à empêcher l'externe de toucher l'interne.

Par exemple, dans son contact avec certains hommes Madame C. projette qu'ils ne pensent qu'à « ça ». Elle introjecte donc tout regard, tout commentaire, tout geste susceptibles de confirmer cette projection. En revanche, elle défléchit ce qui, chez l'autre, pourrait indiquer qu'il est plus complexe que cette projection, qu'il a d'autres intérêts que « ça ». De plus, elle rétrofléchit l'expression de sa propre complexité. Tout absorbée par sa préoccupation, elle injecte, dans le champ relationnel, une sorte de microclimat centré sur le thème qui la captive. L'Autre éprouve plus ou moins clairement qu'une part de ce qu'il est et de ce qu'il fait est introjectée, alors qu'une autre part est ignorée, défléchie. À vrai dire, l'Autre n'existe, aux yeux de Madame C., que dans la mesure où il ne pense qu'à « ça ». À plus ou moins long terme, Madame C. obtient une preuve de plus : effectivement, « ils » ne pensent qu'à « ça ».

La plus cruciale des pertes de sens, celle qui s'observe si nettement dans les pathologies de la personnalité, c'est de ne pouvoir situer le lieu où se produit un phénomène, celui où se vit une expérience et de ne pouvoir lier l'interne et l'externe de façon significative.

Enfin, la *Matrice des Représentations du Champ* (*MRC*) porte les résidus représentationnels des cycles de contact, y inclus ceux qui ont été contaminés par les *MI*. Elle est une matrice de représentations conscientisables du champ (*MRC*) qui reprend, au plan intrapsychique, les éléments constitutifs du champ, soit des représentations de Soi et des représentations de l'Autre. Chaque représentation peut prendre l'une ou l'autre des deux valeurs de base de la théorie générale du contact : soit nutritive, soit toxique. Ainsi, chaque personne organise sa vision du monde au sein de cette matrice : ce qui est bon chez elle ; ce qui est mauvais chez elle ; ce qui est bon chez l'Autre ; ce qui est mauvais chez l'Autre. Pour Madame C., on peut imaginer que la *Matrice des Représentations du Champ*, confirmée dans l'expérience, ressemble à ceci : « L'Autre est mauvais dans le fait qu'il ne voit les femmes qu'en tant qu'objets sexuels. L'Autre est bon (mais c'est si rare) dans la mesure où il ne sexualise pas la relation homme-femme. Moi, je suis une femme et je suis bien obligée de jouer le jeu, jusqu'à un certain point, dans ce monde machiste. »

LES IMPASSES DE CONTACT ET LES TROUBLES DE LA PERSONNALITÉ

L'exemple précédent permet de saisir que la relation actuelle dans le champ constitue le moyen par lequel les *MI* se maintiennent. Ces *MI*, relations d'objet intériorisées sur un mode pathogène, entraînent une perte de spontanéité et de créativité dans les opérations du Soi. Plus le Soi porte de ces structures clivées, plus les pressions de celles-ci sur les expériences actuelles se font sur un mode inconscient et plus le Soi tend à chercher, à son insu et dans l'environnement, les expériences pathogènes que les *MI* réclament.

Dans les processus pathologiques, ce sont les *MI* qui animent les expériences. Les poussées de ces *MI* doivent être maquillés, sans quoi l'intolérable risque d'émerger à la conscience. Lorsqu'une expérience émergente est dominée par un *MI*, une *Situation inachevée* opère en arrière-fond et lui fournit son énergie. Cette émergence est plus complexe que les autres et doit être analysée comme un processus distinct et spécifique, amorçant une expérience d'une complexité processuelle supérieure.

Le trouble de la personnalité peut être défini comme une constellation de comportements et d'attitudes conservatrices, dont la fonction est de maintenir les *MI* en recherchant et en produisant dans les divers champs expérientiels, des configurations de contact et de relations qui peuvent entretenir des liens dynamiques et thématiques avec les *Situations inachevées* du passé développemental. Ce mode usuel de fonctionnement est étriqué, inflexible, chronicisé et caractérisé davantage par l'ajustement conservateur que par l'ajustement créateur. Toutes les fonctions du Soi y sont impliquées.

Les séquences de contacts significatifs d'une personne présentant une pathologie de la personnalité sont donc initiées par l'infiltration d'un *MI* dans l'émergence du *Ça*, maintenues par le *Je*, en ayant recours de façon non consciente aux cinq modes de régulation du *Je*. Elles sont confirmées par le renforcement des représentations dans la *MRC*.

La réflexion étiologique doit porter sur les épisodes cruciaux de contact et sur la nature des dilemmes de contact. Le questionnement doit tenir compte de trois paramètres : à quel stade de la maturation psychophysiologique une *Situation inachevée* remonte-t-elle ? Quel était l'enjeu développemental de cette situation ? Quel potentiel s'est trouvé entravé dans son développement (parce que cette situation est demeurée inachevée) ?

LE PROCESSUS THÉRAPEUTIQUE DE LA PGRO

Le thérapeute, au cœur du dialogue thérapeutique, doit incarner l'Autre et recevoir, absorber, traiter et métaboliser l'impact que le patient[6] ou le client produit sur lui. Il doit partir de l'hypothèse que ce dernier tend à mettre en place, dans la relation thérapeutique comme dans ses autres relations significatives, des situations qui présentent des affinités thématiques avec ses enjeux développementaux inachevés. Sachant que la personne qui souffre d'un trouble de la personnalité tend à *reproduire*, dans ses relations significatives, des configurations relationnelles liées à ses enjeux développementaux inachevés, le thérapeute doit s'attendre à « faire partie du problème ». Expérience complexe entre toutes, que cette relation thérapeutique où le patient travaille, plus ou moins à son insu, à recréer ses dilemmes personnels au sein d'une relation qui doit précisément l'aider à les résoudre. Cependant, c'est précisément parce que la relation thérapeutique offre la possibilité de réactiver des enjeux développementaux restés en friche, qu'elle contient aussi le potentiel de la réparation.

La relation thérapeutique se présente comme un amalgame de trois modes relationnels : le mode réel, le mode transférentiel et le mode herméneutique. Chaque fragment de la relation, chacun des épisodes du lien thérapeutique peut présenter, dans des proportions variables, des propriétés caractéristiques de ces trois modes. Or, chacun de ces modes relationnels est nécessaire à l'accomplissement d'une autre trilogie, celle de la trajectoire thérapeutique. S'il est vrai que le client tend à reproduire, à son insu et dans les relations significatives de sa vie, des enjeux développementaux inachevés, le propre de

---

[6] Le choix d'un terme pour désigner les personnes qui font appel aux services d'un psychothérapeute reste problématique. Depuis Rogers (1951), le terme de *client* s'est répandu parmi les *psys* d'orientation existentielle-humaniste, alors que le terme de *patient* reste en usage en psychiatrie et dans certaines écoles psychanalytiques. Ainsi, dans *Comprehensive Textbook of Psychiatry* (Kaplan et Saddok, 2000) le terme *patient* est utilisé 4217 fois, alors que *client* apparaît 77 fois, la plupart du temps dans le contexte de l'approche rogérienne ou pour désigner le *patient* dans son identité d'usager des services médicaux. Pour ma part, j'utilise le terme *client* pour désigner les personnes qui consultent sans avoir de pathologie significative à l'axe I du DSM et je réserve le terme *patient* pour ceux et celles qui ont une telle pathologie à l'axe I ou un trouble grave de la personnalité. Sauf exception, pour éviter d'induire des présomptions diagnostiques, dans le présent texte je m'en tiendrai surtout au terme général de *client*.

la relation thérapeutique est de permettre à ces enjeux d'aboutir à leur complétion. C'est ce que j'appelle la *réparation.* Le processus thérapeutique semble fait de cycles plus ou moins longs où se déploie la trilogie : *reproduction-reconnaissance-réparation.* Ainsi, le résultat optimal d'un cycle thérapeutique aura permis la *reproduction* suffisante d'un enjeu développemental (assorti de ses corollaires expérientiels, représentationnels et comportementaux). La *réparation* favorise la pleine *reconnaissance* de cette *reproduction.* Cependant, le cycle n'est véritablement achevé que s'il débouche sur une forme de complétion de telle, que l'enjeu développemental qui forme le coeur du cycle se trouve achevé. C'est ce qu'il faut entendre par le concept de *réparation.*

Parfois, il arrive que la possibilité qu'a eue le client de reproduire cet enjeu, de même que l'effort herméneutique que lui et le thérapeute ont consenti pour en construire le sens, suffisent à faire éclore cette expérience de réparation. Souvent, l'achèvement de ce processus dépend de la réponse que le thérapeute peut élaborer alors qu'il se trouve au cœur de l'impasse mise en place par le client, et imbriqué dans la reproduction. La réparation ne peut alors venir que de la *réelle relation*, de la *personne réelle* du thérapeute, au cœur de la situation thérapeutique. Ainsi, chacun des trois modes relationnels se trouve étroitement rattaché à un élément du processus de traitement des impasses : la reproduction se joue essentiellement sur le mode transférentiel, la reconnaissance sur le mode herméneutique et la réparation sur le mode réel. Il en va de cette « trimodalité » de la démarche, comme du cycle de contact. Elle peut s'observer pendant une séance aussi bien que dans l'ensemble d'une trajectoire thérapeutique.

À mon avis, tout thérapeute appelé à intervenir dans des problématiques de personnalités pathologiques, et qui se voit psychologiquement *assis* à côté du client, entièrement occupé à l'aider à faire face à ses problèmes, fait fausse route. Tant et aussi longtemps que la relation thérapeutique est confinée dans cette seule dimension aidante, une part cruciale de la dynamique pathologique se trouve reléguée hors-champ et le client ne peut laisser éclore sa pleine complexité dans le travail thérapeutique. Souvent, il conclut plus ou moins consciemment que sa complexité expérientielle est un mirage et qu'il doit se rendre plus *simple* afin de pouvoir être aidé. Il peut également conclure que ce qu'il porte en lui est tellement mauvais que même son thérapeute ne saurait le supporter.

Étant donné l'expérience intime de la personnalité pathologique et le projet thérapeutique qui en découle, le thérapeute doit se présenter au client dans un sentiment d'ouverture à sa complexité et à sa singularité expérientielle. Cette ouverture doit s'appuyer sur une tolérance à la reproduction des impasses en thérapie, à la distorsion perceptuelle à son égard et à la pression psychologique qui l'accompagne. Si le thérapeute s'accroche à ce qu'il estime être son identité et qu'il refuse de porter provisoirement le rôle que le client a besoin qu'il tienne dans la reproduction de l'impasse, le renouvellement du chantier développemental, la réactivation de ses enjeux s'en trouvent enrayés. Ce qui aurait dû être une relation thérapeutique se recroqueville alors en une relation d'aide situationnelle, condamnée à se prolonger dans un processus répétitif de résolution de problèmes.

*Les champs expérientiels : de l'*ici et maintenant *à l'*ailleurs et jadis

Comme on vient de l'évoquer, le client transpose (transfère) d'un champ à un autre, des propriétés des échanges dans le champ ou de son expérience interne de ces échanges. Comment se fait-il que tel client parle maintenant comme si le thérapeute était le tribunal de la jeunesse ? Où qu'il s'attend à être écouté de sa conjointe comme il l'est de son thérapeute ? Qu'est-ce qui, dans ce qui se passe ici et maintenant entre le client et le thérapeute, peut nous permettre de comprendre qu'émerge en lui, à ce moment-ci, le souvenir d'une querelle avec son jeune frère ? Comment comprendre que dans cet événement, il se voit comme cruel et implacable, alors que la description qu'il fait des événements donnerait à penser le contraire.

Chaque thérapeute pourrait ainsi allonger la liste des transpositions *non-conscientes* que le client fait dans le cadre de la psychothérapie. Même si la Gestalt-thérapie s'est surtout fait connaître comme la première approche fondée sur l'*ici et maintenant*, il y a longtemps que les gestaltistes ne sont plus prisonniers du présent et qu'ils reconnaissent l'importance des autres espaces-temps de l'expérience humaine et de l'entreprise thérapeutique. La relation thérapeutique (ici et maintenant), les relations contemporaines (ailleurs et

« maintenant »[7]), de même que les relations passées (ailleurs et jadis) doivent toutes être abordées.

Si l'*ici et maintenant* mérite une attention particulière, c'est qu'il présente l'avantage de permettre au clinicien d'observer directement le déploiement des cycles de contact et, partant, de la dynamique des trois fonctions du Self. Comme il se trouve être alors dans le champ courant, le thérapeute est, directement ou indirectement, concerné par les cycles de contact qui sont contaminés par les MI. En combinant les deux valeurs possibles de l'élément espace et de l'élément temps, on en arrive à une matrice de quatre espace-temps. Étant donné que chacun de ces « champs expérientiels » peut être considéré comme ayant une face interne et une face externe, nous pouvons parler de huit champs spatio-temporels et expérientiels en psychothérapie comme le montre le tableau 1.

[7] Le mot est placé entre guillemets puisqu'il doit être entendu au sens de « contemporain »

Tableau 1: Les huit champs de la psychothérapie

	Niveau externe *La phénoménologie du contact observable dans le champ.* **(E)**	**Niveau interne** *Les représentations de Soi et de l'Autre.* **(I)**
Ici et maintenant (1)	Le contact thérapeutique immédiat, observable par une personne raisonnable et de bonne foi	Les représentations internes de la relation thérapeutique immédiate.
Ici/«pas maintenant» (2)	Un événement ou une séquence passée de la relation thérapeutique qui aurait pu être observée par un tiers raisonnable et de bonne foi	Les représentations internes de la relation thérapeutique à un moment du passé.
Ailleurs/«maintenant» (3)	Les contacts et les relations significatives de la vie courante du client, tels qu'ils pourraient être observés par un tiers raisonnable et de bonne foi	Les représentations internes de cette relation significative contemporaine.
Ailleurs/pas maintenant (4)	Les contacts et les relations significatives du passé du client, en particulier celles de l'enfance, tels qu'ils pourraient être observés par un tiers raisonnable et de bonne foi	Les représentations internes de cette relation significative du passé.

Dans les pathologies de la personnalité, la personne est souvent incapable de départager son expérience de ses différents champs. Elle peut avoir du mal à aborder certains d'entre eux ou être incapable de voir les liens qui les rattachent les uns aux autres. Pour certains, le champ interne ou la réalité de la vie psychique seront niés et ils voudront « s'en tenir aux faits ». D'autres seront si pris par leur expérience interne, qu'ils négligeront ce qui se passe dans le champ externe. D'autres enfin ne « verront pas le rapport » entre les différents champs de leur expérience et ne pourront comprendre leur propre contribution à la mise en place de cela même qu'ils déplorent.

Dans une théorie du champ, le passé n'est pas nié. Mais ce n'est pas, à proprement parler, le passé historique qui est en cause, mais bien le passé tel qu'il agit dans la configuration actuelle du champ. Lorsque nous travaillons avec un client de 40 ans, à dissoudre un MI issu d'un dilemme de contact survenu vers l'âge de 5 ans, nous ne travaillons pas à dissoudre quelque chose qui s'est produit il y a 35 ans. Nous travaillons à dissoudre quelque chose qui se reproduit depuis 35 ans.

Le fonctionnement psychologique optimal serait atteint quand une personne est capable de départager ce qui se passe dans son « monde intérieur » (le champ interne) et ce qui se passe dans le champ courant, qu'elle est capable d'établir les liens entre des épisodes de contact dans différents champs spatio-temporels, internes et externes, et qu'elle est capable de reconnaître et de réduire la dissonance expérientielle entre l'interne et l'externe, quand cela est nécessaire. Le psychothérapeute est donc appelé à être un maître *es* transitions dans un univers thérapeutique aux nombreuses permutations. Il lui appartient de guider le client dans l'exploration expérientielle de ses processus d'intériorisation-extériorisation dans les différents champs de son existence et, au premier titre dans la relation thérapeutique en elle-même. Le travail du thérapeute consiste à fournir au client l'appui dont celui-ci a besoin pour élargir sa capacité de conscience des processus par lesquels il reproduit ses MI et ses SI dans les diverses sphères de sa vie. Pour ce faire, le thérapeute doit développer sa capacité à voir les liens qui échappent naturellement au client et à les soumettre à leur attention conjointe.

Le travail de reconnaissance et l'ouverture multimodale

Aucun thérapeute ne saurait partir à l'aventure sur les enjeux développementaux de ceux qui le consultent, équipé, pour ce faire, de son seul flair clinique et de son seul « sens de l'orientation ». De grands explorateurs et de grands cartographes ont balisé quelques sentiers permettant d'avoir accès à ces univers troubles. Ce ne sont pas des autoroutes, mais ils sont là. Depuis les débuts de la psychologie et de la psychanalyse, ces auteurs se sont penchés sur plusieurs questions, les abordant chacun avec ses préoccupations propres, chacun à la fois nourri et limité par son époque.

L'histoire des théories visant à comprendre comment nous « devenons qui nous sommes » et comment il se fait que nous « soyons tous si semblables et pourtant si uniques et irremplaçables », est une véritable épopée intellectuelle. Son héritage est si vaste et si profond qu'on ne saurait l'embrasser tout entier sans se noyer dans un océan de contradictions. Prenons, par exemple, la question « comment aimer ? ». Encore faudrait-il définir ce qu'on entend par aimer. S'agit-il d'une vicissitude pulsionnelle ? Du résultat de la satisfaction de notre besoin inaliénable de nourriture ? D'une défense contre l'angoisse de mort ? De la représentation dans la conscience individuelle d'un processus qui la dépasse : la reproduction de l'espèce ? Selon que l'on consultera Freud, Klein, Fairbairn, Bowlby ou Winnicott, les réponses seront différentes, voire incompatibles (Silverman, 1986).

Cette diversité n'enlève rien à la valeur des travaux de ceux dont les théories ont résisté à l'épreuve du temps. Ce serait confondre l'épistémologie des sciences de la nature et celle des sciences humaines que d'espérer un jour tenir une réponse souveraine et définitive à toutes ces questions. Ici se maillent la science, l'art et la philosophie, dans une « quête de sens » qui ne peut être que « création de sens ».

C'est pourquoi la *PGRO* adhère à la position de la plupart des auteurs contemporains (voir notamment *APA*, 1994 ; Gedo, 1986, Millon et Klerman, 1986) à savoir qu'aucune étiologie n'a, à ce jour, pu être établie pour quelque trouble mental que ce soit, à l'exception, bien sûr, des troubles mentaux organiques. Plusieurs hypothèses étiologiques se disputent la faveur des cliniciens et théoriciens, mais aucune d'elles n'a encore exercé un ascendant assez puissant pour emporter l'adhésion de la majorité, ce qui en aurait fait le paradigme dominant (Millon et Klerman, 1986). Rien d'étonnant à ce que les théories étiologiques se soient développées sur un mode quasi concurrentiel : il s'agit de *choses* humaines, donc de *raisons* davantage que de *causes*. Elles procèdent de failles en corrections, corrections qui s'étendent jusqu'à prétendre à leur tour rendre compte de l'ensemble des phénomènes psychiques.

Ce fut le chemin qu'emprunta Freud lui-même. Puis, Melanie Klein, observant que les enfants avec qui elle travaillait semblaient consacrer plus d'énergie à la construction de leur monde interpersonnel qu'au contrôle des pulsions, postula que l'essentiel du développement, y inclus la dynamique œdipienne, se jouait bien avant les 4-5 ans du point de vue freudien. Enfin,

Kohut fit du narcissisme non plus un stade intermédiaire entre l'autoérotisme et la relation d'objet, mais une véritable trame développementale. On retrace des cheminements analogues chez Winnicott, Fairbairn et plusieurs autres auteurs classiques.

En fait, la psychologie contemporaine ne manque pas de théories du développement. Il ne s'agit donc plus d'élaborer une énième théorie, mais bien de poser un cadre qui permette de profiter pleinement du patrimoine de connaissances sur le développement psychique, élaboré depuis les débuts de la psychanalyse. La *PGRO* s'est construite autour de la structure de l'expérience immédiate, reconnaissant que celle-ci contient l'histoire du sujet : elle agit présentement sur le champ de l'expérience. Elle n'est liée à aucune des théories usuelles du développement psychique. Elle jouit donc d'un recul qui devrait lui permettre d'apprécier les diverses théories du développement pour leur valeur intrinsèque, sans être trop entravée par des considérations d'école ou d'appartenance institutionnelle. Il serait difficile de bien comprendre la vulnérabilité narcissique en laissant Kohut de côté ou d'imaginer le besoin constant de réparer un tort imaginaire fait à l'autre, en ignorant Klein.

Face aux défis conceptuels et cliniques que posent les troubles de la personnalité, la *Psychothérapie gestaltiste des Relations d'Objet* propose de concevoir la pathologie manifeste comme un dispositif servant à donner sens à une carence développementale, à la masquer et à la mettre en action dans un effort ambivalent pour la dénouer. Elle invite le clinicien à renoncer d'emblée à établir des liens trop simples entre des enjeux développementaux spécifiques et des troubles tout aussi spécifiques de la personnalité. En lieu et place de ces évidences rassurantes et erronées, elle invite à travailler avec le client à la construction du sens de son expérience. Cette présence dialogique doit inscrire le thérapeute dans la trame même des impasses du client, seul espace depuis lequel on puisse espérer les dénouer.

Par cette ouverture éclairée à l'histoire singulière du client en tant que sujet, par son ouverture à des éclairages étiologiques variés et complémentaires, le thérapeute se donnera les meilleures conditions pour fermenter la co-construction du sens de l'expérience. Avec son client, il revisitera des enjeux restés en friche. C'est dans la singularité de leur rencontre et dans l'inattendu du dialogue que le client pourra espérer compléter enfin sa forme, dans l'étendue de sa complexité.

CHAPITRE 3

Un aperçu des théories du développement de la relation d'objet

On a parfois reproché à la psychanalyse d'être devenue un système hermétique, peu susceptible de s'ouvrir aux influences d'autres approches. Pourtant, si son histoire est faite de conflits théorico-cliniques souvent virulents (qu'on pense aux grandes controverses entre Melanie Klein et Anna Freud) la psychanalyse contemporaine n'en est pas moins plurielle. Sa pratique a évolué à un point tel que l'on peut se demander si les analyses classiques, tant par la fréquence que par le dispositif, ne sont pas une espèce en voie de disparition... Quoi qu'il en soit de ses pratiques cliniques, la théorie psychanalytique fait aujourd'hui partie du patrimoine universel. Rien ne s'oppose à ce que l'on puisse utiliser judicieusement certains des éclairages qu'elle propose sans pour autant adopter l'ensemble de son dispositif, de son cadre et de sa technique.

Dans le présent chapitre, le lecteur trouvera un aperçu de certaines des théories psychanalytiques du développement qui viendront éclairer l'analyse des grands enjeux développementaux des chapitres ultérieurs. Dans un ouvrage marquant de 1983, Greenberg et Mitchell proposent d'aborder ces diverses théories sous l'angle de leurs forces et limites respectives, de même que sous celui de leurs possibles complémentarités. Ces auteurs approchent la pluralité théorique de la psychanalyse au moyen d'un premier outil de différenciation épistémologique qui répond à la question : qu'est-ce qui est *premier* et qu'est-ce qui est *dérivé* ? Greenberg et Mitchell classent les théories psychanalytiques du développement en trois grands courants de pensée : les théories pulsionnelles, les théories relationnelles et les théories mixtes. Cette distinction ne fait pas l'unanimité au sein de la communauté psychanalytique. Néanmoins, pour notre usage, elle servira à souligner l'un des points de départ des théories du développement de la relation d'objet.

Une théorie est dite *pulsionnelle* quand elle pose que l'objet, l'Autre, est un dérivé de la pulsion. Autrement dit, les théories pulsionnelles estiment que la relation à l'Autre naît de la satisfaction (par cet Autre) des mouvements pulsionnels fondamentaux. En revanche, une théorie est dite *relationnelle* quand elle conçoit que la pulsion n'existe que pour de permettre d'établir la relation avec l'Autre. La théorie freudienne est, bien sûr, le prototype des théories pulsionnelles. Quant aux théories relationnelles, Fairbairn a nettement introduit cette rupture épistémologique qui place la relation au premier plan conceptuel et met la pulsion à son service. On peut dire, à la suite d'Apfelbaum (2000), que là où les théories pulsionnelles s'occupent de sexualité, les théories relationnelles s'occupent d'amour. La formule est lapidaire et laisse bien des nuances de côté, mais elle caractérise assez utilement les tonalités théoriques que nous allons parcourir.

Voyons en quelques lignes, et à partir des idées maîtresses de quelques auteurs, les diverses théories du développement liées au concept d'objet dans la tradition psychanalytique. Ce résumé, ne saurait, à lui seul, rendre justice à la richesse de ces systèmes théoriques. Le lecteur qui désire approfondir la pensée de ces auteurs trouvera, dans la bibliographie présentée à la fin du présent ouvrage, une liste d'ouvrages qui pourront lui servir de point de départ dans ses découvertes.

L'OBJET DANS LA THÉORIE FREUDIENNE

Dans *Trois essais sur une théorie de la sexualité* (Freud, 1905) apparaît la notion d'objet dans la pensée freudienne. Selon Buckley (1986), tous les développements théoriques ultérieurs, sur le plan des relations d'objet, y trouvent leur point de départ, quels qu'en soient le prolongement ou l'antithèse. Dans la partie consacrée aux « aberrations sexuelles », on présentera quelques idées qui marquent la théorie de la pulsion. La libido y apparaît comme étant au sexe ce que la faim est à l'alimentation. La pulsion est le représentant psychique d'une source constante et endogène de stimulation et la source de la pulsion vient de l'excitation produite dans un organe donné. Son but immédiat est la suppression de ce stimulus organique. Or, les pulsions sexuelles doivent combattre des forces mentales qui agissent comme résistances : la honte et le dégoût. Les symptômes seraient donc les substituts d'un certain nombre de processus et de désirs, émotivement investis et qui, par un processus psychique (le refoulement) ne peuvent émerger à la conscience. Quant à l'objet, il s'agit de ce qui peut être la cible de la pulsion, qu'il s'agisse d'une personne, d'une partie d'une personne, d'un objet inanimé ou d'une idée. Ainsi, Freud écrit-il, dans *Pulsion et destin de la pulsion*, que l'objet est « ce en quoi ou par quoi la pulsion peut atteindre son but [...]. Ce n'est pas nécessairement un objet étranger, mais c'est tout aussi bien une partie du corps propre. » (Freud, 1915, p. 19).

Freud note déjà que les pulsions sexuelles ne sont peut-être pas des forces simples, mais plutôt des agrégats qui se désagrègent dans les perversions. Si tel est le cas, l'étude des perversions devrait permettre de comprendre des phénomènes qu'on ne peut observer chez les gens normaux en raison du caractère agrégé de leurs pratiques sexuelles. Plus tard, en 1921, dans *Psychologie collective et analyse du moi,* Freud écrit : « Dans la vie mentale de l'individu, l'autre est invariablement impliqué en tant que modèle, aidant, objet ou adversaire. »

Si nous admettons provisoirement ce résumé de la théorie pulsionnelle freudienne, il ressort que le client s'accroche aux désirs infantiles et résiste à les reconnaître pour ce qu'ils sont. L'objet de l'analyse devient alors la résistance à la saisie des motivations inconscientes, laquelle, lorsqu'elle est levée, doit permettre au moi du client de faire des choix conscients, là où il y avait, jadis, des motions inconscientes. Dans le processus thérapeutique, la subjectivité consciente du client compte peu, car la validation des interprétations de l'analyste vient des associations subséquentes du client et non du fait qu'il acquiesce consciemment à ces interprétations.Ce point de vue que des post-freudiens trouvent trop biologiquement mécanique (avec ses excitations organiques, sa nécessité de décharge, etc.) sera néanmoins indispensable pour mieux saisir les enjeux développementaux de l'amour, au sens érotique du terme.

Freud reconnaît lui-même ne s'être intéressé au lien entre le nourrisson et sa mère que vers la fin de son œuvre, surtout à partir de son texte de 1931 sur la sexualité féminine. Il avoue avoir eu du mal à bien saisir l'importance de l'attachement à la mère, parce que ses patientes élaboraient avec lui un transfert de type paternel. Freud a donc eu à la fois le courage et le recul épistémologique nécessaires à cette constatation, car à son époque, toutes ses déclarations faisaient école ! Du point de vue freudien, l'angoisse du nourrisson vient du danger pressenti de voir ses besoins primaires demeurer sans réponse, si la mère venait à disparaître. Le cœur du processus n'est donc pas la mère elle-même ou même l'amour de cette mère, mais la satisfaction des besoins physiologiques primaires du nourrisson.

Dans la tradition pulsionnelle freudienne, l'attachement à la mère est d'abord l'attachement à la satisfaction des besoins primaires et non à un objet distinct de soi. En fait, la relation à la mère n'est pas la première relation à l'environnement. Cet attachement est précédé d'une phase plus précoce au cours de laquelle se déploie le monde des objets partiels et où les besoins corporels et leur satisfaction jouent un rôle décisif. Dans cette tradition, il y a une phase du développement où l'essentiel de la vie psychique est vécu en relation avec les zones érogènes, celles par lesquelles s'expriment et se déchargent les pulsions. L'objet est une réalité lointaine dont on prend progressivement conscience et cette conscience culmine à travers la résolution de la situation œdipienne.

Pour Freud, ce qui fonde la relation à l'objet, c'est la satisfaction des besoins primaires. Lorsqu'il semble y avoir angoisse de perte d'objet, il s'agirait, en fait, d'une angoisse liée à la perte de la gratification.

LES THÉORIES RELATIONNELLES

Là où la perspective pulsionnelle est plutôt affaire de sexualité, la perspective relationnelle est davantage affaire d'amour. Ajoutons que l'amour dont il est question s'avère, d'abord et avant tout, l'amour parental. Ainsi, la plupart des théories de la relation d'objet s'appliquent-elles surtout à comprendre les processus par lesquels s'établit la relation à ce premier objet d'amour, la figure parentale.

L'amour parental et la relation à ce premier objet d'amour nous éloignent des excitations organiques de la théorie pulsionnelle et donnent une place prépondérante à d'autres réalités comme les soins maternels, l'attachement, la présentation du monde et la construction de l'estime de soi. Dans le cadre général des théories relationnelles, ces considérations sont légitimes et ne sauraient être comprises uniquement comme des dérivés de la pulsion. L'analyste, quant à lui, occupe une position différente, car il est, ici, théoriquement justifié d'endosser les désirs refoulés de son patient.

En effet, comme ceux-ci sont faits non pas de mouvements libidinaux (au sens sexuel du terme) à l'endroit des figures parentales, ils n'entraînent pas de honte ou de dégoût inhérents. Le besoin d'aimer, d'être aimé, d'être estimé et d'être en sécurité n'a rien de fondamentalement répréhensible et ne sera pas, dans le cadre des perspectives relationnelles, mis sur le compte de la transformation d'une motion incestuelle. Là où la perspective pulsionnelle freudienne conduirait au refoulement mature et au délai de gratification, le point de vue relationnel n'a que faire d'un tel délai, d'une telle retenue. Ce « délai de gratification » n'aurait pas de sens dans le contexte de l'attachement et de l'estime de soi.

Dans le processus thérapeutique de la perspective relationnelle, il ne s'agit pas de débusquer les tentatives de gratification clandestines, mais de rendre possible la gratification des besoins d'amour et d'estime de soi. L'analyste qui inscrit son travail dans la tradition relationnelle agit, en ce sens, comme parent offrant une sorte de seconde chance développementale.

Au-delà de ces premières distinctions entre les théories pulsionnelles et relationnelles, Apfelbaum et d'autres auteurs estiment que l'on peut catégoriser les approches relationnelles entre les théories « dures » et les théories « douces ». Chez les tenants des théories dures, parmi lesquels nous trouvons Klein, Fairbairn et Kernberg, il y aurait tout autant d'interprétations que chez les freudiens, mais celles-ci porteraient plutôt sur les désirs relationnels refoulés que sur les défenses contre ces désirs.

Dans les théories douces, telles celles de Winnicott et Kohut, l'interprétation serait moins importante que l'accueil et le *holding* (Winnicott) ou l'empathie (Kohut). En somme, les patients ne « résistent » pas, mais cherchent, même maladroitement, à retrouver le chemin de leur développement. Dans la logique de cette typologie d'Apfelbaum, certains auteurs importants tels Mahler, Guntrip et Jacobson restent difficiles à classer.

Revenons à quelques-uns des auteurs qui éclaireront notre parcours, non pas pour en faire une analyse théorique ou un usage clinique immédiat (cela supposerait un approfondissement et un entraînement qui s'étendraient bien au-delà de notre propos) mais pour dégager la saveur générale des théories du développement de la relation d'objet et voir ce qu'elles peuvent apporter à la réflexion théorico-clinique sur la genèse des pathologies développementales. Après Freud, Klein, Winnicott, Fairbairn et Mahler, d'autres auteurs apparaîtront, mais leurs idées maîtresses seront évoquées en lien avec des enjeux spécifiques. Ceux dont nous parlerons ici ont en commun un rayonnement général qui constitue un bon point de départ pour qui souhaiterait approfondir cette façon d'envisager le développement de la relation d'objet.

Melanie Klein

À la différence de la théorie freudienne, construite à partir des souvenirs d'adultes, le système kleinien est d'abord issu du travail clinique de Melanie Klein auprès de jeunes enfants. Elle constate très tôt que ces jeunes patients sont incapables de travailler en analyse. Leurs capacités conceptuelles sont trop limitées, ils sont trop peu verbaux et, surtout, trop peu portés à relier le présent au passé. Elle se tourne alors vers le jeu, premier véhicule thérapeutique. Elle découvre que les enfants consacrent davantage d'énergie à la construction de leur monde interpersonnel qu'au contrôle de pulsions libidinales. Leur monde intérieur est fait de représentations internes des personnes significatives de leur vie. Le monde interne est, en fait, un monde de relations entre des objets internes. Ici, la relation mère-enfant constitue le prototype de toutes les relations subséquentes. Or, et c'est un concept encore controversé de la théorie kleinienne, la mère existe pour l'enfant *avant* sa naissance. Elle est d'abord une présence endogène innée qui guide l'enfant dans ses interactions avec une mère réelle.

Voilà une idée intéressante et provocante. D'abord, elle trouve assurément un fondement dans la réalité fusionnelle de la gestation, l'enfant apparaissant dans le sein de cette mère, nourri par elle *in utero*, vivant avec elle ses humeurs, etc. De plus, cette idée sous-tend que la mère n'a jamais été une étrangère à découvrir et à intérioriser. Dans la théorie du champ, on dirait qu'avant de faire partie de l'environnement, elle était l'organisme ! Cela permettrait-il de mieux approcher le caractère parfois tumultueux de la relation qu'ont certains clients avec la mère ?

Dans la théorie kleinienne, le développement se fait dans l'évolution, à partir d'une position schizoparanoïde vers une position dépressive. La première occupe les six premiers mois de la vie et est caractérisée par un univers mental clivé entre le bon et le mauvais ou entre la pulsion de vie et la pulsion de mort. Klein a maintenu l'idée de cette pulsion de mort même après que Freud l'eut abandonnée. Pour Melanie Klein, un puissant conflit interne (entre la vie et la mort) est présent dès le début de la vie. Il engendre une angoisse intolérable et doit être projeté sur le monde extérieur. C'est ce conflit endogène fondamental qui serait à la source de la séparation entre le bien et le mal chez l'enfant. Cet instinct de mort est donc projeté sur l'environnement qui, ainsi, se *charge* d'objets malveillants. Pour que le monde ne soit pas peuplé que de mauvais objets, une partie de l'énergie libidinale de l'enfant est aussi projetée sur l'environnement afin d'y créer de bons objets. Tous ces objets, bons et mauvais, sont ensuite réintrojectés afin de produire une représentation interne de l'environnement, séparée en bons et mauvais objets. Cet échange dynamique fonde la perspective kleinienne de la psyché infantile.

Dans un effort pour composer avec ses pulsions de mort, donc de destruction, l'enfant doit projeter et introjecter constamment les affects de haine. Le conflit psychique de base se situe entre les affects de protection et de destruction, entre le désir de protéger ceux de son entourage et celui de les détruire.

De ce conflit dérive un certain nombre de postures relationnelles sur un continuum allant de la haine à l'amour. Ces postures dessinent un profil développemental de la naissance à la maturité.

La position schizoparanoïde

C'est la première position. Elle s'étend sur les quatre premiers mois de la vie et est marquée par les douleurs de la naissance et la perte de la sécurité intra-utérine. Dans cette expérience de douleur et de perte, l'enfant se sent attaqué et persécuté. C'est aussi la rencontre du premier objet, en fait un objet partiel, le sein maternel, de même que la première occasion de composer avec les pulsions destructrices. C'est ici que Klein, dans cette langue du phantasme[8] qui lui est particulière et qui, aujourd'hui encore, fait réagir ses détracteurs, parlera de « vampirisme infantile » et écrira que « l'enfant veut arracher le sein et craint d'être anéanti par lui. »

Le résultat de l'effort de l'enfant pour *extérioriser* son angoisse, c'est l'angoisse de persécution, source de tourments considérables auxquels il réagit en séparant les bonnes et les mauvaises images du sein maternel : l'un nourrissant, porteur de « bon lait » et de vie, l'autre vengeur et pouvant le détruire.

La position dépressive

Il s'agit d'une période de croissance psychologique rapide, allant de quatre à vingt-quatre mois. L'enjeu fondamental de cette période consiste à renverser le clivage et à rétablir la mère en tant qu'objet complet et complexe, fait de parties bonnes et mauvaises.

Progressivement, l'enfant saisit que le bon et le mauvais peuvent venir de la même personne. La mère elle-même est vue comme imparfaite, à la fois bonne et mauvaise. Le clivage commençant à se dissoudre, l'enfant doit reconnaître ses propres affects négatifs, y inclus sa haine envers la mère. Cependant, il y a un coût à cette progression. L'enfant, réalisant que sa haine était adressée à une mère indivisible et intégrale, croit qu'il l'a blessée. Émergent alors des sentiments très intenses de culpabilité qui préfigurent l'apparition de l'angoisse dépressive. L'expérience subjective du mal infligé à la mère et la culpabilité qui s'ensuit formeront, plus tard, la base de l'empathie. Cette culpabilité et le désir de réparer qui l'accompagnent signifient qu'un stade plus évolué de relations d'objet a été atteint.

On le voit, Klein conçoit que la vie affective du nourrisson est faite d'opérations mentales fort complexes. L'univers kleinien est riche de fantasmes, lesquels, à la différence du rôle qui leur est dévolu dans la théorie freudienne, ne sont pas un succédané de l'action, mais accompagnent invariablement toute l'expérience humaine.

Aujourd'hui, plus de soixante ans après ses écrits les plus marquants, l'héritage kleinien demeure solide. Bien que l'on puisse déplorer qu'elle ait

---

[8] Susan Isaacs, l'une des premières collaboratrices de Klein, propose d'écrire **ph**antasme, lorsqu'il s'agit d'un fantasme inconscient. Cet usage s'est répandu chez les kleiniens.

choisi un vocabulaire emprunté à la psychiatrie (schizo, parano, dépression) pour décrire un processus développemental universel centré sur la maturation des capacités relationnelles, il reste que sa volonté de comprendre la psyché infantile sans la parer de romantisme nous a permis de mieux appréhender l'univers tourmenté de certains patients. Ceux qui ont à travailler avec des personnalités limites, voire avec des organisations prépsychotiques, lui savent gré de ces incursions dans le versant sombre des premières expériences relationnelles.

Donald Woods Winnicott

Pédiatre de formation, Winnicott est un autre psychanalyste anglais de la génération de Melanie Klein, par qui d'ailleurs il fut supervisé vers la fin des années 1930. Il aurait, de plus, fait une analyse personnelle de dix ans avec James Strachey, puis de trois ou quatre ans avec Joan Riviere. Pour ce médecin, intéressé au couple mère-nourrisson, la santé mentale est d'abord la réduction des possibilités de psychose. Cette solidité psychologique dépend essentiellement de la qualité des soins maternels précoces.

Pour Winnicott, la mère est préparée biologiquement et psychologiquement, et ce, avant la naissance, à une certaine forme d'égo-centrisme. Ainsi, le nourrisson naît dans une matrice telle qu'on peut parler de couple mère-nourrisson. La mère normalement dévouée sait maintenir le nourrisson, le manier correctement et lui présenter le monde. En revanche, celui-ci l'informe de son état par ses pleurs, ses rires.

Contrairement à Melanie Klein, Winnicott n'est pas un bâtisseur de système, mais un clinicien pragmatique, dont l'intérêt est circonscrit à la clinique. Son apport central, dont on peut dire qu'il est d'une assez grande importance pour la « modernisation » de la psychanalyse, veut que le Soi se développe à partir d'une matrice relationnelle. Jusque-là, avec le système freudien et ce qui allait devenir le système kleinien, la psychanalyse pouvait raisonnablement être comprise comme une *one-mind psychology*, une psychologie individuelle, presque solipsiste. Winnicott introduit donc autant le concept de champ que celui de polarité dans l'appareil théorique de la psychanalyse.

L'une des grandes difficultés à laquelle nous confronte la pensée winnicottienne vient du fait que la plupart de ses écrits sont issus de présentations orales. Cette transmission orale-écrite a le désavantage de ne pas documenter clairement l'évolution de l'auteur eu égard aux systèmes psychanalytiques de son temps. Ainsi, il formule un ensemble assez virulent de critiques à l'égard de Fairbairn, lui reprochant notamment d'avoir mis de côté le fondement même de la métapsychologie freudienne. Toutefois, de l'avis de nombreux auteurs contemporains, notamment Greenberg et Mitchell (1983), la « loyauté » de Winnicott envers la métapsychologie freudienne est assez paradoxale. Tout en professant une adhésion sans partage aux concepts freudiens, il les redéfinit si profondément qu'on les reconnaît à peine ! En fait, et malgré ses professions de foi à l'égard de la métapsychologie freudienne et kleinienne, le modèle développemental que nous a légué Winnicott se range décidément dans le camp des perspectives relationnelles et non pulsionnelles.

Lues dans une perspective contemporaine, les propositions de Winnicott semblent graviter autour des enjeux cruciaux liés tant à la relation qu'à la différenciation, les deux étant en quelque sorte posés en termes de polarités définissant les extrémités d'un continuum. Du point de vue winnicottien, l'extrême différenciation est obtenue au prix de la relation à l'autre, relation qui empêche la différenciation. Ce sont les principales lignes de fracture dans la cohésion du Soi, celles qui mettent en péril sa survie même.

Dans son développement, le nourrisson prend d'abord appui sur la représentation que sa mère a de lui. C'est à travers ce regard singulier, partie prisme, partie miroir, que le jeune enfant intériorise ses premières représentations de lui-même et de l'univers qui l'entoure.

Alors qu'il tente d'organiser ses perceptions et ses représentations, procédant par essais et erreurs à travers les phases de sa maturation physiologique, la mère *contient* les fragments désorganisés et veille à les restituer sous la forme de *touts* assimilables. La mère est ainsi le premier environnement et cet environnement prend la forme d'un contenant : concept winnicottien de *holding environment*. Pour que cette tâche, cette mission maternelle soit menée à bien, la mère doit être animée d'une sorte de dévotion qui dépasse en intensité et en exclusivité ce qu'un être humain adulte peut attendre d'un semblable. Pour qualifier cette forme spécifique de dévotion, Winnicott a créé le terme de « préoccupation maternelle primaire ». Cette préoccupation est l'assise de la « mère suffisamment bonne ».

En plus de contenir tant son enfant que les perceptions fragmentaires de celui-ci, la mère suffisamment bonne présente le monde à son bébé. Cette fonction de mise en présence joue, elle aussi, un rôle crucial dans le développement du nourrisson. L'ajustement mère-nourrisson est suffisamment bon lorsque le nourrisson est *excité* par un besoin émergeant et que la mère lui présente un objet ajusté à ce besoin (offrir le sein ou le biberon, changer la couche, etc.). Plus la mère reflète correctement le besoin émergeant et y répond adéquatement, plus l'expérience moi-monde du nourrisson s'organise en un tout cohérent.

Plus tard, et selon la maturation physiologique de l'enfant, la mère émerge progressivement de l'état exceptionnel de dévotion où elle se trouvait et redevient disponible aux affaires de sa vie. Dans ce trajet, qui va d'une très grande proximité à une certaine distanciation, les membres du couple mère-nourrisson se transforment. Au fil de ce processus subtil, la mère passe par une phase où son rôle est d'être une présence qui n'exige pas le contact si l'enfant n'est pas en besoin. Cette distanciation juste et progressive, juste parce que progressive, permet à l'enfant de construire l'expérience développementale de la capacité à être seul. Depuis cet espace, l'enfant découvre des limites à sa puissance et apprivoise cette réalité : le monde existe et évolue hors de son contrôle !

L'enfant acquiert davantage d'autonomie et une plus grande différenciation, ce qui atténue la douleur de ce constat. Dans le meilleur des cas, la baisse de dévotion que vit la mère correspond en intensité à l'accroissement du besoin naturel de différenciation et d'autonomie de l'enfant. Dans cette phase où se redéfinit la dynamique du couple mère-nourrisson, les inévitables carences d'adaptation de la mère sont vues comme essentielles à l'accomplissement normal de la différenciation. On pourrait dire qu'il y a une force motrice contenue dans la déception de l'enfant à l'égard de sa mère.

La pathologie du développement, selon Winnicott, plonge ses racines dans les carences sévères de la mère. Soit elle est incapable de fournir initialement l'environnement parfaitement protégé et la contention nécessaires à la sécurité de base du nourrisson, soit elle se révèle plutôt inapte à calibrer correctement et progressivement son retrait relatif de la matrice mère-nourrisson. Autrement dit, elle peut être trop proche et, en répondant prématurément, en devançant la mobilisation énergétique liée au besoin, elle empêche le nourrisson d'atteindre à la représentation de ses besoins et à la créativité. Inversement, elle peut se retirer trop vite ou mal. Dans ce cas, elle ne permet pas les découvertes développementales liées à l'expérience d'une solitude confortable.

On ne saurait, même dans le cadre d'un bref aperçu comme celui-ci, passer sous silence les concepts winnicottiens de vrai et de faux Soi. Winnicott établit un parallèle entre le vrai Soi et le faux Soi d'une part, et la distinction établie par Freud d'autre part. Il distingue une partie centrale gouvernée par les pulsions (celles que Freud appelle sexualité prégénitale et génitale et qui seraient l'équivalent du vrai Soi) et une partie tournée vers l'extérieur, qui établit des rapports avec le monde : l'équivalent du faux Soi. Il introduit l'idée de fausses personnalités bâties sur le faux Soi qui ne sont pas sans rappeler les troubles de la personnalité du *DSM*.

Toutefois, une mise en garde s'impose. On aurait tort de croire qu'à l'instar des conventions humanistes, le vrai Soi vaut mieux que le faux ! En fait, chez Winnicott, c'est plutôt la nature des rapports entre les deux strates qui définit la santé et la pathologie. Ainsi en est-il de la classification des organisations du faux Soi que propose Winnicott. À l'extrémité pathologique d'un continuum pathologie-santé, le faux Soi est établi comme réel et c'est lui que les observateurs ont tendance à prendre pour la personne réelle et totale. Or, en situation de stress on s'attend à trouver une personne totale, mais il manque au faux Soi quelque chose d'essentiel. Dans cette position extrême, le vrai Soi est complètement dissimulé. À un degré moindre, le faux Soi a pour fonction de défendre le Soi authentique. Le vrai Soi alors est perçu comme virtuel et une vie secrète, clandestine, lui est permise. L'avantage de cette configuration moins qu'optimale est la préservation de l'individu en dépit de conditions anormales présentes dans l'environnement.

Plus près de la santé, le faux Soi a pour but principal la recherche, voire la création des conditions qui donneront au vrai Soi la possibilité d'exister hors de la pure clandestinité. Encore plus près de la santé, le faux Soi s'établit sur la base d'identifications à des personnes saines. Inspiré par cette identification positive, le faux Soi agit comme paravent partiel, servant à protéger le vrai Soi. Enfin, dans la santé, le faux Soi est représenté par toute l'organisation que constituent une attitude sociale polie, de bonnes manières et une certaine réserve, toutes qualités d'intelligence sociale, de fréquentation communautaire, nécessaires à un fonctionnement relationnel harmonieux. Ici, une grande partie du faux Soi est passée dans la capacité à renoncer à la toute-puissance et au processus primaire en échange d'une place dans la société, place que le vrai Soi ne saurait jamais atteindre et maintenir à lui seul.

Terminons cet aperçu de la pensée winnicottienne par un résumé des concepts de phénomènes transitionnels et d'espace transitionnel. L'espace transitionnel s'avère l'aire intermédiaire entre la réalité interne de l'enfant et la réalité externe. Ce n'est ni une illusion ni le réel, mais le lieu d'une rencontre entre ces deux univers. L'espace transitionnel permet à l'enfant de mettre ces deux mondes en relation. De cette mise en relation naît le caractère unique du moi de l'enfant. Quant à l'objet transitionnel, il permet d'atténuer l'écart entre le dedans et le dehors. Cet objet (couverture, ourson, etc.) favorise l'émergence de cet espace intermédiaire d'où sont issues toute créativité, toute inventivité. L'objet est précurseur du symbolisme, de la capacité à saisir les ressemblances et les différences et de la capacité à être seul et à créer.

Margaret Mahler

Margaret Schoenberger Mahler était pédiatre. Avant d'émigrer aux États-Unis, elle a vécu et travaillé à Vienne où elle est entrée en analyse avec Helen Deutsch. Elle a créé un centre de traitement pour enfants et elle a eu l'occasion de travailler avec Anna Freud. Mahler s'est intéressée en particulier aux psychoses infantiles, étant singulièrement attentive à la grande question de l'individuation. Elle distingue fondamentalement deux types de psychoses infantiles : l'autisme et la symbiose dont elle dit qu'elles sont des persistances anachroniques de stades normaux de développement du nourrisson.

C'est en 1975 que Margaret Mahler publie *Symbiose humaine et individuation : La naissance psychologique de l'être humain.* Cet ouvrage est le fruit de recherches et d'observations systématiques, respectant les normes de l'époque en matière de recherches empiriques. Ces observations l'amènent à formuler un modèle développemental où la maturation psychique de l'être humain se lit en fonction de l'évolution de la distance relationnelle entre l'enfant et sa mère. Pour Margaret Mahler, le développement se présente comme une tentative primitive de conquérir son identité à travers un processus qui doit durer toute une vie : le processus de séparation/individuation. L'enjeu fondamental de ce processus consiste à passer de l'attachement symbiotique à la réalisation d'une identité stable et autonome.

À la naissance, selon elle, le nourrisson vit ou, pourrait-on dire, poursuit une phase autistique. Cette phase couvrirait les deux premiers mois de la vie. Le nourrisson vit alors dans un état entre le sommeil et la veille, tourné davantage vers les réalités physiologiques de la vie extra-utérine que vers la relation à la figure parentale. Sur le plan psychique, le nourrisson vit à la manière d'un système fermé, n'étant pas conscient de l'existence d'autres êtres humains[9]. La phase symbiotique apparaît ensuite et se poursuit jusqu'au 5e mois. Dans cette période de croissance, la mère est vaguement associée à une expérience de chaleur et de plénitude. Le nourrisson commence à sourire en sa présence, mais celle-ci est toujours éprouvée comme faisant partie du système du nourrisson. Durant cette phase, même si le nourrisson est rassasié, il réagit par la détresse si la mère est dérangée émotivement.

La phase développementale à laquelle Margaret Mahler s'est surtout consacrée, c'est celle de la séparation-individuation. Elle s'étend du 6e au 36e mois et correspond à la naissance psychologique de l'enfant. C'est pendant cette phase que se joue le conflit existentiel le plus important : la quête de l'autonomie et le besoin de rester en fusion avec la mère. La capacité de l'enfant à bien fonctionner comme adulte, à se lier aux autres tout en restant différencié dépendra de sa réussite dans la résolution de ce conflit. Cette phase cruciale du développement se décline en 4 sous-phases.

La phase séparation-individuation

La différentiation s'amorce vers le 5e mois. La maturation neurophysiologique aidant, la discrimination perceptuelle commence à se préciser. La vue et les fonctions de contact à distance se développent et la mère commence à être reconnue comme une entité séparée. Si l'enfant est mis en présence d'un étranger, on observe quelques manifestations d'angoisse.

---

[9] Ce avec quoi des auteurs comme Kohut et Winnicott ne seront évidemment pas d'accord, eux pour qui il existe, dès le départ, un lien d'empathie fondamentale entre la mère et le nourrisson.

La phase des essais

Vers le 10e mois, l'enfant commence à se mouvoir à la façon d'un quadrupède. Il peut donc choisir de s'éloigner de sa mère. C'est dans le défilement de ces essais d'éloignement que Mahler situe la naissance psychologique de l'enfant. Cependant, la mère demeure le « camp de base » du jeune « alpiniste » et l'enfant vérifie fréquemment qu'elle est toujours présente.

La phase de rapprochement

La période comprise entre le 15e et le 30e mois est marquée par le développement rapide du langage.

L'enfant interagit verbalement avec la mère et avec d'autres, en particulier avec le père. Il s'agit d'une phase de séparation et d'affirmation de soi. Grisé par sa nouvelle indépendance, le petit en est presque arrogant de toute-puissance, mais il éprouve toujours un besoin intense d'aide et de réassurance. La négation de ses besoins engendre la crise de rapprochement. Celle-ci prend la forme d'une lutte entre le besoin de sécurité fournie par la mère et le besoin d'indépendance. Les nouvelles habiletés de l'enfant nourrissent sa suffisance, en alternance avec des périodes de dépendance. Cette phase est cruciale et la réponse optimale de la mère consiste à fournir à l'enfant un équilibre entre le support émotif et la fermeté.

La constance de l'objet libidinal

C'est autour de la 3e année que doit se cristalliser une représentation interne stable de la mère. Si l'enfant ne peut élaborer cette représentation, il continue de dépendre de la présence physique de la mère pour sa sécurité et n'arrive pas à développer un Soi autonome. Par contre, si cette phase est réussie, l'enfant maintient une représentation interne de sa mère, même en son absence, ce qui constitue le fondement de la capacité à établir des relations d'objet saines. Cette avancée suppose que les introjections négatives et positives de la mère aient été intégrées en un tout, sinon l'enfant (et plus tard l'adulte) réagira à son monde interpersonnel comme étant soit punitif, soit rejetant, soit gratifiant, sans qu'une base phénoménologique suffisante puisse permettre d'étayer ces réactions affectives.

W.R.D. Fairbairn

William Ronald Dodds Fairbairn est né et a vécu à Édimbourg presque toute sa vie. Au cours de la Première Guerre mondiale, il participa à des actions militaires, une expérience qui aura un impact décisif dans sa vie, comme on peut le constater dans ses travaux sur les névroses de guerre.Il termine ses études de médecine en 1929 et se tourne vers la psychiatrie. L'éloignement géographique de Fairbairn, au plus fort des bombardements sur Londres et du conflit opposant Melanie Klein à Anna Freud, lui a permis d'écrire et d'enseigner à Édimbourg dans une relative solitude. Peu porté à faire école, il formule quelques critiques fondamentales de l'œuvre de Freud qui auraient pu lui valoir quelques escarmouches…

Bien qu'ayant conservé le terme freudien de libido, Fairbairn n'en fait pas la recherche de plaisir, mais bien la recherche d'objet. Le destin de la pulsion libidinale n'est plus la décharge, mais bien l'établissement de relations humaines satisfaisantes. Dans cette recherche de l'objet, l'enfant est tourné vers la réalité, et ce, dès le départ.

Fairbairn conteste l'idée freudienne selon laquelle le nouveau-né serait mû par des forces pulsionnelles, ancrées dans les zones érogènes. Ces zones ne sont pour lui que des canaux menant à la relation objectale. Aussi, pour Fairbairn, quand le plaisir issu de la décharge pulsionnelle devient le motif premier, c'est que les rapports essentiels à autrui se sont détériorés ou brisés. Le sujet est alors en situation d'échec. Il ne peut établir et maintenir des relations mutuelles et riches avec les autres, dans lesquelles l'*individualité* de l'autre fournirait une satisfaction plus profonde que l'*utilisation* de l'autre pour sa propre satisfaction.

Fairbairn reconnaît l'œuvre de Klein quant au rôle développemental de l'objet, tout comme il tient compte des découvertes et des formulations de Freud sur le surmoi. C'est à Fairbairn que nous devons une théorie du développement du moi conçue en termes de relations d'objet. Cette relation naît alors que le Soi du nourrisson est embryonnaire et cela lui prend un certain temps pour apprendre comment établir un contact et comment organiser sa relation à la mère.

Aux stades et aux phases de développement libidinal freudien (oral, anal et phallique), Fairbairn oppose donc un modèle du développement des relations d'objet fondé sur les vicissitudes de la dépendance à la mère. Tout enfant progresserait sur un continuum allant de la dépendance infantile à la dépendance mature. Ce stade ultime de développement psychique est caractérisé par une vie interpersonnelle, reflet de la vie intrapsychique, faite de réciprocité et d'échanges, éclairée par la reconnaissance des différences et par l'acceptation de la saine dépendance. Le moi se développe donc à mesure que l'état de dépendance infantile, fondée sur une identification primaire à l'objet, fait place à la dépendance mature, fondée sur la différenciation entre le Soi et l'objet.

Ce processus de développement du moi se fait en trois phases : la dépendance infantile, qui correspond plus ou moins à la phase orale, la phase transitionnelle et enfin, la phase de dépendance mature, qui équivaut à la phase génitale. Durant la phase infantile, le nourrisson vit dans un état de fusion psychologique avec le parent. Il est peu différencié et n'a qu'un sentiment embryonnaire de soi. Il doit intérioriser des objets externes, *indivis* par essence, complets en eux-mêmes, réunissant des propriétés bonnes et mauvaises ou satisfaisantes et insatisfaisantes.

Les aspects mauvais des objets externes sont intériorisés sur le mode de l'introjection. Voilà une idée inusitée de prime abord. Pourquoi l'enfant introjecte-t-il le mauvais objet ? Pourquoi prendre à l'intérieur ce qui est mauvais ? Voyons ce qu'en dit Fairbairn :

Il importe de se demander d'où les mauvais objets tiennent leur pouvoir sur l'individu. Si les objets de l'enfant sont mauvais, comment en vient-il à les intérioriser ? Pourquoi ne pas simplement les rejeter comme il le ferait de l'huile de castor ? En fait, l'enfant éprouve habituellement un mal considérable à rejeter l'huile de castor, comme certains d'entre nous le savent d'expérience personnelle. L'enfant la rejetterait s'il le pouvait mais on ne lui en fournit pas l'occasion. Le même raisonnement s'applique à ses mauvais objets. Peu importe à quel point il peut vouloir les rejeter, il ne peut leur échapper. Ils s'imposent à lui et il ne peut pas leur résister parce qu'ils détiennent un pouvoir sur lui. Il est donc obligé de les intérioriser dans un effort pour les contrôler. Mais, en essayant de les contrôler de cette façon, il intériorise des objets qui ont exercé le (sic) pouvoir sur lui dans le monde externe et ces objets conservent leur prestige et leur pouvoir sur lui dans le monde intérieur. En un mot, il est « possédé » par eux, comme par des esprits néfastes. Ce n'est pas tout. L'enfant intériorise ses mauvais objets, non seulement parce qu'ils s'imposent à lui et qu'il cherche à les contrôler, mais encore, et par-dessus tout, parce qu'il en a besoin. Si les parents d'un enfant sont de mauvais objets, il ne peut pas les rejeter, même s'ils ne s'imposent pas à lui, car il ne peut vivre sans eux. Même s'ils le négligent, il ne peut pas les rejeter, car s'ils le négligent, son besoin d'eux s'en trouve renforcé. *(1954, p. 67)*

Contrairement à ce que l'on a vu de Melanie Klein, chez Fairbairn l'agression est au service de la libido et l'enfant ne devient agressif que parce qu'il est frustré. Comme pour l'huile de castor, le nourrisson rejetterait le mauvais objet s'il le pouvait, mais on ne lui en donne pas la possibilité. Les mauvais objets s'imposent donc à lui en raison de leur pouvoir supérieur ou parce qu'ils sont, malgré tout, indispensables à la survie. Même si les parents le rejettent, l'enfant ne peut s'en défaire. Son besoin en est même accru. Il ne peut que les intérioriser dans l'espoir de pouvoir les contrôler, mais leur prestige et leur pouvoir restent intacts, une fois intériorisés, et l'enfant est possédé si l'on peut dire par l'esprit du mal... (1954, p. 66).

Une fois le mauvais objet intériorisé, le mal est en soi et l'environnement est devenu sécuritaire. Les mauvais objets devenus internes sont alors refoulés. Fairbairn en distingue deux types : le mauvais objet « conditionnel », car mauvais d'un point de vue moral, et le mauvais objet « inconditionnel », car mauvais d'un point de vue libidinal. Ces objets sont intériorisés comme persécuteurs et, dans la mesure où l'enfant s'identifie à eux, il est, lui aussi, mauvais. Pour rectifier cette situation où il est inconditionnellement mauvais, il intériorise ses bons objets qui deviennent son surmoi.

Alors se joue un bras de fer sur la scène interne où s'affrontent le bien et le mal d'un point de vue moral. Quand le bien l'emporte, l'enfant est conditionnellement bon. Quand le mal l'emporte, l'enfant est conditionnellement mauvais, mais cela vaut mieux que d'être inconditionnellement mauvais, car, comme le sous-entend Fairbairn (p 71), il semble qu'il vaille mieux être un pécheur dans le royaume de Dieu que citoyen au royaume de Satan ! Au moins, le monde dans lequel on vit est fait de bonté et il y a de l'espoir.

Si le refoulement échoue, le moi peut développer l'une ou l'autre de quatre défenses classiques : la défense obsessionnelle, la défense hystérique, la défense phobique et la défense paranoïaque. Le Soi, sain ou pathologique, peut donc être vu comme émanant d'un processus de relations des diverses parties du moi avec ses objets.

Ce qui entrave le développement, dans la pathologie, ce sont les efforts du moi pour perpétuer des liens et des espoirs avec des objets internes. Autrement dit, la pathologie c'est l'attachement compensatoire aux objets internes. Les objets intériorisés et clivés peuvent déformer considérablement le développement. Bref, le cœur de la maturité c'est la capacité à établir des relations intimes riches et mutuelles avec l'Autre. La psychopathologie se manifeste par des interruptions dans la séquence naturelle des relations et par une prolifération de relations avec des objets internes compensatoires.

Comment sont organisées ces relations avec les objets internes compensatoires ? La structure psychique résulte du clivage, phénomène universel et pathologique, auquel doit recourir tout être humain pour survivre aux turbulences inévitables du développement précoce. Le clivage sert à diviser et à organiser le Soi. Le Soi étant divisé, les aspects agréables et désagréables de l'objet pourront être intériorisés dans des parties circonscrites du Soi et rattachées aux parties clivées du moi qui les concerne. C'est ainsi que naît le monde intérieur. Les objets partiels ou complets peuvent ensuite être refoulés ou projetés sur des objets externes, modulant l'échange entre le monde interne et le monde externe, réglant l'expérience de celui-ci au gré des fluctuations de celui-là.

D'où viennent ces objets partiels contenus dans le Soi ? La mère (ou plutôt le sein de la mère) est, à l'origine, une espèce d'objet *indivis* que Fairbairn appelle l'objet originel. Cet objet, séparé en deux sous l'effet de l'amour et de la haine vécus par l'enfant, sera introjecté dans le Soi naissant. L'objet excitant et frustrant s'élabore à partir des interactions avec la mère qui taquine et tente l'enfant. Quand l'enfant (et plus tard l'adulte) est en relation avec l'objet frustrant intériorisé, la frustration et le vide forment l'expérience dominante. L'objet rejetant, quant à lui, est créé par l'enfant à travers les interactions avec les parties hostiles ou retirées de la mère. L'expérience figurée de l'enfant, puis de l'adulte en relation avec cet objet rejetant intériorisé, est de ne pas se sentir aimé ou désiré. L'affect qui l'accompagne est la colère. Reste alors un noyau désexualisé, l'objet idéal, qui contient les aspects réconfortants et gratifiants du sein.

Puisque c'est la libido, énergie endogène du moi, qui a permis de trouver l'objet et de nouer avec lui, le moi est attaché libidinalement à l'objet. En raison de cette attache, quand l'objet est clivé, le moi l'est aussi. Le monde intérieur préconscient et inconscient finit alors par se stabiliser en un système où des moi clivés sont jumelés à leurs objets clivés et partiels. Du moi original, il reste donc une structure tripartite formée de moi subsidiaires jumelés à des objets clivés, comme le montre la figure 4, reproduite de Bouchard et Derome (1987).

Figure 4 : Un schéma révisé de la psyché, adapté de Fairbairn (1944 et 1954, p. 105) et de Rubens (1984), (*in* Bouchard et Derome, 1987)

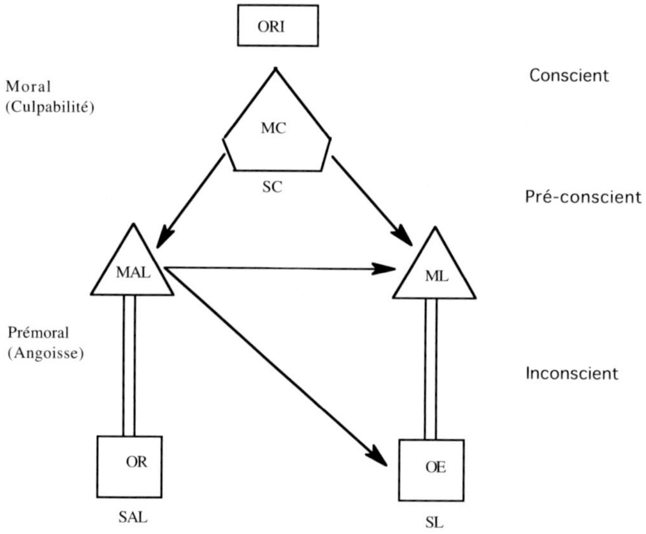

Légende	ORI = Objet « réel-idéal »	OE = Objet excitant
	MC = Moi central	SL = Soi libidinal
	SC = Soi central	ML = Moi libidinal
	MAL = Moi anti-libidinal	Pcs = Préconscient
	OR = Objet rejetant	Cs = Conscient
	SAL = Soi anti-libidinal	Ics = Inconscient
	Parallèle = Libido	Flèche = Agression

Le moi central, résidu du moi original, est l'agent du refoulement et le responsable des rapports avec le monde des objets réels. Fairbairn l'appelle le *Je*. Bien que Fairbairn en souligne surtout les éléments conscients, il contient également des parties préconscientes et inconscientes. Le moi libidinal est la partie clivée et refoulée du moi original, conséquence du clivage de l'objet, et il est en relation libidinale avec l'objet excitant. C'est en raison de l'existence de ce moi libidinal et de l'absence d'une pulsion de mort que le modèle de Fairbairn peut se passer de l'instance classique du ça comme origine des pulsions. On doit donc comprendre le moi libidinal comme servant, dans le système de Fairbairn, une fonction analogue à celle du ça freudien. Enfin, le moi anti-libidinal se présente comme la partie clivée et refoulée du moi original, en relation avec l'objet rejetant.Il est identifié aux parents attaquants et représente une structure persécutoire primitive qui, plus tard, fusionne avec les aspects inhibiteurs de ce que Freud appelait le moi idéal et le surmoi.

Pour Fairbairn, les rapports humains normaux sont fondamentalement interpersonnels. En ce sens, il différencie les « relations interpersonnelles » et les « relations d'objet ». Une relation non pathologique avec une personne réelle ne requiert pas d'intériorisation parce que l'interaction interpersonnelle est satisfaisante en elle-même. En effet, l'accent étant mis sur la personne et sur l'interpersonnel, c'est l'échec de l'interpersonnel qui conduit aux relations d'objet ou à l'établissement de la structure endopsychique. Ainsi, pour Fairbairn toutes les identifications sont défensives ou pathologiques et l'état schizoïde représente le destin tragique de l'homme, dans la mesure où le clivage est inévitable (Grotstein et Rinsley, 1994, p. 8-11).

Chez Fairbairn, le Soi qui gère le comportement de manière optimale et adaptée, maintient son intégrité contre la pression des Soi subsidiaires. Ces deux ensembles de forces varient selon l'histoire passée de la personne et la nature de l'environnement externe vers lequel le comportement est dirigé (Sutherland, 1994, p. 26).

Enfin, Fairbairn estime que le point de vue pulsionnel et zonal est si impersonnel et inadéquat qu'il pourrait bien être lui-même le produit d'un mode de pensée schizoïde et un travesti des réalités personnelles de la vie humaine ! En somme, Fairbairn, précurseur de Kohut, met nettement l'accent sur les réalités externes.

EN RÉSUMÉ...

Parties prenantes de la psychanalyse et poursuivant l'œuvre de Freud, les théories du développement dont nous venons d'avoir un aperçu ont en commun trois *a priori*. D'une part, elles posent que les événements cruciaux et déterminants du développement humain se produisent très tôt, voire dès le début de la vie. Ensuite, elles ont davantage à voir avec les affects d'amour, et chez Klein, de haine, qu'avec la décharge de pulsions à caractère sexuel. Enfin, elles attribuent à la figure maternelle le rôle de premier plan dans les diverses phases du développement précoce.

Les quelques auteurs que nous venons de visiter fondent les grands courants de la psychanalyse contemporaine et leur héritage reste vivant chez ceux qui les ont suivis. Ainsi Kohut doit-il beaucoup à Winnicott et à Fairbairn. On peut en dire autant de Jacobson et Kernberg à l'endroit de Mahler. Quant à Melanie Klein, son système théorico-clinique est encore en expansion et ses idées ont été reprises notamment par Wilfrid Bion, mais aussi par bon nombre d'analystes contemporains, notamment dans l'usage étendu du concept d'identification projective. Ainsi en est-il de Kernberg, d'Ogden, de Langs et de plusieurs autres.

En quoi et comment ces théories prolongent-elles ou transforment-elles l'édifice conceptuel freudien ? On tente encore de répondre à cette épineuse question. Pour notre part, considérons ce patrimoine de connaissances dans une perspective de complémentarité.Ces éclairages nous seront particulièrement utiles selon que nous examinerons les grands enjeux de l'attachement, de l'estime de soi ou de l'érotisme.

CHAPITRE 4

Les enjeux de l'attachement

L'enjeu développemental de l'attachement c'est d'établir les bases de notre sécurité affective, laquelle fonde la qualité et la solidité de nos engagements. Quand l'enjeu de l'attachement est achevé, s'installe tant la capacité que le désir de contact et d'intimité. L'interdépendance apparaît alors comme naturelle et elle est sereinement acceptée. Ceux qui ont bien franchi cette phase développementale savent mieux vivre la réalité des séparations, sans développer une trop grande angoisse d'abandon. Ils sont capables d'être seuls, sans que cette solitude les prive de leur créativité et de leur productivité. L'Autre n'est pas essentiellement une menace, pas plus qu'il n'apparaît comme le refuge ultime et parfaitement sécuritaire. Ainsi, la représentation intégrée qui organise la fonction personnalité pourrait-elle se formuler comme suit :

« Je suis en sécurité. L'Autre peut me soigner et me protéger. Mes besoins sont naturels, acceptables ou tolérables. L'Autre reste là et répond. »

Cette sécurité de base, issue d'une bonne métabolisation de l'enjeu développemental de l'attachement, s'observe bien chez l'adulte dans le cadre de l'amour romantique. En 1987, Hazan et Shaver ont montré comment on peut retrouver, dans l'expérience amoureuse, les mêmes types d'organisation de l'attachement que chez l'enfant.

Ces chercheurs ont observé, chez 56 % d'adultes sécures sur le plan de l'attachement, qu'il leur est facile d'être proches des autres, qu'ils acceptent de dépendre de l'Autre et que l'Autre dépende d'eux, qu'ils n'ont pas tendance à craindre l'abandon ou l'envahissement et qu'ils ont confiance en eux-mêmes et en l'Autre. De plus, ils qualifient leur relation amoureuse d'heureuse, aimante et confiante. Cela ne signifie pas que leur expérience amoureuse se vit au beau fixe. L'intensité de leurs sentiments amoureux fluctue, mais ils savent retrouver ou recréer des moments d'intensité, comme au début de leur relation.

Lorsqu'on les interroge sur leur enfance, ils ont davantage tendance à se souvenir de la relation qu'avaient leurs parents comme ayant été chaleureuse. Munis de ces ressources affectives et de ces représentations sécures, ces adultes maintiennent leur cohésion lorsqu'ils sont éloignés de l'être aimé, car ils savent entretenir le lien dans l'absence. Toutefois, menacés, ils préfèrent absorber cette menace dans la proximité de l'être aimé, chez qui ils savent trouver le réconfort.

LE CONTEXTE SOCIOCULTUREL EN TANT QU'ARRIÈRE-FOND DES ENJEUX D'ATTACHEMENT

Voilà donc, brossé à grands traits, le portrait de l'adulte sain sur le plan de l'attachement. Toutefois, ne perdons pas de vue que cette « santé » est aussi définie culturellement. Ce qui apparaît sain à une période donnée, dans une société particulière, peut être vu autrement, en d'autres temps et sous d'autres latitudes. Toute discussion quant à la psychodynamique de l'attachement doit tenir compte d'un certain champ socioculturel. Qu'en est-il du contexte socioculturel de nos sociétés à ce moment-ci de leur histoire ? Nous ne tenterons pas de répondre à cette vaste question, mais elle fait apparaître quelques images impressionnistes.

Ainsi on peut dire que la fin des années 1960 a marqué un bouleversement dans le rapport que les personnes entretiennent avec la liberté, et ce, en Amérique comme en Europe. La liberté sexuelle, la remise en question des autorités, l'hédonisme et l'individualisme sont progressivement devenus des valeurs à peu près incontournables et incontestables. La fin des années 1960 et la décennie qui a suivi ont vu la Gestalt-thérapie, par exemple, connaître sa plus grande gloire médiatique, Fritz Perls apparaissant presque *gourouïsé* en page couverture du magazine américain *Life*. Parmi les credo contre-culturels qui s'énoncèrent à l'époque, il en est un, en forme de « prière » que les gestaltistes connaissent bien :

Je poursuis ma voie et tu suis la tienne.
Je ne suis pas en ce monde pour répondre à tes attentes
Et tu n'es pas en ce monde pour répondre aux miennes.
Tu es toi et je suis moi...
Et si, par chance, nous nous rencontrons,
Alors, c'est merveilleux !
... Sinon, nous n'y pouvons rien !

Des telles paroles ne sont pas, et c'est le moins que l'on puisse dire, des incitations à l'attachement et à l'engagement dans la durée. Elles semblent montrer la relation et le lien entre deux personnes comme résultat d'un accident. La relation est aléatoire « [...] Et si, par chance [...] » et ne doit pas demander d'effort « [...] sinon, nous n'y pouvons rien ! ».

Il semble que nos sociétés n'aient jamais connu d'époques où tant de personnes vivaient seules ou faisaient le choix de ne pas avoir d'enfants, sans parler des relations conjugales « temporaires ». La psychologie humaniste des années 1960 a contribué à libérer les consciences humaines du fardeau de tabous et de traditions oppressantes. Toutefois, ce faisant, elle a peut-être joué un rôle dans l'avènement d'un contexte socioculturel où semble régner le *temporaire*. Combien de figures parentales les enfants des années 1970, 1980, 1990 auront-ils connues ?

L'ATTACHEMENT EN TANT QUE PATHOLOGIE : QUE FAUT-IL ENTENDRE PAR « PATHOLOGIES DE L'ATTACHEMENT » ?

Les pathologies de l'attachement sont des pathodynamiques persistantes et répandues dans une variété de contextes, avec une prépondérance dans le contexte des relations intimes. Elles sont caractérisées soit par une incapacité à nouer des liens stables d'interdépendance, soit par une propension au surattachement, soit par une perversion et une propension à exploiter l'autre, à travers le lien.

On reconnaît généralement deux types de pathologies de l'attachement : l'organisation schizoïde-évitante et l'organisation anxieuse-ambivalente (Johnson, 1994).

L'organisation de type schizoïde-évitant

Dans la recherche de Hazan et Shaver (1987), les adultes évitants représentaient 25 % des répondants. Ces sujets ressentent un certain inconfort dans la proximité de l'Autre, ils ont du mal à lui faire pleinement confiance et n'aiment pas dépendre de lui. De plus, ils sont mal à l'aise si quelqu'un veut s'approcher. Ils ont l'impression que l'Autre les voudrait plus proches qu'eux-mêmes ne veulent l'être. Paradoxalement, bien qu'ils aient tendance à être détachés de leurs affects et détachés en relation, ils sont plutôt jaloux, tout en craignant l'intimité. Leur vie amoureuse est souvent faite de coups de foudre, suivis de retraits quand ils réalisent que leur amour idéal ne peut exister dans le réel. Ils trouvent donc rarement ce qu'ils appelleraient l'*amour véritable*. Finalement, lorsqu'on les questionne sur les relations qu'ils entretiennent ou ont entretenues avec leurs parents, ils décrivent leur mère comme froide et rejetante.

L'organisation de type anxieux-ambivalent

Dans cette même recherche de Hazan et Shaver, les adultes présentant une organisation de type anxieux-ambivalent comptaient pour 19 % des répondants. Ceux-là ont plutôt tendance à croire que les autres refusent l'intimité. Ils craignent que leur partenaire ne les aime pas vraiment ou ne veuille pas vraiment cohabiter avec eux. Ils cherchent à fusionner et reconnaissent que cela peut effrayer ou éloigner l'Autre. Leur rapport, tant avec eux-mêmes qu'avec l'Autre, est anxieux, ambivalent ou craintif. Ils sont jaloux, intenses et obsédés par la relation. À la différence des schizoïde-évitants, c'est ici le père qui est le parent significativement décevant. Il est représenté comme ayant été injuste.

SEPT AXES DE MANIFESTATIONS CLINIQUES LIÉES AUX ENJEUX D'ATTACHEMENT

Nous allons maintenant aborder un ensemble de manifestations, signes précurseurs d'une problématique de l'attachement chez le très jeune enfant. À partir des différents axes comportementaux étudiés chez ces enfants, nous tenterons de formuler quelques hypothèses quant à la forme que prendraient les mêmes axes, chez l'adulte.

Montrer de l'affection

La capacité à éprouver une expérience chaleureuse et à l'exprimer à l'autre est l'un des éléments centraux de l'attachement. Chez l'enfant ou le nourrisson, on peut observer deux types de distorsions. La première consiste en une absence de chaleur ou d'interaction affectueuse avec la mère. Dans la seconde, l'enfant exprime une chaleur indifférenciée à l'endroit d'un adulte non familier. Ces deux types de comportement sont précurseurs d'une problématique de l'attachement.

Certains adultes semblent incapables de manifester une quelconque chaleur. Toujours réservés, ils choisissent des activités solitaires. D'autres, en revanche, peuvent se montrer excessivement et prématurément chaleureux à l'endroit de personnes qu'ils connaissent à peine. On reconnaît là l'un les comportements de certaines personnalités histrioniques qui pourrait renvoyer à des enjeux d'attachement, c'est-à-dire à une incapacité à faire le tri entre les objets significatifs et les personnes non significatives de l'environnement.

Chercher le réconfort

Chercher le réconfort lorsqu'on est en difficulté, voire en détresse, voilà encore une manifestation importante qui va de pair avec notre capacité d'attachement. Lorsqu'ils sont en difficulté, certains enfants ne savent pas se tourner vers un adulte pour trouver le réconfort. Par contre, d'autres cherchent le réconfort d'une manière étonnante ou ambivalente. Ils peuvent « se jeter » sur n'importe qui, demander du réconfort pour une douleur qu'ils n'ont pas, alors qu'ils en ont une ailleurs. Dans des cas extrêmes, ils peuvent demander que l'on soigne un petit ami alors que ce sont eux qui sont blessés. En un mot, ils présentent des aberrations quant à la capacité à aller chercher de l'aide.

Nous connaissons tous des adultes qui ont tendance à s'isoler lorsqu'ils sont en difficulté ou en souffrance. Plus ils vont mal, moins on les voit, comme s'ils n'étaient pas présentables. Ils semblent avoir construit leurs capacités relationnelles à la surface de blessures et de fissures structurelles fondamentales. L'espace où ils ont appris à être en relation se situe quelques étages au-dessus de leur blessure. Quand ils souffrent, ils semblent chuter dans un univers presque anobjectal, un univers sans relation.

D'autres cherchent le réconfort d'une manière détournée ou par identification projective. Certains vont même jusqu'à blesser quelqu'un qu'ils aiment pour pouvoir ensuite le consoler. On les voit inquiéter l'être aimé pour ensuite le rassurer. On les entend dire des méchancetés à l'être aimé, et on les voit ensuite le cajoler comme un bébé. On peut considérer ce procédé comme un dispositif structurel d'identification projective. Lorsque la personne est en difficulté, elle met l'autre dans une difficulté analogue et accrue. Ensuite, elle le soigne et, ce faisant, elle se soigne elle-même. Ce processus rappelle la position schizoparanoïde de la théorie kleinienne.

Il est possible que des dérivés de ce processus soient en cause dans la motivation de certains d'entre nous à exercer la profession de psychothérapeutes. Notre métier est de nature à attirer des personnes profondément blessées dans des zones d'attachement, blessées dans la permanence du lien. Exerçant la profession de psychothérapeute, à chaque semaine une bonne vingtaine de personnes ont absolument besoin que nous soyons là pour elles ! Dans ces cas-là, nul besoin de cultiver le lien ; il y a toujours quelqu'un de plus mal en point que nous à consoler, à soigner, à réconforter.

Il n'y a pas là matière à cynisme. Les thérapeutes qui portent cette blessure d'attachement peuvent exercer leur métier de manière tout à fait honorable, à la condition, toutefois, d'avoir vécu une tranche substantielle et fondatrice de psychothérapie au début de leur pratique. Quand c'est le cas, ils comprennent mieux les tenants et les aboutissants du processus par lequel ils se placent en position d'être désirés comme *Autre*, bon et soignant. Leur pratique reste alors juste et elle a aussi des retombées pour eux.

Les comportements de soutien

Chez les enfants en difficulté, on peut observer soit une dépendance excessive du soutien d'autrui, soit le fait de ne pas chercher ou de ne pas utiliser le soutien des figures d'attachement. De très jeunes enfants, en âge de commencer à marcher ou à se traîner, cherchent constamment la mère. Si elle fait les premiers gestes pour faire avancer l'enfant, il tombe et ne se relève pas. Remis debout, si la mère (ou toute autre personne) lui tend les mains, il se laisse tomber à nouveau. Le comportement de ces enfants communique à l'Autre : « Ne t'éloigne pas, sinon je ne peux pas tenir debout. » Tous ces comportements sont structurés et organisés pour que l'Autre reste à proximité.

Inversement, et en particulier chez ceux dont le développement de l'appareil sensorimoteur a été plus rapide que le développement affectif, on voit des enfants qui explorent l'univers sans se servir du soutien parental disponible. Ils sont donc capables, physiquement, de grimper sur n'importe quoi, mais ne semblent pas avoir atteint l'âge de la représentation et de l'appréhension du danger.

Chez certains adultes, on observe à peu près le même phénomène. Ils manifestent une dépendance excessive à l'égard du soutien d'autrui. Par exemple, certains clients élaborent avec nous une situation transféro-contre-transférentielle au sein de laquelle nous sommes représentés comme étant un excellent thérapeute. Cependant, ils restent incapables de faire quoi que ce soit seuls, en dehors de la thérapie. Si nous n'y prêtons pas attention, nous nous retrouvons dans cette situation absurde où « l'excellent thérapeute » que nous sommes est incapable de faire progresser son client là où ça compte. Lorsque la relation transférentielle est massivement positive, que nous sommes objet de fusion, et que, par ailleurs, le client ne s'autonomise pas dans sa vie hors-thérapie, nous aurions intérêt à considérer le phénomène comme l'un des signes d'une pathologie de l'attachement.

Inversement, certains adultes ne cherchent ni n'utilisent vraiment le soutien des personnes de leur entourage. Ils consultent rarement, à moins que la souffrance soit vraiment trop intense et l'angoisse trop vive. Quand ils se décident enfin à consulter, ils peuvent se démener pour se dénicher une place en thérapie ou accepter d'être sur une liste d'attente le temps qu'il faut. Puis, quand vient le moment où la thérapie peut commencer, ils ne savent plus très bien pourquoi ils sont là ! À la longue, ils ne voient pas non plus ce que ça change, mais ils ne peuvent l'éprouver et le dire que lorsqu'ils sont certains que le lien est établi. Par ailleurs, ce lien étant établi, ils semblent élaborer un transfert d'inutilité. L'un des signes cliniques de la problématique de l'attachement, c'est précisément cette organisation contre-transférentielle : le thérapeute se sent inutile et pourtant il doit absolument rester là !

Des comportements de coopération

Chez l'enfant et le nourrisson en carence d'attachement, on note parfois une absence de coopération avec l'adulte responsable. L'enfant résiste à toute injonction et à toute demande et il ignore la figure d'autorité.

Dans le deuxième mode de comportements de coopération, l'enfant peut être extrêmement sollicitant. Si, par exemple, on lui demande de faire un dessin :

« Quel crayon veux-tu que je prenne ?

— Prends celui que tu veux !

— Est-ce que je devrais faire un grand dessin ou un petit dessin ?

— Fais-le comme tu veux ! »

Il se met alors à regarder sur la feuille des autres, pour voir comment ils font. Le résultat ? Nous ne pouvons le quitter. Il faut toujours s'en occuper, toujours être à ses côtés.

L'obéissance compulsive est la troisième configuration. Il suffit qu'un adulte dise quelque chose pour qu'instantanément ce soit fait. Cette obéissance a souvent pour fonction d'empêcher l'adulte de se mobiliser dans sa force d'adulte. « Si je dis toujours oui, tu ne prendras jamais une grosse voix, tu ne vas jamais me gronder. » En obéissant compulsivement, l'enfant croit neutraliser le déploiement de l'adulte et reste ainsi sans encadrement.

Certains clients se conduisent à peu près de la même manière. Totalement et prématurément consentants, ils évincent toute possibilité d'un désaccord ou d'une confrontation, toute possibilité d'une rencontre dynamique.

Des comportements d'exploration

Certains enfants présentant une problématique d'attachement ne gardent pas le contact avec l'adulte responsable s'ils se trouvent dans un environnement non familier. Ils partent à l'aventure sans rien demander.

D'autres vont plutôt faire une exploration limitée parce qu'ils refusent de s'éloigner de la mère. Si celle-ci est présente et que l'on demande à l'enfant d'aller jouer dans un carré de sable ou dans une salle de jeux, il refuse de s'éloigner. Il ne veut pas quitter maman, car il n'a pas acquis la certitude de la retrouver ensuite.

Chez certains adultes antisociaux, on observe de l'insensibilité aux dangers et de la témérité. De même, ceux qui ont une personnalité évitante et ceux qui souffrent de phobie sociale et d'agoraphobie montrent parfois un trouble précoce d'attachement.

Des comportements de contrôle

Certains jeunes enfants semblent vouloir exercer un contrôle excessif et punitif. Ce sont des enfants autoritaires, voire tyranniques. L'objet ou l'Autre ne doit ni ne peut échapper à leur contrôle ! Derrière ce sadisme apparent, se cache une parfois une grande angoisse d'abandon.

D'autres établissent leur lien à l'adulte sur la base d'une constante surempathie qui prend la forme d'un souci et d'un soin excessifs et inappropriés à son égard. Très jeunes, ces enfants deviennent les parents de leurs parents. Il s'agit là d'une difficulté rencontrée chez des femmes aînées d'une famille nombreuse qui ont *perdu* leur enfance très tôt. Toutefois, le chapitre consacré aux pathologies de l'érotisme montrera que d'autres facteurs peuvent être en cause. En effet, que la fille aînée devienne le parent des deux parents c'est une chose, mais elle devient parfois la mère de sa mère et la conjointe de son père, et ça, c'est autre chose !

Évidemment, certains adultes exercent un contrôle excessif et punitif sur l'Autre. Ce dernier ne peut rien faire qui échappe à leur contrôle. Ces adultes peuvent être très punitifs ou exercer leur contrôle par une « sollicitude carcérale », une sollicitude qui *enferme*. Tous les besoins de l'Autre sont alors décodés, précédés, satisfaits avant même qu'ils aient pu émerger.

La réponse au retour de l'objet

Exposer les enfants à l'étranger est une expérience qui se pratique beaucoup dans les études portant sur l'attachement des jeunes enfants. On fait sortir la mère et entrer une personne que l'enfant ne connaît pas. On observe les réactions de l'enfant. Ensuite, l'étranger sort et la mère revient.

On peut alors voir comment l'enfant renoue avec la mère. Chez les enfants qui présentent une problématique d'attachement, on peut observer deux types de comportements. Dans un cas, l'enfant ne rétablit pas l'interaction après la séparation. La mère revient et l'enfant ne la regarde pas. Dans l'autre, l'enfant ignore et évite délibérément et activement sa mère. Il manifeste une colère intense ou une absence d'affection.

Dans le premier cas, on peut inférer que le lien est d'une grande fragilité et qu'une absence, même courte, suffit à en briser la représentation. Dans le second, on déduit que le lien est fragile, mais moins que dans le premier cas. En fait, il s'agit d'un lien très ambivalent. Lorsque l'absence de la mère est vécue comme une punition, quand elle revient, elle est punie à son tour.

Nous connaissons tous des personnes qui ont une propension à bouder après un éloignement physique ou psychologique. Nous le voyons, par exemple, lors des vacances. Lorsque nous revenons, le client est plus froid, plus distant. Il ne boude pas, il n'est plus tellement intéressé. Le lien n'existe plus pour lui.

UNE THÉORIE DE L'ATTACHEMENT

Jusqu'ici, nous nous en sommes plus ou moins tenus à la phénoménologie des pathologies de l'attachement. On a ainsi pu constater combien, chez l'adulte pathologique, le comportement manifeste semble souvent calibré pour lui permettre d'obtenir... le contraire de ce qu'il semble désirer. Ce qui est à l'avant-plan est rarement le reflet complet de l'investissement dans la relation d'objet qui, elle, reste à l'arrière-plan. Ces deux profils pathologiques et ces sept axes de comportements permettent au clinicien d'amorcer un repérage des pathologies de l'arrêt développemental.

Le patrimoine des théories développementales survolées au chapitre précédent a montré que l'attachement sécure est l'aboutissement d'un processus interactif fondamental entre l'organisme et l'environnement. Pour Klein, l'attachement sécure ne peut s'établir qu'avec la position dépressive, alors que chez Mahler, il est le résultat d'un développement équilibré dans la phase de séparation-individuation. Winnicott, quant à lui, considère que l'attachement est lié à la capacité empathique initiale de la mère, suivi d'une distanciation juste et progressive qui permet à l'enfant d'être seul de manière créatrice. Pour Fairbairn, l'attachement sécure se consolide avec la dépendance mature.

La tradition développementale psychanalytique propose donc que l'attachement sécure n'a lieu que si un lien fort a été établi initialement et que ce lien a ensuite permis la différenciation entre le Soi et l'Autre. À long terme, il reste un lien significatif, constitutif du Soi et de l'identité. La position dépressive de Klein inclut une considération empathique pour l'*objet*, et la maturité, chez Fairbairn, reste une « dépendance ». Enfin, pour Freud et la tradition pulsionnelle, l'attachement serait dérivé d'un long processus de satisfaction des besoins pulsionnels qui se solderait par l'intériorisation des figures parentales sous forme d'image parentale idéalisée et de surmoi

Nous aborderons maintenant la contribution spécifique de Bowlby, dont on peut dire qu'il se situe à l'intersection de la psychanalyse et de l'éthologie.

L'apport de Bowlby

Pour Bowlby, la recherche du contact avec un congénère n'est pas une tendance dérivée, mais primaire et permanente. Paradoxalement, c'est l'attachement qui favorise l'autonomie. On ne peut s'éloigner et explorer la richesse de l'univers que si l'on est sécure dans son lien à l'Autre et que l'on croit qu'il ne disparaîtra pas dans l'absence.

Deux axes de recherche ont fourni à Bowlby matière à réflexion. D'abord, les travaux de Spitz sur les effets de la carence maternelle précoce. René Spitz a découvert que même si l'on répond correctement aux besoins physiques, la satisfaction alimentaire ne suffit pas à la construction de relations objectales. Les effets de cette carence sont connus sous le nom du syndrome de l'hospitalisme.

Puis, c'est du côté de Harlow et Suomi (1959, 1970) et de la perspective éthologique que Bowlby a cherché à éclairer les processus de l'attachement. L'éthologie permet d'observer que les nourrissons d'autres espèces répondent comme l'humain à la présence ou à l'absence de la mère. En étudiant les trames développementales de certaines espèces animales, on apprend que dans la vie adulte, les conséquences d'échecs développementaux ne sont pas le lot exclusif de l'espèce humaine. Par exemple, chez certaines espèces de canaris qui se sont développés dans un environnement dépourvu des matériaux nécessaires à la construction des nids, on observe que, parvenus à l'âge adulte, les oisillons n'utilisent pas les matériaux requis même lorsqu'ils sont disponibles !

Selon les observations de Harlow, Suomi et plusieurs autres de la tradition éthologique, l'animal serait doté de systèmes de comportements qui permettent l'établissement immédiat de relations avec un congénère. C'est d'ailleurs à Harlow et Suomi que l'on doit ces recherches qui nous apprennent que des singes Rhésus s'attachent davantage à une « mère » couverte de peluche, même si elle ne donne pas de lait, qu'à une « mère » nourricière, mais construite de treillis métallisé.

Bowlby estime donc que le besoin interactif et affectif du nourrisson prime son expérience des soins maternels. Pour Zazzo, ce concept se résume ainsi : « La construction des premiers liens entre l'enfant et sa mère ou celle qui en tient lieu, répond à un besoin biologique fondamental, il s'agit d'un besoin primaire, c'est-à-dire qui n'est dérivé d'aucun autre ».(Zazzo, 1979)

Des recherches empiriques sur les nourrissons viennent appuyer ce point de vue. À la naissance, le nourrisson peut distinguer la voix de la mère d'autres voix lisant un même texte (Fifer et DeCasper, 1980). Déjà, à l'âge d'une semaine, il est en mesure de discriminer entre un passage entendu *in utero* et un texte de contrôle (DeCasper et Fifer, 1980). Très tôt, son regard se focalise à 20 cm de la figure, distance typique entre lui et le visage de la mère qui allaite (Stern, 1977). Âgé d'une semaine, il reconnaît assez la mère pour être troublé si elle porte un masque ou si, par exemple, on lui fait entendre une voix autre que celle de la mère alors que celle-ci se trouve seule avec lui (Tronick et Adamson, 1980).

Pour Bowlby, le nourrisson humain dispose de moyens pour attirer l'attention du congénère et la réponse de celui-ci est intuitive et innée. Les liens d'attachement sont donc le fait d'un système et non d'un individu, perspective compatible avec la théorie du champ chère à la Gestalt-thérapie de même qu'avec le concept de *nursing couple* de Winnicott. Soulignons enfin que si l'attachement à la mère est crucial, l'attachement sécure doit aussi s'étendre à plusieurs figures stables de l'environnement de l'enfant, le père, la fratrie, la nourrice.

UN ESSAI DE SYNTHÈSE UTILE À LA CLINIQUE CONTEMPORAINE : DE L'ARRIÈRE-FOND THÉORIQUE À L'APPRÉCIATION DES FACTEURS DE RISQUE ET DE RÉSILIENCE

L'organisme : facteurs de risque

Si l'on admet la validité des travaux qui soulignent la contribution d'une part d'inné (le tempérament) au développement de la personnalité, il s'ensuit que plus un enfant aura « hérité » d'un tempérament difficile, plus le risque sera élevé de le voir éprouver des difficultés à développer sa capacité d'attachement sécure. Il reste toutefois à déterminer ce que l'on doit entendre par « tempérament difficile ». Les recherches en cours ne le précisent pas encore. Il est raisonnable de penser que moins le tempérament de l'enfant est compatible avec celui des adultes sains, en particulier les figures parentales de son environnement premier, plus le risque sera élevé.

On a pu établir, par ailleurs, qu'il y a une prévalence plus élevée de pathologies de l'attachement chez les personnes nées prématurément. Serait-ce parce que l'immaturité neurologique de ces nourrissons est appelée à durer plus longtemps ? Les douleurs physiques non soulagées (otites, coliques, etc.) sont aussi considérées comme facteurs de risque en ce qu'elles perturbent sans doute précocement le sentiment de sécurité. On pourrait dire avec Klein que chez ces nourrissons, la douleur peut-être vécue comme venant de persécuteurs internes. La mère est représentée comme incapable de soulager son bébé, quoi qu'il en soit de sa compétence et de son empathie réelle. Elle ne peut s'établir fermement comme Autre bon, capable de protéger et de contenir. Toutes les hospitalisations et les séparations qui résonnent comme autant de pertes précoces de l'objet sont des facteurs de risque sur le plan de l'attachement. Enfin, les syndromes de carence de la croissance, les troubles congénitaux ou biologiques, les handicaps neurologiques, le syndrome de l'alcoolisme fœtal, les intoxications intra-utérines et les handicaps physiques viennent alourdir le poids des facteurs de risque.

L'organisme : facteurs de résilience ?

La logique de ce modèle suppose une certaine configuration du tempérament qui dispose à surmonter des conditions développementales défavorables. Une telle configuration existe-t-elle dans les faits ? Vraisemblablement. A-t-elle été observée, mesurée, démontrée ? Non, mais en général un tempérament caractérisé par une sensibilité à la récompense et une persistance élevées serait sous-représenté chez les personnes présentant un trouble de la personnalité (Kaplan et Saddok, 2000).

L'environnement familial : facteurs de risque

C'est, bien sûr, dans l'environnement familial que l'on a coutume de chercher les principaux ressorts des pathologies de l'attachement. La tradition psychanalytique abonde d'hypothèses causales en la matière. Aujourd'hui, les recherches cliniques permettent d'apprécier le poids relatif des relations entre certains types de facteurs et la prévalence de pathologies spécifiques. On sait, par exemple, que l'on trouve davantage de troubles de l'attachement chez ceux qui ont eu des parents adolescents et chez ceux dont un des parents était toxicomane.

Cependant, le facteur le plus fortement correlié aux pathologies de l'attachement est celui de l'absence prolongée de la figure maternelle. Que cette absence soit due à une hospitalisation, à un emprisonnement ou à une fugue de longue durée, les effets sur le développement précoce sont manifestes. Dans les cas les plus graves, il arrive que l'enfant se détache complètement de la mère (Bowlby, 1973). De plus, pendant l'absence, les sentiments de la mère peuvent s'évanouir (Bensel et Paxson, 1979 ; Leiderman et Seashore, 1975 ; Peterson et Mehl, 1978 ; Heinicke et Westheimer, 1966). La famille peut se réorganiser et ne plus laisser place à l'enfant.

Par ailleurs, la dépression chez la figure maternelle, qu'elle soit unipolaire, bipolaire ou de *post-partum* est nocive, ne serait-ce qu'en raison des pensées morbides qu'elle entraîne : « Je ne suis pas une bonne mère », « l'enfant est anormal », « il serait mieux sans moi » (Kissane et Ball, 1988). L'état dépressif les rend aussi moins interactives avec leur bébé, moins capables de s'en occuper (Cohn, Campbell, Matias, et Hopkins, 1990). La dépression *post-*

partum a ceci de particulier : elle semble entraîner une perte d'amour pour l'enfant nouveau-né. Dans certains cas graves on remarque des pensées homicidaires (Sneddon, Kerry, et Bant, 1981). Ces mères dépressives ont du mal à s'adapter à leur rôle et croient souvent que leur enfant est trop difficile pour elles, qu'il est incontrôlable ou qu'il est mentalement plus fort qu'elles (Uddenberg et Engelsson, 1978).

Dans le registre des troubles mentaux sévères ou persistants, qu'ils soient d'origine biologique ou psychologique, on voit parfois apparaître des attitudes aberrantes à l'égard de la maternité (Jabobsen et Miller, 1999). Ainsi, les parents psychotiques ont-ils une faible capacité à capter les indices non verbaux de l'enfant. Ils le touchent moins, jouent moins avec lui. Les médicaments antipsychotiques peuvent eux aussi réduire la capacité parentale.

Il faut cependant se garder de conclure trop hâtivement. Contrairement à ce que l'on pourrait croire à la lecture exclusive de certaines théories psychanalytiques, l'univers même des facteurs de risque familiaux est complexe et multifactoriel. D'autres facteurs viennent influencer les soins maternels de la mère pathologique. Parmi ceux-ci, ses propres expériences de soins alors qu'elle-même était enfant (Main et Hesse, 1990), son âge, le nombre d'enfants qu'elle a eus, sa relation avec le conjoint, ses ressources financières, sa capacité d'*insight*, sa réponse aux traitements (Cassell et Coleman, 1995), et le soutien social (Crittenden, 1985 ; Fendrich, Warner, et Weissman, 1990). Toutes ces forces agissent dans un champ dynamique complexe. Une mère dépressive bien entourée, correctement soignée, qui ne serait pas en proie à des soucis financiers immédiats, serait évidemment moins pathogène que celle qui est plus ou moins laissée à elle-même et qui vit dans un état de grand dénuement matériel.

On s'intéresse également de plus en plus aux aspects intergénérationnels de l'attachement. Les parents qui ont une problématique sévère de l'attachement tendent à abandonner, à négliger leurs enfants ou à abuser d'eux. Les familles à haut risque provoquent, dans 80% des cas, des troubles sévères de l'attachement chez leurs enfants (Levy, Orlans et Winger, 1999). De plus, et c'est une observation clinique que peuvent faire une majorité de psychothérapeutes, les enfants de mères chroniquement dépressives commencent très tôt à parenter leur mère, leurs frères et soeurs (Zeanah et Klitzke, 1991).

L'environnement familial : facteurs de résilience

Le point de vue de Cyrulnik sur les facteurs de résilience s'applique universellement. La présence de tuteurs affectifs est un palliatif, voire un correctif dont on a trop longtemps sous-estimé l'importance. Dès l'instant où une relation humaine est établie, l'enfant hébété s'anime (Cyrulnik, 2000). Le simple fait d'avoir quelqu'un avec qui échanger, ne serait-ce que deux ou trois phrases banales, peut avoir un impact fortement positif.

L'environnement social : facteurs de risque

Il y a la famille, bien sûr. Mais ce système humain ne vit pas dans un *vacuum*. L'environnement sociopolitique et culturel se répercute sur la qualité des liens précoces et sur l'établissement de l'attachement sécure. À cet égard, on sait bien, aujourd'hui, que la pauvreté, l'isolement géographique et l'exclusion ont de lourdes répercutions sur le développement des liens d'attachement. Il en va de même des violences subies par l'enfant, en dehors de son milieu familial, ou de celles dont il a été témoin. On comprend mieux, par exemple, les effets pervers de placements en famille d'accueil, pourtant justifiés, mais nombreux. Un enfant éloigné de sa famille a un besoin accru de stabilité, de prévisibilité. S'il est sous la garde de soignants multiples, les effets bénéfiques de sa prise en charge peuvent diminuer, voire s'inverser !

Quand l'attachement a été marqué par une prépondérance des facteurs de risque, les conséquences pathologiques à l'âge adulte sont multiples et ne sont pas limitées à l'axe II du *DSM*, celui des troubles de la personnalité. Sur le plan de la personnalité pathologique, on peut considérer que les critères de l'axe II du *DSM* représentent autant de reproductions inconscientes des dilemmes de contact qui ont marqué l'arrêt développemental de l'attachement. Toutefois, quand la capacité naturelle d'attachement a été sérieusement entravée, les effets de ces carences développementales peuvent se faire sentir dans plusieurs sphères de l'activité et de l'expérience. Les signes cliniques associés aux perturbations de l'attachement se retrouvent à vrai dire dans plusieurs autres sections du *DSM IV* :

- Les troubles anxieux
- Les troubles dissociatifs
- Les troubles des conduites et le trouble oppositionnel

- Les troubles déficitaires de l'attention

EN RÉSUMÉ...

L'attachement est sans doute l'un des tout premiers enjeux développementaux. Il est la source même de notre sécurité affective de base et de notre capacité d'engagement. Les dérèglements précoces de l'attachement peuvent entraver la métabolisation d'enjeux ultérieurs. Le psychothérapeute sensibilisé à la problématique développementale de l'attachement en prendra la mesure, sous le masque des ajustements psychosociaux de surface. Pour ce faire, trois outils lui ont été proposés ici. D'abord, un décodage en fonction des sept axes de comportements et d'attitudes reliés à la problématique de l'attachement. Ensuite, deux prototypes à partir desquels il pourra apprécier la psychodynamique et la « cohérence » pathologique de son client. Enfin, un aperçu des principaux facteurs de risque et de résilience qui jouent un rôle dans l'élaboration et la métabolisation de l'enjeu de l'attachement sécure. En prenant appui sur ces différentes ressources réflexives, il peut, par exemple, observer que le patient semble avoir des prédispositions pathologiques quant à une majorité des sept axes comportementaux. Une réflexion et une attention focalisées lui permettront de déceler une organisation généralement schizoïde-évitante ou anxieuse-ambivalente. Enfin, le travail dialogique sur le champ 4, celui du passé développemental, permettra d'investiguer activement la configuration du champ développemental quant au rapport singulier entre les facteurs de risque et les facteurs de résilience qui s'y trouvent.

Au terme de cette démarche clinico-réflexive, le thérapeute conclura peut-être à une insuffisance dans la métabolisation de l'enjeu développemental de l'attachement sécure. Il faudra alors calibrer les interventions, gérer le champ transférentiel des reproductions d'une manière qui permette d'en construire le sens et, ultimement, réactiver le processus développemental qui s'était enrayé. C'est ce processus riche et complexe que nous verrons au prochain chapitre.

CHAPITRE 5

Le traitement des enjeux de l'attachement

La psychothérapie du lien, nourrie aux sources de la Gestalt-thérapie et des théories du développement de la relation d'objet, conçoit essentiellement le traitement comme un effort de réactivation des processus développementaux. Cette réactivation s'avère primordiale dans le traitement des pathologies de l'attachement. C'est pourquoi il faudra repérer les impasses courantes de la vie du client, car elles portent la marque d'enjeux non résolus autour de l'attachement. De plus, il est nécessaire de réactiver ces enjeux dans le cadre même du travail thérapeutique. C'est dire que la relation thérapeutique, avant d'être un espace de réparation, doit être un chantier enfin rouvert et enfin soumis à un effort de construction de sens. Aussi, Levy, Orlans et Winger parlent-ils, dans le contexte spécifique des enjeux d'attachement, de...

Revisiter-Réviser-Revitaliser.

À la lumière de ce qui est requis du thérapeute dans le traitement des enjeux d'attachement, revoyons les trois compétences thérapeutiques fondamentales, soit la compétence réflexive, la compétence affective et la compétence interactive.

LA COMPÉTENCE RÉFLEXIVE

Comprendre ces enjeux constitue déjà une part majeure du traitement. Le thérapeute devrait savoir évaluer les facteurs de risque et les facteurs de résilience dans le travail du champ 4, mais avant tout, il doit être attentif à dépister les reproductions du dilemme de l'attachement, tels qu'ils peuvent se présenter dans les champs 1, 2 et 3.

Par ailleurs, il doit comprendre l'importance de maintenir un cadre stable dans le traitement de ces enjeux précoces. En effet, en l'absence d'un tel cadre, l'échange se limitera à l'univers des ajustements de surface. La stabilité du dispositif permet au thérapeute de focaliser son attention, laquelle suscite la résonance empathique. Enfin, le thérapeute doit repérer les enjeux de l'attachement dissimulés derrière des symptômes en apparence atypiques. L'enjeu d'attachement, par exemple, peut parfois être masqué derrière le faux Soi narcissique.

LA COMPÉTENCE AFFECTIVE

Avec ce qu'il suppose d'intimité, le travail thérapeutique de l'attachement expose le thérapeute à entrer en relation avec des personnes dont la capacité relationnelle n'a jamais pu s'actualiser pleinement. Ces clients présentent donc des dérèglements du lien parfois lourds à porter en contexte thérapeutique : soit ils seront d'une froideur décourageante, soit ils seront mus par une poussée fusionnelle. Dans un cas comme dans l'autre, la capacité d'accueil et d'engagement du thérapeute pourra être mise à rude épreuve. C'est pourquoi sa compétence à aimer même quand le client n'est pas aimable ou, à tout le moins, à mobiliser un affect positif, constitue le fondement de la rencontre. Pour arriver à mobiliser ces affects, le thérapeute doit parfois surmonter une réticence bien naturelle face à certains types de clients: ceux qui ne font pas confiance et ne savent pas lier de manière stable, ceux qui éprouvent un grand besoin de contrôler (contrôle défensif et non sadique) et ceux qui ont peur du rapprochement et manquent de réciprocité. Pour le thérapeute, ce sera l'occasion de revisiter ses propres enjeux d'attachement, derrière la surface de ses propres ajustements.

LA COMPÉTENCE INTERACTIVE

Le traitement des enjeux de l'attachement est sans doute le prototype d'une psychothérapie du lien. Ici, le thérapeute est appelé à « faire sens » et à contribuer à la mise en mots d'expériences souvent préverbales. Le niveau de dialogue doit donc être ajusté pour permettre au client d'accéder aux sédiments de ces expériences archaïques. Le thérapeute qui n'arriverait pas à se départir d'un certain formalisme langagier pourrait entraver ou ralentir l'accès aux *Situations inachevées.* De plus, puisque le client est appelé à progresser, à vieillir en quelque sorte, le thérapeute doit ajuster la réciprocité de ses rapports avec lui. Un bébé de six mois n'interagit pas de la même façon qu'un enfant de six ans ou un adolescent de seize ans. Le thérapeute doit être en mesure de situer le niveau de langage là où il en est dans son expérience avec le client. Enfin, parce que la travail thérapeutique des enjeux de l'attachement doit permettre l'exploration d'expériences souvent préverbales, le thérapeute doit considérer la place légitime du toucher dans l'interaction. Depuis les travaux de Bowlby et de Winnicott, nous connaissons l'importance du toucher et du contact physique comme premiers modes relationnels. Non seulement le contact physique transmet-il le *holding* (maintien) sécure, mais encore, il active des fonctions du système nerveux central qui contrôlent les comportements d'attachement.

Comment donc incorporer, dans une thérapie dialogique, la possibilité du toucher comme *holding*, au sens winnicottien du terme ? Voilà une question à laquelle nous ne pouvons espérer répondre que depuis une intersection où se croisent les dimensions clinique, éthique et déontologique. Un toucher juste peut induire certains états régressifs qui activent des mémoires cellulaires et corporelles et qui mobilisent les comportements d'attachement.Évidemment, il existe des thérapies psychocorporelles comme la bioénergie, l'abandon corporel et la psychothérapie corporelle intégrée, pour lesquelles ces questions et ces modalités d'intervention sont familières. Pour les psychothérapeutes d'autres orientations, il s'avère difficile et complexe, dans une pratique dialogique, de passer au toucher. En effet, le toucher peut être signifié et représenté de mille et une façons, des plus justes aux plus erronées. Parfois, il peut même s'agir d'un passage à l'acte de la part du thérapeute. Néanmoins, pour bien comprendre et traiter les enjeux d'attachement, il est nécessaire de réfléchir à la possibilité du toucher. L'exemple suivant permet de mettre en scène un toucher juste : une jeune femme arrive avec son album de bandes dessinées et, dans un ajustement créateur, elle demande à sa thérapeute de lui lire une histoire. La thérapeute accepte. Toutefois, la suite de l'entretien montre qu'il est décisif qu'elle puisse s'appuyer dos à sa thérapeute pour entendre l'histoire, et ainsi se laisser porter. Il ne fallait pas qu'elle soit assise dans son fauteuil à se faire lire une histoire, cela n'aurait pas eu de sens. Ce corps à corps s'avérait essentiel.

Au sein d'une pratique dialogique, chaque thérapeute doit trouver sa zone de confort avec la possibilité du toucher. Aucun thérapeute ne devrait travailler à la légère avec un outil aussi puissant que le toucher. Cependant, nul ne devrait non plus pouvoir expédier ces questions en se servant d'un code de déontologie, en guise de bouclier.

Luce : une vignette clinique

Avant d'aller plus loin dans notre discussion sur le traitement, parcourons le compte-rendu des premières minutes d'un premier entretien avec une cliente, référée par son médecin de famille, pour cause de symptômes s'apparentant à un trouble de l'adaptation avec humeur dépressive. Dans cette première rencontre, la thérapeute choisit de reporter à la 2e partie de l'entretien, l'investigation de l'évaluation psychologique usuelle.

Th.1	*Bonjour Luce. Qu'est-ce que je peux faire pour vous ?*
Cl. 1	*C'est mon médecin qui m'a suggéré de venir rencontrer quelqu'un... Je vis des choses pas mal difficiles par les temps qui courent... Je... enfin, je me sens mal de parler de ça. C'est mon ami. Enfin, mon chum. Je ne sais pas si c'est ça, mais depuis 2 semaines, je me sens vraiment pas bien. J'ai beaucoup de mal à dormir, y a plus rien qui m'intéresse, je mange à peine. Tellement que des fois, j'ai vraiment des vertiges, comme si j'allais m'évanouir...*
Th. 2	*Hmm. Ça semble même difficile d'en parler ? Qu'est-ce que votre médecin vous a dit de ces vertiges ?*
Cl. 2	*Apparemment, ça n'est rien de physique...*
Th. 3	*Tout à l'heure, vous avez commencé à parler de votre ami... Qu'est-ce qui se passe avec lui ?*
Cl. 3	*On n'est plus ensemble...*
Th. 4	*Ça vous fait de la peine ? Qu'est-ce qui est arrivé ?*
Cl. 4	*Je le sais pas, je comprends pas. Ça allait bien et puis, tout à coup, il avait quelqu'un d'autre. Il m'a dit qu'il voulait prendre de la distance, qu'il ne voulait pas d'une relation engagée...*

Th. 5	*C'est difficile d'en parler ? Vous l'aimez ?*
Cl. 5	*C'est bizarre parce que, en fait je ne sais même pas si je l'aime. C'était bien de faire l'amour ensemble. Je croyais qu'il m'aimait. Je suis surprise de réagir comme ça. C'est pourtant pas la fin du monde... Mais je suis comme désorientée. C'est fou, même s'il voulait reprendre, je pense pas que je voudrais. Alors pourquoi je suis comme ça ? Je deviens folle ?*
Th. 6	*Vous ne me semblez pas folle, comme vous dites. Mais vous êtes sûrement souffrante et je dirais un peu désemparée. Comme si l'expérience de perdre était plus importante, à ce moment-ci, que ce que vous avez perdu...*
Cl. 6	*Pourquoi j'ai tant de peine ? Pourquoi ça fait si mal ?...*
Th. 7	*On va essayer d'y voir un peu plus clair ensemble... Quelque chose d'important semble avoir été déclenché par cette rupture. Pourriez-vous me faire connaître un peu l'histoire de votre relation avec cet homme. Comment s'appelle-t-il ?*
Cl. 7	*Marc. C'est un drôle de type. Genre comédien au chômage. Je l'avais rencontré chez des amis de ma soeur. Il m'avait fait rire... (pleurs). Il était drôle, me faisait la cour. Un moment, je ai demandé son âge. Il m'a dit qu'il avait dix minute ! Qu'il était né quand je lui ai souri. (émue, pleurs)*
Th. 8	*C'est toute une déclaration...*
Cl. 8	*Il était très fort pour les déclarations...*
Th. 9	*En colère, hein ?*
Cl. 9	*Moi, je pensais que c'était vrai. Idiote ! La première imbécile venue aurait su que c'était la réplique d'un dragueur, répétée mille fois dans les bars de culs*
Th. 11	*Fâchée contre lui et... contre vous aussi ?*
Cl. 11	*Je m'en veux de m'être fait avoir comme ça. On dirait que je sais pas vivre, moi. Que je connais pas grand chose à la vie*
Th. 12	*Peut-être que vous-même, vous êtes... plus jeune que vous ne le croyez...*
Cl. 12	*Pleurs. Je le sais plus. Je me sens vieille*
Th. 13	*Quel âge avez-vous, Luce ?*
Cl. 13	*Je voudrais pouvoir dire 10 minute. Mais non, j'ai 35 ans, même si aujourd'hui, je me sens comme si j'en avais 50*
Th. 14	*Donc, vous avez rencontré Marc, il vous a touchée et vous avez été ensemble pendant, quoi 18 mois ? Comment c'était, cette année et demi à vivre en couple ?*
Cl. 14	*Ben, je sais pas si on peut appeler ça vivre en couple. On se voyait, mais on n'habitait pas ensemble. Silence... J'habite chez mes parents...*
Th. 15	*Vous semblez un peu gênée de dire ça...*
Cl. 15	*En fait, je veux dire que j'habite un bachelor qu'ils ont fait aménager pour*

moi

Th. 16 — *Est-ce que j'ai raison de croire que vous êtes un peu embarrassée de ça, de vivre dans la même maison qu'eux ?*

Cl. 16 — *Mais c'est pas chez eux ! C'est un arrangement qui fait l'affaire de tout le monde. Comme je travaille pour mon père, que le bureau est à même la maison, c'est beaucoup plus commode comme ça, j'ai pas à me taper un trajet, matin et soir. Pis chez moi, c'est chez moi !*

Th. 17 — *...*

Cl. 17 — *C'est vrai que ça m'embête parce que je sais bien que ça fait un peu bébé dans les jupes de sa mère. Dieu sait que les jupes de ma mère...*

Th. 18 — *Vous voulez me parler de votre mère ?*

Cl. 18 — *Pas vraiment...*

Th. 19 — *...*

Cl. 19 — *Si c'était que d'elle, je serais ailleurs.*

Th. 20 — *Ça semble une relation difficile...*

Cl. 20 — *Bof. Je sais même pas si on peut appeler ça une relation. Ma mère est en relation rien qu'avec elle-même. Et encore !*

Th. 21 — *Vous semblez en colère quand vous parlez d'elle... ou déçue ?*

Cl. 21 — *C'est pas une mère, c'est... je sais pas ce que c'est*

Th. 22 — *Vous semblez triste maintenant...*

Cl. 22 — *J'aime pas parler d'elle*

Th. 23 — *Parler d'elle, c'est un peu la faire exister ?... Lui donner vie ?*

Cl. 23 — *... (pleurs)*

Th. 24 — *Est-ce qu'elle vous a donné vie ?*

Cl. 24 — *Le minimum. Un paquet de viande froide, sortie d'un paquet de viande froide !*

Th. 25 — *Comme ça doit faire mal, d'avoir à dire ça...*

Cl. 25 — *...(pleurs)*

Th. 26 — *Depuis que vous êtes entrée, je suis avec une jeune femme qui a très mal. Mais je n'ai pas froid avec vous...*

Cl. 26 — *Marc disait que j'étais rafraîchissante comme un soleil*

Th. 27 — *Il avait le sens de la formule et du contraste. Vous semblez croire que Marc avait capté, saisi quelque chose de vous que d'autre ne voyaient pas*

Cl. 27 — *...*

Th. 28 — *Comme dans notre échange jusqu'à maintenant. Nous sommes dans un contraste. Celle que vous avez été avec Marc, donnait vie, éclairait, était chaude. Celle que vous décrivez, en lien avec votre mère a quelque chose d'un peu... cadavérique. C'est peu gros dit comme ça mais...*

Cl. 28 — *C'est pas gros. C'est ça. Elle a jamais voulu que je vive...*

Th. 29 — *Et... avez-vous vécu ?*

Cl. 29 — *Jusqu'à ce que je rencontre Marc, peut-être pas. C'était peut-être mieux comme ça...*

Th. 30 — *Vous redevenez fâchée contre vous. Ça semble se produire quand vous parlez de vos relations. En même temps, vous semblez dire aussi quelque chose de vrai pour vous, quand vous parlez du peu de vie dans votre vie...*

Cl. 30 — *35 ans, pas de chum, vit chez ses parents, travaille pour son père*

Th. 31 — *Il faut le décliner comme ça pour arriver à le dire, hein. Comme un constat d'échec ?*

Cl. 31 — *Pourtant, j'ai fait des études, je suis allée à l'université en Angleterre, j'y ai vécu. Mais on dirait qu'en dedans, au fond, je suis... même pas une enfant.*

Th. 32 — *Un embryon ?...*

Cl. 32 — *...(Silence, pleurs)*

Th. 33 — *...*

Cl. 33 — *Vous savez ce que ma mère a fait, quand elle a su qu'elle était enceinte de moi ?*

Th. 34 — *...*

Cl. 35 — *Elle est partie en voyage en Amérique du Sud, sac à dos et tout !*

Th. 36 — *Et quel sens donnez-vous à ça, aujourd'hui ?*

Cl. 36 — *Elle voulait déjà se débarrasser de moi, faire une fausse couche !*

Th. 37 — *Mais vous vous êtes accrochée...*

Cl. 37 — *... pleurs*

Th. 38 — *Peut-être l'êtes-vous encore, d'une certaine façon...*

Cl. 38 — *Vous êtes dure... mais vous avez raison.*

Th. 39 — *C'est la première fois que vous parlez de moi*

Cl. 39 — *J'ai peur de vous avoir blessée en disant ça*

Th. 40 — *... On dirait qu'une 3e relation vient de naître*

Cl. 40 — *Qu'est-ce que vous voulez dire ?*

Th. 41 — *Vous et Marc, vous et votre mère, et maintenant vous et moi.*

Cl. 41 — *Vous n'êtes pas comme ma mère*

Th. 42 — *Avec ce que vous veniez de me dire, ça semble un compliment...*

Cl. 42 — *Rire, sourire...*

Th. 43 — *Je suis comment, moi ?...*

Cl. 43 — *Je ne sais pas...*

Th. 44 — *Je vous crois. Je crois que vous ne connaissez pas encore le genre de lien que nous commençons à tisser entre nous...*

On voit se profiler dans ce premier entretien certaines des caractéristiques dont nous avons parlé au chapitre précédent. Nous y reviendrons.

La trame particulière du traitement des enjeux d'attachement

Les impasses de l'attachement prennent des apparences différentes, selon que le client présente une organisation de type schizoïde-évitante ou anxieuse-ambivalente. Elles s'observent notamment dans les sept axes de comportement d'attachement déjà vus. Divers critères des troubles de la personnalité du *DSM* renvoient en fait à ces comportements d'attachement.

Le travail auprès de personnes présentant des arrêts développementaux autour de l'attachement nécessite certaines balises, et ce, pour chacun des temps du cycle *reproduction-reconnaissance-réparation.* Nous les voyons ci-après.

La reproduction et la relation transférentielle

Essentiellement, la réactivation des enjeux d'attachement vient moduler et colorer la relation transférentielle. La reproduction, c'est ce processus, souvent imprégné d'identifications projectives, par lequel s'élabore la relation transférentielle. On comprends donc cette relation transférentielle comme étant la reproduction d'impasses de contact. Les enjeux de l'attachement, comme c'est d'ailleurs le cas pour tous les enjeux développementaux, tendent à se reproduire dans un effort plus ou moins conscient pour se compléter ou se maintenir. Pourquoi ? Ici comme ailleurs, la reproduction est nécessaire au maintien de la cohésion du Soi. La personne ne peut donner un sens à son expérience et se protéger contre la souffrance archaïque associée aux enjeux d'attachement que de cette façon. Ainsi, si un thérapeute hyper-chaleureux et trop extraverti disait à Luce : « Vous êtes une personne très attachante et je frémis d'indignation à la pensée que votre mère ait pu vous rejeter comme vous le dites », cela la rendrait encore plus confuse ! Même, et surtout, si c'était vrai ! En effet, elle se trouverait alors plongée dans un univers auquel elle ne comprendrait plus grand-chose. En l'occurrence, la thérapeute se limite à dire, en *Th. 26* : « *je suis avec une jeune femme qui a très mal. Mais je n'ai pas froid avec vous...* Cette intervention, minimalement réparatrice, favorisera l'établissement du lien thérapeutique dont la fondation sera évoquée vers la fin.

Le client a besoin, pour que sa vie ait un sens, que les choses se passent à peu près comme elles se sont toujours passées. Elle a besoin d'être en péril, en isolement. Elle doit voir cette souffrance s'activer et la ressentir. Pourtant, au même moment, elle a aussi besoin d'en être soulagée. Elle aspire à ce que cela se transforme et elle vit sa vie dans cette ambivalence et dans des alternances, voire des oscillations, où tantôt elle se répare et tantôt elle rechute.

La réparation est donc souvent suivie de rechute, car c'est dans ces moments que la personne trouve le sens de son existence. Autrement dit : « Ça fait mal, mais au moins je comprends cette souffrance, je la connais. » C'est la seule façon pour elle de donner un sens à son expérience et aussi de se protéger contre la souffrance archaïque associée aux enjeux d'attachement. Tant qu'elle peut jouer ces impasses à la surface de sa vie, elle ne retrouve pas la blessure archaïque et originelle.

Les enjeux de l'attachement inachevés à des phases cruciales du développement cherchent à se compléter surtout dans le cadre de trois types de relations significatives du champ 3 : la relation amoureuse, la relation de grande amitié et la relation parent-enfant, lorsque le client est le parent. Les personnes carencées sur le plan de l'attachement revivent souvent leurs propres blessures infantiles lorsqu'elles ont des enfants. Parfois, elles se réparent en réussissant à leur donner ce dont elles ont été privées. Elles diront alors, avec émotion, qu'elles prennent conscience que l'enfant qu'elles soignent pourrait être elles-mêmes : « Les gestes que je pose pour lui, personne ne les a jamais posés pour moi et ça me fait du bien à moi, de pouvoir poser ces gestes. » Cependant, pour que cette expérience puisse être accessible à la conscience, la personne doit avoir réalisé un certain travail d'élaboration et de reconnaissance. Dans le cas contraire, on observe plutôt un aveuglement quant aux enjeux en cause, voire une privation quasi intentionnelle, bien qu'inconsciente : l'enfant « ne doit pas recevoir ce que je n'ai pas eu. » Le tout est assorti d'une rationalisation en vertu de laquelle on ne peut donner ce que l'on n'a jamais reçu.

Les reproductions qui minent l'expérience du client et qui l'amènent en consultation s'élaborent dans le champ 3, celui des relations significatives de sa vie courante. Elles sont illustrées par la phénoménologie clinique décrite au chapitre 5. Toutefois, ces enjeux se reproduisent aussi dans le contexte de la relation thérapeutique (les champs 1 et 2). D'une part, l'intimité et le cadre inhérents à la relation thérapeutique sont de nature à évoquer et à réactiver des épisodes ou des phases développementales, car le cadre thérapeutique est un format relationnel peu banal. Pour nous, thérapeutes, qui baignons quotidiennement dans ce cadre, il est facile de perdre de vue la nature exceptionnelle de ce type de relation humaine.

Pour le client, il en va tout autrement : rencontrer ainsi, à heure fixe, un parfait étranger à qui il livre les plus intimes de ses secrets, et ce, dans l'assurance absolue du respect de la confidentialité et dans la certitude de recevoir un accueil empathique, voilà une expérience tout à fait singulière et unique. En effet, le thérapeute accepte de refaire le chemin du développement, il soigne, il inspire et il frustre, aussi devient-il figure parentale. Le client vient lui « rendre compte », lui dire en quelque sorte : « Regarde, papa, comme j'ai vieilli ! » ; « Regarde, maman, je suis tombé à genou et ça saigne ! » ; « Regarde, papa, comme tu es nul : le conseil que tu m'as donné m'a vraiment mis dans la merde ! ». Le thérapeute, dans sa fonction parentale, doit donc pratiquer tant le *holding* que le *handling* au sens winnicottien du terme.

D'autre part, travaillant seul à seul avec le client, en intimité et dans la durée, le thérapeute peut aussi être investi comme un partenaire de couple. Un fantasme de couple plane dans le cabinet de consultation, quel que soit le sexe « objectif » des partenaires de la relation thérapeutique. Bref, le cadre thérapeutique est des plus propices à la réactivation des enjeux développementaux d'attachement. Voyons maintenant les deux prototypes de reproduction : les reproductions à teneur schizoïde-évitante et anxieuse-ambivalente.

Les reproductions à teneur schizoïde-évitante au sein de la relation thérapeutique

L'une des reproductions à teneur schizoïde-évitante la plus prégnante vient de la nécessité, pour ce type de clients, d'isoler ou de supprimer l'affect. Chez le thérapeute, cette isolation ou suppression de l'affect provoque l'identification projective. Par cette opération psychique complexe et inconsciente, il est amené à être distant et à intellectualiser. Lorsqu'il se sent ainsi (distant et intellectualisant[10]), il peut comprendre qu'une identification projective est en cause. En effet, le client ne veut pas ressentir ce qu'il a à ressentir, aussi fait-il en sorte qu'on ne l'interpelle pas là-dessus. Le thérapeute devient alors lui-même « situationnellement » schizoïde ! Il s'agit d'une identification projective de type concordant. Par ailleurs, si le thérapeute cherche trop à se défendre contre cette *IP*, il peut devenir trop affectueux, ce qui entraîne une augmentation de la défense dissociative. Le client est entré froid, le thérapeute a reçu les premiers signes d'identification projective, il est devenu anxieux. Ne voulant pas tomber dans sa propre froideur, il combat le mouvement par son contraire. Pendant que le thérapeute tente de se « réchauffer », le client « surgèle ». Il s'agit d'une *IP* de type complémentaire.

Le thérapeute peut aussi s'impatienter s'il sous-estime l'importance de la terreur que recouvre la défense. Il voudra confronter la résistance du client à l'émergence affective, ce qui, la plupart du temps, s'avère mal avisé. En effet, à la surface de la défense il y a peu ou pas d'indices de la terreur désorganisante qui se trouve derrière. Le thérapeute gestaltiste dispose d'un arsenal de techniques propres à activer l'expérience et à l'accentuer. Toutefois, le recours inconsidéré à ces techniques peut le mettre dans la position de l'apprenti sorcier capable de débloquer quelque chose, sans vraiment savoir que faire de ce qui a été débloqué. Il se trouve alors avec un client qui ne dispose que de deux options : soit il garde sa cohésion en augmentant la

---

[10] Afin de ne pas alourdir le texte par des mises en garde répétitives, précisons ici, et une fois pour toutes, que l'examen des diverses reproductions suppose un thérapeute conscient de ses propres enjeux. C'est là l'essentiel de la compétence affective. Celle-ci n'est jamais acquise et se caractérise par une constante remise en question des affects et des pensées qui émergent en situation clinique.

défense, soit la défense cède et il se fragmente pour ne pas ressentir l'intégralité de l'affect. D'où l'importance du *holding,* au sens où le thérapeute doit être capable de tenir psychologiquement le bébé carencé sur le plan de l'attachement, bébé contenu dans l'adulte qui consulte. Le thérapeute doit savoir maintenir sa chaleur affective de base sans se perdre dans l'identification projective. Cette chaleur est une forme d'empathie affective un peu surélevée. Ce que le thérapeute éprouve pourrait alors s'énoncer ainsi : « Je suis touché par la nécessité que vit cet enfant de se congeler. J'admets et accepte cela. » Le thérapeute peut alors poursuivre le dialogue avec douceur et lenteur, sans chercher à accentuer l'affect, continuant d'être présent au client selon cette modalité. Métaphoriquement, il devient la mère qui tient le bébé et lui parle doucement, parce qu'il est tout près d'elle. Sinon, il se retrouve dans la position de la mère qui a besoin d'être divertie par le bébé et qui devient anxieuse parce que le bébé ne joue pas avec elle.

Dans les niveaux supérieurs de l'organisation schizoïde-évitante, nous trouvons souvent un niveau adéquat de compétences sociales. Toutefois, ces compétences s'accompagnent de beaucoup d'intellectualisation et de « spirituel ». Or, si le thérapeute doit respecter l'expérience spirituelle de ses clients, il faut qu'il garde en mémoire que, comme toute autre expérience, qu'elle soit intellectuelle, sexuelle ou politique, l'expérience spirituelle peut être utilisée de manière défensive. Certaines formes de spiritualité s'avèrent défensives et leur fonction psychique est surtout de placer le thérapeute en position décalée par rapport à la souffrance de l'enracinement dans une blessure d'attachement.

Évidemment, dans les niveaux supérieurs de fonctionnement certaines personnes sont capables de dire leur souffrance en termes transcendés. Il appartient au thérapeute de vérifier s'il s'agit d'une expérience authentique, construite patiemment au fil d'une souffrance réelle ou s'il s'agit d'une défense schizoïde qui a pris commodément l'apparence d'une expérience spirituelle. Une expérience contournée ne peut être véritablement dépassée. Même si l'anxiété de contact est mieux compensée chez ces clients, elle continue d'être présente. Leur Soi est vécu comme endommagé, taré, voire mauvais. Cette expérience identitaire se condense souvent pour eux en un questionnement du droit à l'existence. « J'ai été rejeté ou l'on n'a pas noué avec moi à ma naissance. Je dois donc avoir quelque chose d'endommagé, de taré, puisque même ma mère ne m'a pas accepté. Donc, je suis mauvais. Alors, ai-je le droit d'exister ? » Quand Luce dit : « Elle n'a jamais voulu que je vive », elle exprime cette expérience à travers un processus projectif.

Ce non-droit à l'existence peut se condenser dans une identification projective dont le thérapeute devient le réceptacle. Que lui arrive-t-il alors ? Il ressent l'émergence d'une expérience de désapprobation, de condamnation, voire de menace pour la survie psychique du client. Aussi, quand il ressent l'émergence de cette expérience (désapprobation, critique, condamnation de la façon de vivre ou de ne pas vivre du client) et qu'il a envie de lui signifier qu'à se conduire comme il le fait, il met sa survie psychique en péril, le thérapeute cède à une identification projective complémentaire sur le thème « ai-je le droit de vivre ? ». En y cédant, il se trouve à condamner le client à la mort psychique. C'est parfois le cas quand, par exemple, il se demande s'il ne devrait pas mettre un terme à une thérapie avec ce type de clients, ce qui, du point de vue du client et sur un plan symbolique, équivaut à une éjection, un avortement, une mise à mort.

Un thérapeute qui, en l'occurrence, porte attention à son affect et l'interroge pourra constater qu'en fait, il se sent impuissant. Bien sûr, remettre la poursuite de la démarche en question peut être une nécessité clinique, mais ce peut aussi être une défense du thérapeute contre l'impuissance. En fait, la représentation qui s'activait dans la *MRC* (*Matrice des Représentations du Champ*) du thérapeute s'énonce comme suit : « Cet enfant est mort-né à la vie psychique et à la thérapie, je n'y peux rien et ça n'est pas ma faute. »

Rappelons que ces clients ne savent pas ce qu'ils éprouvent et peuvent sembler froids ou sans contact avec eux-mêmes. En séance, ils portent quelque chose de mortifère. Le temps s'étire et l'atmosphère devient froide et désertique. Il faut comprendre ce microclimat comme résultant d'une défense contre un arrière-fond de terreur. Sous cette terreur, se trouve une rage primitive et clivée qui, par identification projective, va venir « faire enrager le thérapeute ». Le client fait le mort. Il est sans écho relationnel, sans reconnaissance de l'existence du thérapeute. En cela, il fait au thérapeute ce qu'on lui a fait à lui, jadis : il ne reconnaît pas l'existence de celui qui arrive dans sa vie. En réponse, le thérapeute s'enrage en lieu et place du client.

Aussi, lorsqu'il sent monter sa propre colère en raison d'un manque de réciprocité, il doit mobiliser une compétence interactive apte à mettre en mots quelques éléments de cette expérience. Dans le meilleur des cas, il pourra l'évoquer comme une expérience du client qui cherche à se relocaliser et à se manifester en lui, de telle sorte qu'il puisse enfin savoir ce qui arrive habituellement à son client, puisqu'il l'a éprouvé lui-même, de l'intérieur. La rage primitive elle-même sous-tend la terreur associée à la relation. Nous sommes dans l'univers des choses qui se jouent autour de l'angoisse de mort : homicide, infanticide, matricide. Ainsi, Luce parle d'un fantasme d'infanticide et même de matricide : « Viande froide, sortie d'un paquet de viande froide. » Nous pourrions dire qu'elle nomme quelque chose de mort dans l'expérience qu'elle a de sa personne, en lien avec celle qui devait lui donner la vie.

Les reproductions à teneur anxieuse-ambivalente au sein de la relation thérapeutique

Dans un registre de fonctionnement supérieur, nous trouvons des clients animés par un besoin excessif de prendre soin de l'autre, position qu'ils ont adoptée comme enfants de mère dépressive. Ces clients, contrairement aux schizoïdes-évitants, se montrent particulièrement soucieux du thérapeute. Nous pouvons voir là une fonction compensatoire de la dévotion, suivie de dépression et de maladie, comme résultant du clivage des représentations de soi et des représentations d'objet. Autrement dit, ces clients se dévouent à l'Autre d'une manière excessive et leur dévotion est proportionnelle au fait que personne ne se soit dévoué à leur égard. Après quoi, ils peuvent vivre un épisode dépressif ou tomber malades, comme façon de punir celui qui ne les a pas soignés.

Il y a, dans ce rôle de parent tout-puissant, une espèce de grandiosité factice qu'il ne faut pas confondre avec la grandiosité narcissique. Ici, la défense est plus primitive. Elle n'a pas à voir, pour employer les termes freudiens, avec l'idéal du moi ou avec le moi idéalisé. L'enjeu n'est pas de gagner l'estime ou l'admiration de l'Autre, mais d'assurer la survie. Le sens qui se dégage au cours du dialogue herméneutique est parfois celui-ci : l'enfant soigne le parent afin d'assurer sa propre survie. Inversement, le client peut relocaliser sa propre vulnérabilité dans l'Autre et, à travers cet Autre, se soigner lui-même. Ces processus de confusion identitaire et de liens inconscients, entre le champ 4 et le champ 3, mettent fréquemment ces clients dans des relations intimes avec des figures turbulentes, dont la fonction est de faire revivre le chaos du champ 4.

Nous comprenons bien qu'ils ont du mal à admettre leurs besoins. Ils ne peuvent vivre que relocalisés dans l'Autre et, encore une fois, l'outil de cette relocalisation demeure l'identification projective. Parce qu'ils ne peuvent véritablement admettre leurs propres besoins, le thérapeute est amené à se sentir inutile. De leur point de vue, l'expression de leurs besoins risque de les conduire aux besoins archaïques qui, eux, constituent un prélude à l'abandon. Ils ont construit une *Matrice de Représentations du Champ* (*MRC*) faite des polarités « démuni-tout-puissant », « malade-soignant », etc. Cette façon de se représenter l'univers et le sens de leur vie leur permet de naviguer à la surface de ces eaux troubles sans risquer d'y sombrer. C'est ainsi qu'ils reproduisent des impasses de contact imprégnées de relations de dépendance. Ce phénomène apparaît dans une relation thérapeutique qui évolue bien. Les clients peuvent alors commencer à sentir leur dépendance. Par identification projective complémentaire, le thérapeute, lui, apparaît (et parfois semble se conduire) comme un objet impossible à satisfaire.

Chez ces clients, la colère clivée engendre souvent une irritabilité généralisée et dystone, une rage et un désespoir authentiques qui proviennent du champ 4 : ils ne pouvaient compter sur les figures parentales alors que leur vie en dépendait littéralement. La reconnaissance et la relation herméneutique ne devront s'amorcer qu'après une exploration et un enracinement dans les champs 1 et 2, afin de limiter l'effet de la rigidité défensive.

Abordons maintenant les balises du travail de reconnaissance autour des enjeux d'attachement. La principale difficulté de ce travail réside dans le fait que l'essentiel de l'enjeu soit préverbal. Or, même si un travail corporel correctement mené peut permettre d'accéder à l'enjeu interrompu de l'attachement, il reste que la construction du sens suppose une mise en mots, un passage à la parole. Pour le thérapeute, la difficulté consiste à calibrer et à choisir le niveau de langage qui permettra à l'affect de rester à proximité, tout en ouvrant sur la possibilité d'élaboration du sens de l'expérience.

En outre, les clients peuvent vivre le travail de reconnaissance comme un refus de satisfaire leurs besoins et comme un blâme pour les avoir exprimés. Lorsqu'ils arrivent en thérapie dans un état de sécheresse et « d'assoiffement », leur demander comment il se fait qu'ils n'aient pas encore bu revient à leur dire : « Je ne te donnerai pas d'eau. » De leur point de vue, cela équivaut à refuser d'accéder à leur demande et à les blâmer de la formuler.

Enfin, l'essentiel de leurs défenses sert à neutraliser l'effort herméneutique. Pas plus que d'autres, ils ne veulent ressentir l'intolérable, d'où leur tendance marquée à isoler l'affect de la pensée. Il s'agit pour eux d'une protection contre la terreur, l'angoisse de mort et la rage qui risqueraient d'affleurer à leur conscience et de les submerger. C'est pourquoi le déni et l'intellectualisation viennent si fréquemment dévitaliser le dialogue. Pour toutes ces raisons (caractère essentiellement préverbal de l'enjeu, déni des besoins et défenses contre la création de sens), ils ont du mal à participer pleinement au dialogue herméneutique. Ils ont une mauvaise mémoire des conflits, des événements du champ 4, bref de tout ce qui, à leurs yeux, serait susceptible d'activer un affect désorganisant. C'est pourquoi il est souvent préférable de ne pas engager le travail de reconnaissance sans qu'il y ait eu d'abord une exploration et un enracinement soutenus des champs 1 et 2. Ce travail devrait être fait de manière à apprivoiser l'affect, à réduire le déni des besoins, ainsi qu'à désamorcer les principales défenses contre la création de sens. Cela semble être le choix de la thérapeute de Luce, lorsqu'elle ouvre le dialogue sur la relation naissante et inconnue qui est en train de se nouer.

Connaissant les difficultés de ces clients à participer au dialogue herméneutique, il est souvent profitable d'être plus suggestif en début de séance et davantage interrogatif en fin de séance. En fait, au début de la séance on doit leur donner davantage qu'on leur demandons. Il s'agit d'activer le lien et de vérifier que cela les conduit à s'intéresser au sens de leur expérience.

Imaginons par exemple que nous en soyons à la deuxième séance avec Luce. La thérapeute pourrait dire : « Nous avons commencé notre travail de la semaine dernière en constatant combien vos relations étaient contrastées. Si vous vous souvenez, à la fin de notre rencontre, vous avez commencé à parler de vous et moi. Pourriez-vous me dire s'il vous est arrivé de penser à moi depuis la semaine dernière ? » Il s'agit là d'une ouverture assez directive. Luce pourrait répondre : « Oui, j'ai repensé à des choses que l'on s'était dites et je me suis dit que j'avais aimé vous rencontrer et que j'espère que ça va bien se passer cette semaine. » Ici, la thérapeute ne dirait pas : « Comment souhaitez-vous que cela se passe ? » ou encore : « Qu'entendez-vous par bien se passer ? » Il est encore trop tôt. Suivant le principe énoncé plus haut, il vaudrait mieux dire : « J'ai confiance que cela va continuer à bien se passer. J'ai pu voir, la semaine dernière, que vous étiez capable de faire des liens entre des situations différentes et de voir les ressemblances, et ça, c'est prometteur ! Voyez-vous de quoi je parle ? » Vers la fin de la séance, la thérapeute pourrait dire : « Vous m'avez dit, la semaine dernière, que votre mère ne voulait pas que vous viviez. Pourquoi, de votre point de vue à vous ? Quel motif aurait-elle pu avoir de ne pas vouloir vous voir naître ? » Cette question peut être riche en fin d'entrevue. En effet, elle est utile au travail d'intériorisation et d'herméneutique puisque la cliente la portera entre la 2e et la 3e rencontre. Il est préférable qu'elle ne réponde pas trop vite à ce genre de question.

Au début de la 3e séance, la thérapeute pourrait dire : « Vous souvenez-vous de la question que je vous ai posée la semaine dernière ? » Si la cliente ne s'en souvient pas, le travail d'intériorisation reste à amorcer. Si, au contraire, elle s'en souvient, la thérapeute dira : « Tant mieux. Je suis heureuse de savoir que vous avez pu penser à cela. Comment était-ce pour vous d'y réfléchir ? »

Pour les sujets anxieux ou clivés, ce genre de modulation semble rendre la perspective de la séance qui approche moins anxiogène. Ils comprennent, à la longue, que le thérapeute prend davantage le dialogue en charge au début et qu'il les guide progressivement vers un travail d'élaboration des expériences complexes auxquelles ils sont ou ont été confrontés. Il faut vérifier fréquemment l'affect de ces clients et ne pas laisser le dialogue se développer longuement dans une zone dont l'affect est absent ou dont il est clivé, ce qui, avec eux, revient souvent au même. Lorsque le ton devient monotone, que le contact visuel est fade, que les réponses tendent à devenir banales, il convient de revenir vérifier l'affect et de le faire plus souvent. L'une des bonnes façons de le travailler et de le garder à proximité, est de faire des interventions de ralentissement, voire des arrêts sur l'affect, et ce, dès qu'il y a présence d'affect, même légère. La séquence suivante illustre fort bien ce travail de la chaîne d'affects. Le client, nous l'appellerons Lucien, avait participé, avec moi, à un groupe expérientiel deux années auparavant :

Cl. *J'aimerais faire un travail avec toi.*

Th. *Bien, je suis à toi, Lucien.*

Cl. *Comment ? Tu te souviens de moi ?*

Th. *Bien sûr...*

Cl. *... (Ému)*

Th. *Qu'est-ce qui se passe ?*

Cl. *Je suis touché que, non seulement tu te souviennes de moi, de mon prénom, mais que tout de suite tu m'appelles par mon prénom. Je m'attendais à devoir me présenter, te dire qui je suis, ce qui se passe dans ma vie.*

Th. *Je t'imagine touché à un endroit où tu as dû avoir déjà beaucoup mal.*

Cl. *Oui ! Ma peine, c'est qu'il semble que jamais personne ne se souvenait de moi. J'étais, je crois, une espèce d'enfant de trop. Un enfant oublié. Parfois, je me disais que j'aurais pu ne pas rentrer après l'école et que peut-être on ne l'aurait pas remarqué. J'étais le plus jeune, toujours en retard sur les autres. J'avais beau courir, je ne rattrapais personne.*

Th. *J'ai l'impression que cette peine dont tu me parles, c'est le chagrin, la douleur de quelqu'un à qui il manque quelque chose. Quelqu'un qui a dû faire le deuil de quelque chose.*

Cl. *Oui. C'est comme ça que je me sens. En deuil.*

Th. *De quoi es-tu en deuil ?*

Cl. *Je crois que j'ai dû faire le deuil de mon importance, le deuil de compter pour quelqu'un, d'être quelqu'un d'unique qui existe, dont on se rappelle.*

Th. *Te souviens-tu d'avoir vu, dans les yeux de ton père ou de ta mère, une joie, un contentement du fait que tu sois là ?*

Cl. *Non, je ne crois pas...*

Th. *Te rappelles-tu des yeux de ton père ?*

Cl. *Non...*

Th. *Te rappelles-tu des yeux de ta mère ?*

Cl. *...Non.*

Th. *Sais-tu même la couleur de leurs yeux ?*

Cl. *...Non... (À chaque non, il devient de plus en plus triste).*

Th. *On dirait presque un orphelin (nous pourrions parler « d'orphelin objectal »).*

Cl. *Mais c'est absurde, je n'étais pas orphelin. Il a bien fallu qu'ils soient là ! Il a bien fallu qu'ils me fassent, qu'ils me regardent un jour !*

Th. *Quand tu le dis comme ça, qu'est-ce que tu éprouves ?*

Cl. *J'ai peur ! Est-ce possible qu'ils ne se soient jamais occupés de moi ?*

Th. *Et si c'était le cas ?*

Cl. *(Il me regarde en silence. Ses yeux sont agrandis et semblent porter une expression de terreur. Il tressaille, tremble). On dirait que je vais mourir !*

Th. *Maintenant, qu'est-ce qui est là ?*

Cl. *Je sens de la colère, une rage…Contre eux. Et ça me fait très peur...*

À partir d'une expérience affective de surface, une élaboration en spirale descendante cherche à connecter l'actuel de surface à une expérience identitaire constitutive et léguée au Soi par l'arrêt du processus de métabolisation de l'enjeu développemental de l'attachement. Cette modalité d'intervention, en plus de contribuer grandement à la construction du sens de l'expérience, a aussi le mérite de condenser certains éléments de réparation. Souvent, ces sujets n'ont pas été tenus d'assez près pour se ressentir dans le monde. Ils n'ont pas suffisamment connu l'expérience d'être accompagnés et contenus dans leur découverte du monde et de leur univers intérieur. Être suivis de près (et accompagnés par une personne qui ne craint pas d'être emportée dans leur terreur et dans leur rage) contribue à réactiver un processus développemental interrompu depuis longtemps.

LA RÉPARATION ET LA RELATION RÉELLE

Pour compléter un travail thérapeutique, ces clients doivent vivre une relation d'attachement avec une figure stable et suffisamment bonne, au sens développemental. Cette figure, c'est le thérapeute. La relation doit leur permettre d'accéder aux espaces transitionnels. Le positionnement idéal du thérapeute gestaltiste se situe, selon la théorie du Soi, dans la voie moyenne, à la fois présent et détaché, actif par sa vigilance, mais s'abstenant suffisamment pour laisser à l'Autre l'espace transitionnel où il peut contacter ces lieux expérientiels que le thérapeute ne comprend pas forcément, sans toutefois s'en inquiéter. Le thérapeute et le client peuvent rester là, ensemble, calmes. Cette expérience est importante pour le client. Il peut ainsi arriver à être seul, en paix et en sécurité.

La séquence suivante témoigne de cet aspect. Un client, en thérapie depuis deux ans, se trouve dans la salle d'attente. Il s'est mis à lire un texte affiché sur le mur : *La prière de l'artisan.* Au moment où j'arrive, il termine la lecture et en est manifestement remué. Il entre dans mon bureau et, voyant son air ému, je lui dis : « Ça vous a touché de lire *La prière de l'artisan ?* » Il me répond, en défléchissant un peu : « Oui. C'est très intéressant. Où est-ce que vous avez pris cette prière ? » Pour ne pas neutraliser l'expérience, je lui dis : « Vous me demandez où j'ai pris ça, et moi j'ai envie de vous demander où avez-vous mis ça ? » À nouveau, il est touché et se met à me parler de son passé comme il ne l'avait encore jamais fait. J'apprends que sa mère a voulu qu'il soit prêtre. Puis, il dit : « C'est drôle, parce que ce n'est pas une prière religieuse, mais c'est une prière qui m'a beaucoup touché. » À ce moment-là, il ne me regarde pas vraiment, mais regarde plutôt derrière moi, là où se trouve ma bibliothèque.

Th. *Qu'est-ce que vous êtes en train de faire ?*

Cl. *Je suis en train de regarder vos livres.*

Th. *Je pense que je vous ai dérangé quand je suis arrivé dans la salle d'attente, je pense que vous n'aviez pas fini de faire quelque chose qui était important pour vous. En fait, ça me va, que vous le finissiez.*

Cl. *Qu'est-ce que vous voulez dire ?*

Th. *Je vous ai interrompu, vous étiez en train de faire quelque chose !*

Après une certaine hésitation, il se lève et retourne dans la salle d'attente pour finir de lire la prière. Lorsqu'il revient, il semble avoir grandi. Il est radieux, il montre une réelle plénitude. Il se remet à regarder ma bibliothèque.

Th. *Je pense que je suis encore dérangeant ?*

Cl. *Non, je veux que vous soyez là !*

Th. *Ça vous plairait de pouvoir fouiner dans mon bureau ?*

Cl. *Ah oui ! J'aimerais bien ça !*

Th. *Hé bien, faites-le ! Faites-le, et moi je vais travailler à ma table, je ne sortirai pas. Quand vous serez prêt à me parler, quand vous aurez envie d'être avec moi, vous me le direz. Allez-y, prenez votre temps.*

Il est manifestement content, il affiche l'émotion d'un enfant qui peut fouiller dans les livres de papa. Il est très touché de pouvoir le faire. Pendant 10 minutes, il ne me jette aucun coup d'œil. Je n'existe plus. Puis, il me regarde comme s'il était surpris de me retrouver là.

Th. *On dirait que vous revenez de loin ?*

Cl. *Oui ! Si vous saviez où je suis allé... Maintenant, j'ai envie de vous le dire, mais reprenez votre place.*

Quand je reprends ma place, il se met à me raconter tout ce qu'il a fait dans son imaginaire avec les objets de mon bureau. Il y avait là des statuettes, un sablier, des masques africains, des objets amérindiens, etc.

Th. *Qui sommes-nous vous et moi, maintenant ?*

Cl. *Vous ? Vous êtes mon chaman.*

Th. *Quel est l'objet qui vous a le plus touché ?*

Cl. *C'est votre calumet de paix !*

Th. *Avec qui voudriez-vous le fumer ?*

Cl. *Je voudrais le fumer avec mon père... Euh... fumez-vous ?*

Cet homme a passé une demi-heure dans un espace transitionnel, une sorte de « pays du milieu », entre le réel et le fantasme, un espace où il n'avait pas à s'occuper de moi. Je n'étais pas en intrusion et il pouvait se déployer dans cet espace d'une manière sécuritaire. Il n'avait jamais cru, auparavant, que ça puisse être possible. Il pouvait être avec moi et pourtant seul. Il pouvait être en paix, en sécurité, sans avoir à tenir compte de moi. Souvent, les personnes carencées sur le plan de l'attachement n'ont pas atteint cette phase développementale. Ils ont dû soigner plus grands qu'eux ou alors on ne s'est pas occupé d'eux correctement et ils n'ont jamais pu vivre l'expérience de sécurité.

Pour se réparer, ils doivent apprendre à faire le deuil du « tout » qu'ils veulent, qu'ils n'ont pas eu et qu'ils n'auront jamais. Ils sont en deuil de l'attachement et de l'attention dont ils ont tant eu besoin. Il y a paradoxe ici, car ils ont, en fait, à faire le deuil de quelque chose qu'à vrai dire ils n'ont pas connu et ils peuvent travailler longtemps à essayer de trouver ce quelque chose ! Quelqu'un doit leur dire qu'ils n'auront plus jamais 3 mois, que ce temps est à jamais révolu. Voilà un axe d'intervention difficile. Les thérapeutes doivent cultiver l'espoir et favoriser une réparation. Cependant, jamais plus leurs clients n'auront 3 mois et ils ne pourront pas avoir, à 30 ans, ce qu'ils auraient dû avoir à 3 mois. Toutefois, ils peuvent apprendre à célébrer le « ceci » qu'ils ont, ce qui est là dans leur vie, et le « cela » qu'ils auront peut-être. Mais, rappelons-le, ils n'auront jamais plus ce qui leur a manqué dans l'expérience passée.

L'homme dont il était question précédemment désirait fumer le calumet de paix avec son père, mais son père était mort, et qui plus est, mort en le maudissant ! Revenons au dialogue :

Cl. *Trouveriez-vous que c'est trop vous demander si, dans le fond de mon cœur, je pense que vous êtes un peu mon père ?*

Th. *Est-ce que cela voudrait dire qu'avec moi vous fumeriez le calumet de paix ?*

Cl. *(Après un long silence) Non, le calumet de paix, ça se fume après la guerre ! Avec vous, je suis en paix !*

Ces clients doivent vieillir un peu. Le destin de « l'enfant en soi », ce n'est pas de rester cet enfant, mais de grandir. Retrouver « l'enfant en soi » consiste donc à aller le chercher et à lui permettre de vieillir. C'est ce qui se fait en thérapie. Au cours de cette transformation, il faut travailler avec les limites naturelles du sujet. Le thérapeute lui-même est appelé à vieillir en tant que parent. Souvent, il commence avec un petit bébé. Éventuellement, le bébé-client vieillit et le thérapeute-parent vieillit avec lui.

Dans le cas précédemment illustré, je n'aurais pas laissé le client fouiller dans mes livres dès le premier jour ni même pendant la première année, et ce, pour plusieurs raisons. D'abord, mes livres et les objets qui meublent mon lieu de travail représentent quelque chose pour moi. Lorsque je laisse quelqu'un y toucher, cela est significatif. Longtemps, ce client a été trop jeune pour mettre le nez dans ces livres-là, pour toucher ces choses-là. Cela m'aurait paru intrusif et voyeur qu'il le fasse, car il risquait alors de « briser les objets de papa. » Au moment où il l'a fait, il avait assez vieilli pour le faire.

Lorsque le client est un jeune enfant au sens régressif du terme, le thérapeute doit répondre aux besoins qu'il pressent, parce que, depuis cet espace, le client n'a pas les mots pour les exprimer. À cette étape, le thérapeute commettrait une erreur en demandant à l'enfant de reconnaître ses besoins. Parfois, il s'impatiente et confronte le client en lui demandant ce qu'il attend de lui. Si le client présente une problématique d'attachement, il peut répondre, mais la réponse qu'il va donner vient de la partie adulte et évoluée en lui. La partie où il se trouve en besoin n'est ni apte ni capable de répondre à la question.

Aussi, la trame du travail sur l'attachement est-elle mieux tissée par des interventions plus ouvertes à l'incertitude, au flou. À un client qui lui dirait qu'il ne sait plus trop bien ce qu'il vient faire là, le thérapeute pourrait répondre, par exemple : « Je crois que vous ne savez pas tout à fait pourquoi vous êtes là, mais en même temps vous y êtes et je souhaite que vous continuiez à venir. Je pense que, pour l'instant, vous venez parce que rencontrer quelqu'un de manière régulière, c'est déjà bon ! » Le thérapeute le dit à la place du client parce que celui-ci n'est pas capable de le dire lui-même. Lorsque le client commence à balbutier, à construire sa parole, à vieillir en fait, le thérapeute commence à répondre au besoin balbutié. S'il s'impatiente ou s'il continue à pressentir les besoins de son client parce que ce dernier se montre encore incapable de vraiment les exprimer, le thérapeute ne l'aide pas à vieillir. Il s'avère beaucoup plus efficace de tolérer le temps que met le client à construire sa parole, même approximative, de le laisser bégayer, balbutier, se dire à peu près, se tromper, se dédire, que de parler à sa place. Il en est là, ce n'est pas le temps de lui demander plus de clarté.

Lorsque le client est plus vieux encore, le thérapeute ne répond plus au besoin pressenti, pas plus qu'au besoin balbutié. Il répond au besoin exprimé. Un thérapeute peut dire : « Tu sembles être en besoin, mais en même temps je constate que, pour l'instant, tu ne me demandes rien. » Un jour, un client m'a dit : « Je ne demande rien parce que je sais que ma thérapie arrive à la fin. Je sais qu'on va bientôt avoir fini et j'ai la nostalgie du temps où tu me devinais ! » Un autre a déjà dit, vers la fin de la thérapie : « Je sais que c'est fini, je sais qu'il est temps que je m'en aille et je sais que j'étire, que je ne veux pas m'en aller. Mais je sais que je vais partir. J'aurais envie de faire une folie comme je faisais au début, d'arriver en morceaux, que tu me regardes avec ton œil attendri, que tu me ramasses et que tu m'expliques ce qui m'est arrivé. Je me sens comme les enfants qui ont besoin qu'on leur raconte leur enfance. Raconte-moi le début de ma thérapie. Dis-moi comment c'était quand j'étais petit. » Alors, je lui ai dit : « Si toi tu me le racontais ? »

Une des choses que ces clients doivent apprendre (et cela demande beaucoup de clarté de la part du thérapeute) c'est qu'un besoin n'est pas mauvais simplement parce qu'on ne peut le satisfaire. Les personnes carencées sur le plan de l'attachement ont appris à ne plus avoir de besoins parce que personne ne pouvait les satisfaire. Pour ne pas continuer à souffrir, ils les ont occultés. Ils en ont déduit que ces besoins étaient mauvais et que même leur amour l'était. C'est pourquoi il est fréquent de les entendre dire : « C'est trop, je demande trop à ceux qui m'entourent, j'ai trop besoin d'amour ! » Ils cherchent une réponse réparatrice que nous pourrions formuler ainsi : « Je ne sais pas si ton besoin est trop grand, mais ce que je sais, c'est que ce que tu me demandes, je ne peux pas te le donner. Pourtant, cela ne dit rien sur la nature de ton besoin. Ça dit quelque chose de moi, de ma situation ! » Lorsque les faits sont ainsi posés, le client peut entrevoir, par exemple, que sa mère schizo-affective, hospitalisée à tous les deux ou trois mois, n'était pas capable de le rassurer. Ce n'est pas son besoin d'être rassuré qui était mauvais, c'est sa mère qui s'avérait incapable d'y répondre.

Pour West et Keller (1994), l'objectif de fond du traitement des pathologies de l'attachement est le suivant : le client doit parvenir à faire le deuil de ce dont il n'a jamais fait pleinement l'expérience et dont pourtant il a le pressentiment que cela lui revenait de droit. Nous arrivons dans le monde et, du simple fait que nous soyons des êtres humains, nous « savons » que nous avons droit à une mère présente et à un père capable de nous protéger. Quand nous ne l'avons pas, nous « savons » que nous vivons quelque chose d'anormal. C'est la raison pour laquelle West et Keller affirment que ces clients doivent faire le deuil de quelque chose qu'ils n'ont pas connu. Il s'agit d'un deuil très particulier : celui d'une expérience qu'ils pressentent avoir dû vivre et qu'ils n'ont pourtant pas vécue.

EN RÉSUMÉ

Le dépistage des pathologies de l'attachement repose d'abord sur le repérage d'impasses de contact présentant les caractéristiques d'une pathologie de l'attachement. Nous voyons ce qui, dans le champ 3 (relations de la vie actuelle) est porteur d'indices d'une organisation sécure, schizoïde-évitante ou anxieuse-ambivalente. Nous avons à nous interroger quant à l'expérience du client sur les 7 axes des manifestations cliniques de l'attachement. Dans le champ 1, celui de la relation thérapeutique, nous observons que le client tend à élaborer, avec nous, une reproduction schizoïde-évitante ou anxieuse-ambivalente. Quant au champ 4, la question demeure celle du poids relatif des facteurs de risque et de résilience auxquels le client a été exposé dans les stades précoces de son développement.

Le traitement des pathologies de l'attachement exige, d'abord et avant tout, une bonne compréhension du caractère archaïque de cet enjeu, souvent dissimulé sous des ajustements de surface associés à un rapport intime et fluide avec les enjeux d'attachement du thérapeute. C'est au prix de cet effort de compréhension que le thérapeute accepte le poids de la démarche, le temps qu'il faut y consacrer ainsi que les phases à franchir. Enfin, seuls ceux qui peuvent accepter de « parenter » un client, de lui permettre de vieillir et vouloir vieillir avec lui en tant que parents, seront à même d'aller puiser en eux les ressources et la résonance empathique nécessaires à cet accompagnement.

CHAPITRE 6

Les enjeux de l'estime de soi

L'univers développemental de l'estime de soi en est un qui a capté l'attention de bon nombre de théoriciens contemporains. Plus souvent associé au narcissisme, dans la tradition psychanalytique, le concept d'estime de soi a aussi été étudié et commenté sous un angle existentiel-humaniste, notamment par Nathaniel Branden (1984). Parmi les auteurs psychodynamiques contemporains, les travaux de McWilliams (1994), de Johnson (1987, 1994), de Gabbard (1994) ainsi que de Gunderson et Phillips (1998) semblent adopter un point de vue développemental utilisable sous l'éclairage soit kohutien, soit kernbergien.

Avant d'aborder le thème du développement de l'estime de soi, délimitons notre champ d'intérêt. Lorsqu'il sera question d'estime de soi, je référerai à l'enjeu développemental tel qu'il a pu être étudié depuis les années 1970, tant par la psychologie humaniste que par les psychodynamiciens tels Heinz Kohut. Quand j'utiliserai le terme de narcissisme et ses dérivés, je ferai plutôt référence au volet pathologique du phénomène.

LA PROBLÉMATIQUE NARCISSIQUE AU CŒUR DE LA DYNAMIQUE THÉRAPEUTIQUE

Les concepts de narcissisme et d'estime de soi ont une telle visibilité dans le corpus théorique contemporain qu'ils s'en trouvent presque banalisés, et ce, à un point tel que l'on sautera souvent un peu vite aux conclusions. L'une de ces conclusions précoces consiste à faire le lien entre les blessures à l'estime de soi, la vulnérabilité narcissique et une pathologie du même nom. Or, toutes les structures de la personnalité ont une fonction narcissique : celle de protéger l'estime de soi au moyen de certaines défenses spécifiques. En fait, la santé psychologique suppose une certaine sensibilité narcissique. C'est elle qui fonde notre disposition à nous défendre dans un contexte hostile, à affirmer nos opinions, à offrir notre contribution, à aller vers l'autre.

La problématique de l'estime de soi se maille forcément au processus thérapeutique dans le fait incontournable que toute psychothérapie repose sur des dynamiques liées à l'estime de soi ou au narcissisme. Ainsi, le travail thérapeutique ne peut s'enclencher qu'avec la reconnaissance, même secrète, d'une faille ou d'une imperfection dans le Soi. Le processus thérapeutique repose alors sur la mise en question de certains modes de défense et d'adaptation qui, jusque-là, ont protégé le Soi. Enfin, le cheminement thérapeutique est réussi au prix d'une redéfinition des fondements même de l'estime de soi. La psychothérapie, *transformationnelle* dans son essence, suppose donc une certaine déstructuration qui, du moins provisoirement, met l'identité en péril. La complexité de ce processus se trouve évidemment multipliée dans le travail avec des clients présentant une réelle structure narcissique. Le trouble narcissique de la personnalité s'organise autour d'automatismes cognitifs, affectifs et comportementaux durables et indépendants des situations et des contextes. Ces éléments permettent de distinguer la *pathologie* narcissique de la personnalité, des *vulnérabilités* et des *défenses* normales du même nom.

UNE PATHODYNAMIQUE SOCIOSYNTONE

Le concept de personnalité pathologique, on l'a vu plus tôt, doit être manié avec prudence, au risque de glisser vers une sorte d'eugénisme psychosocial. Y a-t-il des sociétés folles ? Si oui, y être « normal », est-ce être fou ? Lorsqu'il exerce auprès d'une clientèle présentant des troubles de la personnalité, le thérapeute responsable est au cœur de ces questions. Or, comment repérer la souffrance narcissique pathologique dans notre univers ? Sans glisser dans la critique sociale aussi sauvage que superficielle, il est quand même permis de s'interroger sur ce qui, dans la société occidentale actuelle, est de nature à normaliser des structures pathogènes, génératrices d'angoisse, de dépression, voire de toxicomanie.

Quand, par exemple, les sports professionnels sont la scène de surenchères où seule compte la victoire à prix fort, où être le premier domine toute autre considération, quand cet univers de haute performance offre une telle vitrine d'identification, ne voit-on pas s'illustrer une valeur fondamentale d'inclusion sociale : gagner à tout prix ?

Sur le plan politique, dire que le processus électoral consacre le triomphe de l'image au détriment de la substance est devenu un lieu commun.

Le droit familial permet aujourd'hui à l'un des partenaires de décider seul de divorcer, quelles que soient les conséquences sur la famille et sur la communauté. Diderot estimait que le mariage était indispensable à la société et intolérable à l'individu... La société semble avoir tranché : le bonheur individuel est plus important que l'engagement envers l'autre.

Enfin, à moins de vivre en ermite, le citoyen se voit actuellement bombardé de messages publicitaires où percent la hantise du vieillissement, l'envie et la marchandisation de l'identité, autant de ressorts psychologiques exploitant le narcissisme à des fins de consommation.

QUELQUES MANIFESTATIONS CLINIQUES LIÉES AUX ENJEUX NARCISSIQUES

Quels signes cliniques peuvent mettre le psychothérapeute sur la piste d'enjeux développementaux inachevés sur le plan de l'estime de soi ? D'abord, dans la vie du client, on percevra une préoccupation prédominante concernant les choix d'objet. Le partenaire amoureux devra surtout être *présentable* ou mieux, s'avérer une source de fierté. Inversement, le partenaire amoureux devra être disposé à s'accommoder du rôle de public admiratif. Plus grande est la vulnérabilité à la critique, plus la situation mérite d'être évaluée en termes d'enjeux inachevés d'estime de soi. Enfin, les personnes aux prises avec cet enjeu souffrent parfois d'un certain isolement social, dont la fonction est de protéger un Soi trop vulnérable ou trop fragile pour garder sa cohésion dans la fréquentation sociale. Ces personnes ont souvent du mal à demander de l'aide en raison d'une honte, en arrière-fond, toujours susceptible d'être activée.

Dans la relation la thérapeutique, on sera attentif à une tendance marquée à la déresponsabilisation. Ces personnes semblent prédisposées à se décharger de leurs tensions sur l'entourage. On « les pousse à », elles « finissent par », mais elles se voient rarement comme initiant les impasses dans lesquelles elles se trouvent.Leur vulnérabilité à la critique est évidemment à l'avant-plan et peut entraîner des réactions contre-transférentielles qui désactivent le processus de changement. On observe souvent que cette vulnérabilité excessive à la critique entraîne chez elles une propension à revenir sur des blessures anciennes, dont elles estiment avoir été victimes au sein de la thérapie. Souvent, elles le font dans un effort plus ou moins conscient pour inverser le processus de changement et amener le thérapeute à éprouver de la culpabilité, voire de la honte. Enfin, bien sûr, elles tendent à instaurer un climat propice à l'élaboration d'une dynamique transférentielle où des cycles d'idéalisation et de désillusion se succèdent.

APERÇU DE L'ÉVOLUTION DES CONCEPTS PERTINENTS À L'ÉTUDE DU NARCISSISME

L'univers développemental et pathologique du narcissisme est riche en perspectives. Évoquons quelques-uns des auteurs classiques qui peuvent nourrir notre réflexion (le lecteur trouvera en référence les ouvrages qui l'aideront à poursuivre en ce sens).

Freud (1914) et le modèle pulsionnel

À tout seigneur tout honneur ! Bien que Freud n'ait pas été le premier à utiliser le terme « narcissisme » en psychologie (Havelock Ellis l'avait déjà fait en 1898 pour décrire un comportement pervers caractérisé par un amour exclusif de soi), Freud est celui qui, le premier, chercha à en faire un usage clinique. Dans un écrit de 1914 (*La vie sexuelle.* p. 76), le narcissisme apparaît d'abord comme un stade précoce, prédifférencié, du développement. C'est la première référence au fameux « modèle en U », où la libido d'objet et la libido narcissique ont des rapports antithétiques. Plus l'un se remplit, plus l'autre se vide. Cet investissement libidinal du moi caractérise les états psychotiques. Le narcissisme secondaire se présente comme un retrait de la libido d'objet, en situation de perte ou d'échec. L'idéal du moi apparaît, plus loin, comme une image de soi qui incarne nos plus hautes aspirations : un fondement crucial de l'estime de soi.

Dans un texte de 1931, Sigmund Freud décrit la personnalité narcissique. Chez le narcissique, il n'y aurait aucune tension entre le moi et le surmoi. Il n'y a aucune prépondérance des besoins érotiques et l'intérêt principal est concentré sur l'instinct de conservation. Le moi dispose d'une quantité considérable d'agression, manifestée par une propension à l'activité.

Reich et la grandiosité défensive

Pour Reich (1926), le narcissisme sain est la régulation de l'estime de soi. Le caractère phallique-narcissique diffère du caractère compulsif et hystérique. Alors que le caractère compulsif est principalement inhibé, automatique et dépressif, et que le caractère hystérique est nerveux, appréhensif et labile, le caractère phallique-narcissique typique est plein d'assurance, arrogant, expansif, vigoureux et souvent impressionnant. Plus le mécanisme intérieur est névrotique, plus ces modes de comportement sont mésadaptés. Quant au type corporel, les narcissiques appartiennent fréquemment au type « sportif » de Kretschmer. L'expression faciale est habituellement dure, les caractéristiques masculines accentuées. Ces sujets sont généralement hautains, froids et réservés. Dans la relation amoureuse, la libido narcissique prévaut sur la libido d'objet et on observe un mélange de traits sadiques plus ou moins déguisés. Le narcissisme pathologique, c'est l'élaboration défensive de la grandiosité en réponse à une faible estime de soi.

Fairbairn (1954) et le modèle objectal

Pour Fairbairn, l'enfant narcissique se retire dans le Soi et ne cherche pas vraiment le contact. Au départ, chaque enfant cherche un contact en dehors de lui-même. La force qui anime cette quête n'est pas, comme le croit Freud, sexuelle ou libidinale, mais répond à un besoin fondamental de relation, une énergie essentielle pour vivre et survivre.

Cependant, si l'enfant ne trouve pas devant lui une personne disponible ou appropriée, il dirige cette énergie essentielle vers lui-même. Cela peut être le cas pour les enfants hospitalisés ou pour les mères qui ne donnent aucune réponse émotive à leur enfant.

Fairbairn rompt avec le modèle déterministe de Freud. Selon lui, il y a un besoin et il y a un trauma. Il n'y a aucun mécanisme, mais il y a un choix. L'enfant frustré cherche un objet de remplacement, que ce soit son pouce ou un autre objet. Certains enfants renoncent à leur désir d'objet afin de survivre dans un environnement rejetant ou trop frustrant. Ces enfants se retirent dans leur propre forteresse intérieure. La tâche primordiale du thérapeute est de rejoindre l'enfant, et ce, pour l'amener à établir des rapports avec des objets externes. Ici, l'attachement apparent au Soi est, en fait, un attachement compensatoire aux objets internes.

Kohut et le Soi bipolaire (1966 ; 1970)

Kohut situe le développement narcissique normal et pathologique dans un cadre développemental qui lui est propre. Les besoins narcissiques d'affirmation de soi et d'apaisement restent présents toute notre vie. Seuls changent les moyens par lesquels nous trouvons satisfaction à ces besoins. Dans cette perspective développementale, l'idéalisation devient un processus nécessaire à la consolidation du Soi. Le parent idéalisé est porteur de la perfection et du bonheur projeté des états narcissiques primaires. Les rapports d'idéalisation sont progressivement intériorisés et en viennent à fournir à la fois sens et direction à nos aspirations.

Ayant redéfini le narcissisme de cette façon, Kohut s'applique à identifier et à décrire la trajectoire du narcissisme sain dans un développement normal. Tout au long de son développement, l'individu a besoin de personnes significatives, nommées *objets-soi.* Ceux-ci auront pour fonction essentielle de soutenir le Soi dans les différentes phases de son développement, tant dans l'expression de son ambition et de ses talents, que dans sa construction d'un idéal éthique personnel.

Kernberg et la perversion du narcissisme

Otto Kernberg a élaboré sa théorie du narcissisme à partir d'un échantillon clinique où se trouvaient à la fois des patients hospitalisés et d'autres, vus en clinique externe. La plupart de ces sujets présentaient un tableau clinique ou des affects primitifs, de l'agressivité, et de l'arrogance, tous nimbés d'une grandiosité hautaine, coexistaient avec une certaine forme de timidité. Aussi, pour Kernberg les personnalités narcissiques font partie de l'ensemble des organisations limites. La plupart d'entre eux, toutefois, ont un moi plus cohésif et plus fonctionnel que les patients limites, mais certains présentent un fonctionnement manifestement limite.

La structure narcissique repose sur des défenses primitives et des relations d'objet typiques de la personnalité limite. Cette structure est la conséquence de la fusion du Soi idéal, de l'objet idéal, et du Soi grandiose. Les représentations grandioses de Soi sont vues comme une défense contre la dépendance envers l'objet. La fonction de l'idéalisation est de défendre le Soi contre la rage, l'envie, le mépris et la dévaluation.

Miller et l'enfant doué

L'enfant doué et choyé devient souvent un adulte narcissique. Ce don de la nature se transforme alors en malédiction. Alice Miller démonte les mécanismes par lesquels certains ne peuvent se nourrir de leurs propres réalisations, toujours insuffisantes à leurs yeux. Miller croit fortement que certains enfants peuvent sentir et soulager l'insécurité émotive de leurs parents. Ils en ont le « don ». C'est ainsi qu'ils méritent l'amour du parent, mais ils y laissent, en contrepartie, la connaissance de leurs propres besoins !

Ces enfants, devenus adultes, choisissent souvent des professions d'aidants. Ils savent capter les signaux inconscients qui les informent des besoins des autres. Malheureusement, ils refusent inconsciemment la satisfaction de leurs propres besoins et, par conséquent, ne peuvent s'accomplir et devenir la personne qu'ils auraient pu être. C'est ce qui les rend sujets à la dépression ou à la grandiosité dont la fonction est d'exorciser la dépression latente.

LE DÉVELOPPEMENT NORMAL DE L'ESTIME DE SOI

Si nous adoptons le point de vue contemporain, plus près des formulations kohutiennes, point de vue selon lequel le développement du Soi passe par la consolidation d'une estime de soi, quelles sont les manifestations qui nous indiquent que l'enjeu a été raisonnablement complété ?

Outre une bonne estime de soi, on remarque d'abord une disposition confiante et empathique à l'égard de l'Autre, assortie toutefois d'une capacité à se défendre contre l'attaque éventuelle de cet Autre. Ces personnes cultivent des idéaux bien assimilés et réfléchis, idéaux qui donnent un sens à leur expérience et une direction à leur vie. Ils ont suffisamment d'agression créatrice pour poursuivre leurs idéaux. Bref, leur devise pourrait s'énoncer ainsi : *« Je suis naturellement imparfait, limité et digne. L'Autre aussi. »*

L'ÉCHEC DÉVELOPPEMENTAL PARTICULIER DU NARCISSISME

Les personnes dont le développement narcissique s'est soit interrompu, soit perverti, tendent à avoir une faible estime d'elles-mêmes. À l'égard de l'Autre, elles ont plutôt une disposition méprisante et non empathique. Face à l'agression de l'Autre, elles présentent soit une incapacité à se défendre, soit une absence de mesure dans l'appréciation de l'attaque et dans le choix de la défense ou de la riposte.

Leurs idéaux tendent à être grandioses et ils sont plus introjectés qu'assimilés. L'idéal est une dimension centrale de leur pathologie en ce sens que l'atteinte de l'idéal les isole et l'incapacité à l'atteindre engendre la dépression. Ce dilemme se trouve au cœur de nombreuses impasses. L'impasse prend la forme d'une insuffisance d'agressivité pour poursuivre les idéaux ou d'une agressivité destructive de l'environnement qui devrait normalement soutenir la poursuite de l'idéal.

A contrario de la devise précédente, nous aurions ici une représentation centrale ainsi énoncée : *« Mon vrai Soi est indispensable à l'existence du lien et mon vrai Soi est pourtant intolérable à l'Autre et à moi-même. »*

PATHOGENÈSE ET DILEMMES SPÉCIFIQUES DE L'ESTIME DE SOI

Abordons maintenant la question du développement spécifique de l'estime de soi et, surtout, celle des aléas de ce développement. Les auteurs auxquels nous venons de nous référer ont, chacun à leur façon, souligné tantôt des facteurs de risque, tantôt des facteurs de résilience. Pour ma part, je reprendrai, un à un, les éléments constitutifs du champ développemental et, prenant appui sur un certain nombre de recherches cliniques et d'auteurs contemporains, j'énoncerai certains facteurs qui tendent à apparaître dans l'histoire développementale des clients présentant une problématique inachevée autour de l'estime de soi.

L'organisme

Que pouvons-nous dire de la part d'inné dans les pathologies de l'estime de soi ? Bien peu de choses. Le modèle bipartite de la personnalité présente un rapport logique entre deux univers : le tempérament et le caractère. Cependant, la dimension organique du caractère se prête mal à la mesure quantitative. Certains auteurs ont pu avancer des hypothèses plausibles liées à l'observation clinique, aussi anecdotique soit-elle. Ainsi, Kernberg, par exemple, croit que les narcissiques grandioses seraient constitutionnellement plus agressifs que la moyenne. Ils auraient, de plus, une faible tolérance à l'angoisse qui accompagne leurs pulsions agressives. Il s'ensuit qu'ils présentent une relative incapacité à admettre et à reconnaître leurs pulsions agressives et leur envie.

D'un autre côté, nous pouvons situer ici l'idée d'Alice Miller à savoir qu'il se trouve, parmi ces personnes, des sujets plus sensibles que la moyenne à la communication affective non verbale. Ces enfants « doués » seront plus sensibles à l'exploitation narcissique. Leurs talents intuitifs naturels pourront être exploités par un parent narcissiquement fragile.

Nous pouvons considérer l'hypothèse d'un facteur de risque organique, au sens du tempérament, constitué d'un agrégat d'agressivité et d'angoisse élevées et accompagné d'une forte sensibilité non verbale.

L'environnement

Une constante semble émerger des souvenirs qu'ont ces clients de leur enfance : au sein de la famille, ils étaient constamment évalués. Ces clients rapportent donc que tout était sujet à évaluation. Cette voiture valait bien mieux que celle-là, cet oncle était bien plus généreux que celui-ci, tel auteur ne valait rien, les voisins cherchaient toujours à se montrer plus riches qu'ils l'étaient. Quant à l'enfant, chacun de ses gestes était soumis à une appréciation *comparative.* Il devait faire mieux qu'un tel à l'école, avoir le premier rôle dans la pièce de théâtre jouée par les enfants de la classe, connaître l'alphabet avant l'âge de deux ans et ses tables de multiplications avant tout le monde !

Cette ambiance comparative constante est pernicieuse, car elle devient « normale » du point de vue de l'enfant. Il en vient à imaginer qu'il ne peut être adéquat ou satisfait que si son action s'accompagne d'un quelconque trophée. Être constamment sous les réflecteurs entraîne chez l'enfant vulnérable, le développement d'un paysage interne où s'opposent en permanence la nécessité impérieuse (et à certains égards stimulante) de bien faire et…l'angoisse de ne pas y arriver.

Il semble que ces enjeux inachevés tendent à se transmettre de génération en génération. Aussi, la présence d'enjeux narcissiques inachevés chez un parent ou, *a fortiori,* chez les deux, représente-t-elle un facteur de risque important. À cet égard, McWilliams (1994) avance que l'on peut avoir un indice des dispositions narcissiques du futur parent en le questionnant sur l'enfant à naître. Plus le parent semble le connaître et savoir comment il sera, plus narcissique est sa disposition d'accueil de l'enfant. Celui-ci naîtra dans un projet ferme, antérieur à sa naissance. Le risque est grand qu'effectivement l'enfant devienne comme le parent l'a imaginé et voulu. La réalisation de cette « prédiction » se fait le plus souvent au prix d'un déni de la séparation et de l'individuation de l'enfant.

La rencontre

Que se passe-t-il quand l'organisme vulnérable rencontre l'environnement non favorable ? La plupart des parents sont disposés à voir leur enfant dans un amalgame de besoins narcissiques et d'empathie véritable. Il est naturel que les parents souhaitent que leur enfant ait quelque chose dont ils ont été privés... Cette aspiration légitime tire l'enfant et, pourrait-on ajouter, la société et l'espèce, vers le haut. C'est ce que Kohut appelle la fonction naturelle et développementale de l'ambition.

Par ailleurs, personne, même les héritiers des *Libres enfants de Summerhill* n'a jamais éduqué un enfant sans le critiquer... Cette nécessité correctrice de la critique adéquate, liée au stade de développement de l'enfant, incarne la fonction des idéaux au sens kohutien du terme. Chaque enfant est, jusqu'à un certain point, traité comme le prolongement narcissique de ses parents. Quand cette aspiration et ces idéaux sont présentés et vécus avec empathie et modération, l'enfant aime être la fierté de ses parents.

L'environnement humain précoce est particulièrement indispensable au développement du narcissisme : il incarne l'Idéal, le temps qu'il le faut. Les parents doivent être psychologiquement capables d'accueillir la grandiosité infantile, le temps qu'il le faut. Or, certains parents ne peuvent tolérer cette phase naturelle de toute-puissance infantile et s'empressent de casser l'illusion, de « briser » le caractère et la volonté de l'enfant. C'est l'excès que dénonce Alice Miller dans toute son œuvre. D'autres *capturent* au lieu de *capter* l'idéalisation et ne laissent pas, le moment venu, l'enfant les *désidéaliser*, voir leurs limites et se détacher progressivement d'eux pour se tourner vers d'autres inspirations. Enfin, certains parents ne peuvent tolérer que l'enfant doute de lui-même. Ils n'admettent pas ses échecs et cherchent à restaurer l'illusion de toute-puissance plutôt que d'aider l'enfant à assimiler ses limites, dans son estime de lui-même.

Une deuxième tâche ou fonction de l'environnement humain précoce est de focaliser et de contenir l'ambition, l'agressivité et l'angoisse. Dans le développement de son estime de soi, l'enfant doit déployer sa propre ambition sans trop se mouler à l'ambition du parent. Il doit aussi apprendre à mobiliser une agressivité appropriée à la poursuite de ses idéaux et à la satisfaction de ses ambitions. Or, le parent devrait être capable de jauger la qualité de cette agressivité et lui permettre de se concentrer et d'aboutir à une action adéquate et efficace. Si le parent est lui-même trop vulnérable, il peut, comme nous l'enseigne Alice Miller, faillir à cette tâche de tuteur de l'ambition et de l'agressivité et agir plutôt de manière à la tuer dans l'oeuf. Inversement, il peut voir dans son enfant celui qui exprimera enfin une agressivité longtemps refoulée en lui-même. Il risque alors de se complaire dans l'admiration de la tonicité de son enfant, alors que celui-ci court le risque de la voir se pervertir en une rage sans but, parce que sans limites et sans focalisation.

Cependant, l'objet le plus fondamental de la rencontre entre le Soi et son environnement humain, c'est sans doute ce dialogue expérientiel et continu au sein duquel doivent être reflétés les progrès développementaux de l'enfant. L'un des enseignements les plus précieux de Kohut est de confier au thérapeute cette tâche parentale inachevée qui consiste à accompagner et à mettre en dialogue les expériences développementales du client. Refléter adéquatement les progrès développementaux, ce n'est pas applaudir à tout propos et offrir à la plus banale des performances une ovation debout ! Ne serait-ce qu'en raison de la maturation neurologique normale, l'enfant pressent bien, dans son corps et dans son intelligence, que tout ce qui émane de lui n'est pas parfait, qu'il n'est pas toujours le meilleur et qu'il lui arrive d'échouer. Celui dont le parent nie les échecs et les difficultés ne se porte pas mieux que celui qui vit l'inverse. En fait, refléter adéquatement le mouvement développemental, c'est d'abord donner l'heure juste, c'est tendre à l'enfant un miroir non déformant, non complaisant, mais bienveillant. C'est éviter de confondre l'amour, la fierté et l'admiration.

Enfin, et pour ne pas tomber dans le piège décrit par Miller, le parent doit veiller à mettre la sensibilité intuitive de l'enfant à l'épreuve du réel. Lorsque l'enfant pressent les choses, lorsqu'il se tourne vers l'adulte pour construire son épreuve de la réalité, il doit trouver devant lui un interlocuteur capable et désireux d'honorer cette jeune intelligence, ce bourgeon de sensibilité. C'est peut-être en niant le réel et en le déformant que le parent contribue le plus à ce que le narcissisme sain de l'enfant se dégrade et connaisse une mutation qui en fera un narcissisme pervers. Le parent optimal sur le plan du développement de l'estime de soi sait répondre à la sensibilité de l'enfant, mais il sait aussi tracer la ligne de démarcation entre ce que l'enfant peut assimiler du réel et ce qui est au-delà de sa capacité d'assimilation.

L'environnement humain devient pathogène et inassimilable lorsqu'il refuse de porter l'idéalisation ou est inapte à incarner l'idéal aux yeux de l'enfant. Mais, c'est aussi dans le rapport à l'angoisse que le parent peut induire, dans la durée, un rapport trouble à l'estime de soi. Celui qui dénigre, nie ou méprise l'angoisse de son enfant contribue à la mise en place d'un éventuel clivage en vertu duquel, plus tard, l'angoisse sera niée projetée, voire induite chez l'Autre.

Enfin, quand le parent, plutôt que de refléter adéquatement les expériences développementales de l'enfant, les déforme en les reflétant à partir de ses propres enjeux narcissiques, il contribue à une expérience de dépossession de soi, annonciatrice du vide interne, une des caractéristiques cliniques les plus saillantes du narcissisme pathologique.

Quel est le résultat de ces introjections et de ces intériorisations ? L'enfant vulnérable qui s'est développé dans une famille à haut risque se sent très important et très valorisé, certes, mais uniquement dans le rôle qu'il est tenu de jouer. Il pressent que si l'on découvre ses autres fonctions et affects, particulièrement l'égoïsme, l'hostilité et l'angoisse, il sera rejeté et humilié. Cela favorise le développement de ce que Winnicott appelle le faux Soi, c'est-à-dire la présentation de ce que l'on a appris comme étant acceptable.

Il s'ensuit une interruption du processus naturel de maturation narcissique. Le sens de l'expérience de grandiosité et d'envie n'a pu être construit et ces enjeux restent inachevés. L'enfant (et, plus tard, l'adulte) reste bloqué. Il peut se figer dans l'idéalisation de l'Autre, dans la grandiosité infantile ou dans l'angoisse. L'ambition et l'agressivité sont soit inhibées, soit exacerbées dans une fuite de l'angoisse. Il est incapable de mettre sa sensibilité intuitive au service du contact. Pour composer avec cet enjeu inachevé et en endiguer le sens, tout en ne gardant que la partie souffrante de l'expérience refoulée ou clivée, se mettent en place (dans l'expérience consciente) l'idéalisation et la dévalorisation de soi et de l'autre.

Si nous pouvons admettre ces quelques hypothèses étiologiques, considérons maintenant la phénoménologie clinique de l'impasse narcissique à l'âge adulte : les critères diagnostiques du *DSM* rappellent la manifestation phénoménologique de la reproduction inconsciente du dilemme développemental. Ainsi, le manque d'empathie et la sensibilité exagérée au jugement des autres font en sorte que le narcissique fait à l'Autre ce qu'on lui a fait à lui. Il exploite l'Autre dans les relations interpersonnelles. Il a été important pour ses parents, non pas en raison de ce qu'il était, mais en raison de ce à quoi il servait. Aussi, l'Autre doit servir à quelque chose. En relation avec un amant, un mentor, un thérapeute ou toute figure héroïque il devient l'appendice de cet Autre parfait : « Faisant partie de *X*, je ne peux me tromper. » Ces personnes se sont murées dans la solitude, dans l'attente et la recherche du demi-dieu. Cette attente semble valoir mieux que la présence d'un être humain. Quand le demi-dieu est enfin trouvé, il doit rester parfait, sous peine d'être bouté hors du piédestal.

La personne présentant une pathologie développementale du narcissisme se donne des objectifs grandioses pour compenser une faille tragique et impardonnable dans le Soi. Elle le fait au travail, en amour, dans les loisirs et… en thérapie ! Quand un tel objectif est atteint, il confirme la grandiosité et maintient la défense narcissique contre le vide et la honte. Inversement, l'échec active l'expérience de dépression narcissique. Il reproduit et confirme la faille tragique et perpétue le cycle de reproduction.

EN RÉSUMÉ...

Les pathologies de l'estime de soi et du narcissisme sont la conséquence de la rencontre d'un organisme vulnérable (constitutionnellement plus agressif, ayant une faible tolérance à l'angoisse concernant ses pulsions agressives, plus sensible que la moyenne à la communication affective non verbale) et d'un environnement défavorable à son développement : soit une ambiance d'évaluation permanente, des enjeux narcissiques inachevés chez un parent ou les deux.

Cette rencontre se solde par une interruption ou une perversion de cet enjeu développemental, et le champ relationnel pathogène se trouve introjecté. L'énergie contenue dans l'enjeu du narcissisme continue d'agir dans la vie actuelle du sujet, et ce, à son insu. Elle agit à travers le processus de reproduction du champ pathogène. La reproduction des impasses narcissiques est le fruit d'un effort inconscient pour donner un sens à l'expérience interne du sujet.

CHAPITRE 7

Le traitement des enjeux de l'estime de soi

Nous aborderons le traitements des enjeux d'estime de soi sous l'angle de l'ouverture multiréférentielle que permet la psychothérapie du lien. Les dilemmes de contact qui fondent ces pathologies seront compris et travaillés essentiellement sous deux éclairages. Ces perspectives, adoptées et pratiquées dans le cadre pluraliste de la psychanalyse contemporaine, sont celles de Kohut et de Kernberg. Historiquement, elles se sont élaborées dans un rapport plutôt conflictuel dont on peut dire, si l'on n'est pas contraint par quelque loyauté institutionnelle, qu'elle relève peut-être autant, sinon davantage, de considérations politico-institutionnelles que d'oppositions cliniques.

Du point de vue kohutien, la pathologie narcissique résulte d'un arrêt développemental. On conçoit que la personne qui présente cette pathologie a été entravée dans son besoin normal d'idéaliser et de *désidéaliser*. Ce point de vue est évidemment très proche de notre conception générale de la pathogenèse des personnalités pathologiques. En effet, la pathologie de la personnalité découle de la rencontre d'un ensemble de facteurs de risque et de résilience, tant dans les sphères biologique, psychologique que sociale. Lorsque les facteurs de risque l'emportent sur l'ensemble des facteurs de résilience, le processus développemental s'interrompt ou se pervertit. Nous ouvrons, en fait, sur les deux perspectives évoquées : celle de Kohut, qui considère l'échec comme un arrêt développemental et celle de Kernberg qui l'envisage plutôt comme la perversion de ce processus.

Par analogie, on pourrait dire que, selon Kohut, celui qui souffre d'une pathologie de l'estime de soi ressemble à une plante qui a manqué d'eau et de lumière. Le traitement est tout indiqué : il s'agit de fournir maintenant l'eau et la lumière, de faire en sorte que, dans le cadre de la psychothérapie, la personne retrouve les conditions propres à réactiver son développement. Concrètement, cela signifie que la relation thérapeutique doit permettre une acceptation bienveillante de l'idéalisation et de la dévalorisation. Le thérapeute, lui, doit travailler à partir d'une position empathique. Cela est plus facile à dire qu'à faire ! La plupart d'entre nous avons une préférence pour l'une des deux faces du processus idéalisation-dévalorisation... Certains thérapeutes travaillent avec des personnes nécessitant ce type d'attention, mais ils ne saisissent pas l'enjeu en cause. Ils se sentent alors engagés dans une démarche thérapeutique qui va tantôt bien, tantôt mal. Elle va bien quand le transfert d'idéalisation est à l'avant-plan et elle va mal quand le transfert de dévalorisation est activé. De façon optimale, nous devrions chercher à maintenir une disposition telle que les deux faces du phénomène soient accueillies avec équanimité. La résonance affective et l'empathie, l'idéalisation et la dévalorisation sont considérées comme les deux faces d'un même phénomène, tout aussi indispensables l'une que l'autre.

Les thérapeutes qui choisissent de travailler *hors-transfert*, le font d'une manière telle qu'une seule de ces reproductions (voire ni l'une ni l'autre) peut s'élaborer. Du point de vue de la psychothérapie du lien, le thérapeute doit être suffisamment polymorphe pour laisser s'installer un certain type d'élaboration transférentielle, et ce, afin d'activer et travailler les enjeux développementaux. S'il est très *typé*, dans la gentillesse ou dans la confrontation, le client peut avoir du mal à créer avec lui le genre de relation qu'il a besoin de remettre en scène. La position du thérapeute équivaut à offrir au client une sorte de « deuxième chance développementale ». Pour que cela soit possible, le thérapeute *ajuste* sa présence et sa participation au dialogue là où le client en était quand le processus s'est arrêté ou enrayé. Pendant un certain temps, il procède donc, dans ce dialogue avec le client, à un repérage qui lui permettra d'accéder à l'enjeu développemental resté en friche.

Lorsqu'on a le sentiment d'avoir réussi à ramener l'horloge psychologique là où s'était élaborée la dernière phase développementale, on reprend avec le client le fil de son développement. C'est pourquoi cette forme de psychothérapie fait du *lien* le fondement de l'espace développemental. Le thérapeute qui travaille les enjeux d'estime de soi dans un esprit kohutien s'offre en tant que figure parentale. Cela est différent d'autres traditions psychanalytiques où le transfert s'élabore sur une position de neutralité bienveillante de la part du thérapeute. Par ailleurs, dans la tradition kohutienne, le thérapeute sait d'emblée qu'il sera appelé à devenir un parent, accompagnant le processus développemental. C'est pourquoi il ne s'astreint pas à une position abstinente. Il est actif, bienveillant, empathique, « contenant ».

Le point de vue de Kernberg est radicalement opposé. Ici, le problème n'est pas celui d'un arrêt développemental. Il s'agit plutôt d'un problème structurel, résultat d'un dérèglement précoce, en vertu duquel le client s'est retranché derrière des défenses primitives qui diffèrent en qualité du fonctionnement normal. Ce que Kernberg avance, c'est que les narcissiques font quelque chose que les autres ne font pas. Le contraste avec Kohut est clair : pour lui, les narcissiques font *mal* ou *trop*, quelque chose que les personnes saines font *moins* ou *bien*. Pour Kernberg, les narcissiques développent des modalités de relation d'objet différentes de celles que l'on retrouve dans la santé.

Si l'on reprend l'analogie botanique, pour Kernberg il ne s'agit pas d'une plante qui a manqué de lumière et d'eau, mais plutôt d'une plante qui a connu une mutation, est devenue hybride et a connu une croissance aberrante. Elle est donc *autre chose* que ce que sa nature aurait voulu qu'elle soit. C'est comme s'il poussait une branche d'érable à un lilas ! Si l'on admet ce point de vue, on accepte qu'un traitement qui consiste à donner de l'eau et du soleil à cette plante équivaut à favoriser la croissance de la partie hybride. Pour Kernberg, le traitement des enjeux d'estime de soi, ici qualifiés strictement de pathologie narcissique, est donc radicalement différent.

Cette forme de traitement équivaut à émonder les parties aberrantes de la plante. Concrètement, c'est la confrontation de la grandiosité, de Soi et de l'Autre, de même que l'interprétation des défenses contre la honte. La grandiosité est donc l'aberration décelée par Kernberg dans la personnalité narcissique. Celle-ci n'est pas une étape développementale, pas plus que l'envie. Au sens strict, on devrait donc concevoir, avec Kernberg, qu'il n'y a pas de moment de la vie où l'envie et la honte sont des processus naturels. La distance est grande entre le point de vue kernbergien et la théorie kohutienne...

À première vue, nous avons l'impression d'un traitement kohutien doux, chaleureux et accueillant et d'un traitement kernbergien nettement plus confrontant. En fait, sur les vignettes vidéo, Kernberg s'avère un thérapeute d'une douceur, d'une sensibilité et d'une présence empathique tout à fait remarquables. Ses énoncés théoriques ne sont pas métonymiques de son comportement. C'est dans la représentation qu'il a du travail en cours et dans l'orientation de ce travail que l'on retrouve l'aspect émondage et confrontation. La technique kergergienne met plutôt en lumière quelque chose d'aberrant dans l'expérience du client. Ce que Kernberg reflète au client ce n'est pas : « Quand tu fais ça, tu es méchant avec moi… », mais bien : « Quand tu fais ça, tu accentues ta souffrance… ». La résonance empathique est placée dans cet axe d'intervention.

La controverse entre ces deux auteurs, ces deux traditions et ces deux écoles psychanalytiques américaines se poursuit. On pourrait dire qu'elle le fait par exégètes interposés, car Kohut est mort en 1981. Kernberg, lui, est bien vivant et très actif. Aujourd'hui encore, pour Kernberg, ce que Kohut propose équivaut à une psychothérapie de soutien. Ceux qui connaissent le milieu et la culture psychanalytiques comprendront que cette comparaison frise l'insulte. Une psychothérapie de soutien, c'est un peu plus que de la pastorale ! Cette « psychothérapie de soutien » serait valable pour des patients narcissiques particulièrement désorganisés (près du registre limite) ou psychotiques.Pourtant, disent les élèves de Kohut et les post-kohutiens, Kohut a élaboré son modèle à partir d'un travail de divan, donc dans le contexte d'une psychanalyse tout à fait classique quant à son cadre et à son dispositif. Les personnalités narcissiques dont parle Kohut sont des clients avec lesquels il travaillait 3 à 4 fois par semaine et qu'il ne faisait passer au divan qu'après de nombreux entretiens en face à face. On serait donc enclin à déduire que ces clients avaient alors un assez bon niveau de fonctionnement, sinon il ne les aurait pas fait allonger. À l'inverse, certains kohutiens soutiennent que c'est plutôt l'approche de Kernberg qui devrait s'appliquer aux patients plus carencés.

Aujourd'hui, plusieurs se demandent si, en définitive, on ne parle pas de deux catégories de clients assez différents. Un auteur contemporain, Arthur Modell, a tenté de comprendre ce débat entre Kohut et Kernberg. Il en est venu à la conclusion que le modèle kerbergien est mieux indiqué pour des patients carencés. Aujourd'hui, Modell et plusieurs autres sont d'avis que Kernberg et Kohut avaient tous les deux raison, mais qu'ils ne parlaient pas des mêmes personnes. Les deux n'avaient pas la même pratique et ne sélectionnaient pas les clients de la même façon. Le protocole de traitement de Kohut était tout à fait ajusté et adéquat pour les patients qu'il avait. Du point de vue kohutien, les patients dont parle Kernberg sont des patients limites. Aussi, leur narcissisme est-il effectivement plus aberrant et ressemble davantage à quelque chose *d'hybride* qu'à un arrêt développemental.

On voit bien ce qui risque d'arriver si l'on reçoit l'un des clients dont parle Kernberg et que l'on travaille avec lui selon une modalité kohutienne. On enracine alors davantage l'aberration narcissique, on l'aide à croître. En fin de compte, on aura un client dont le narcissisme « malin » se verra fortifié. À l'inverse, si l'on travaille comme Kernberg avec une personne prise dans un arrêt développemental, on risque de lui faire subir exactement ce qui a interrompu son développement, c'est-à-dire une réponse non empathique et un refus de son expressivité. En dernière analyse on ne peut, sans autre forme de procès, évacuer le propos de l'un ou l'autre de ces deux théoriciens et cliniciens qui ont marqué, chacun à sa façon, l'histoire de la psychanalyse et de la psychothérapie.

Considérons donc les deux points de vue et voyons s'il est possible de les intégrer dans une pratique responsable. D'abord une question : des deux erreurs que nous venons d'évoquer, laquelle est la moins nocive et la plus réparable ? La moins nocive est celle qui consiste à répondre par l'empathie à un narcissique pervers. Cela est moins nocif que de confronter une personne dont le narcissisme a subi un arrêt développemental. Aussi devrions-nous, selon Modell, amorcer le travail avec les clients présentant une problématique d'estime de soi ou de narcissisme dans une modalité empathique congruente, attentive et réservée. Cette position devrait être maintenue jusqu'à ce que l'on ait le sentiment d'avoir touché à *quelque chose* d'aberrant et de pervers. Dans une relation consolidée, au sein de laquelle il y a eu suffisamment de résonance empathique, il peut y avoir des moments de confrontation. Celle-ci est contenue par la relation empathique. Bien sûr, cela exige beaucoup du thérapeute, qui doit être aux aguets, réceptif, habile.

Voici une vignette clinique propre à illustrer nos réflexions. Caroline est une jeune femme élégante, pharmacienne de profession. Elle consulte depuis 5 mois, au moment de la vignette. À la séance 22, la semaine précédant la vignette, elle a longuement parlé de sa relation avec Pierre, qu'elle fréquente depuis 18 mois. Elle lui reprochait son manque de communication, son manque d'affect, ainsi que son manque d'ambition.

Elle a alors relaté une scène où elle a invité Pierre à un dîner « romantique », afin de se rapprocher de lui. La conversation au dîner « romantique » a vite porté sur les insuffisances de Pierre qui est parti en claquant la porte, pour la rappeler le lendemain en se disant peiné de la tournure des événements et de la relation.

Au cours de cette séance, la thérapeute a, entre autres choses, questionné le procédé de Caroline, mettant en contraste l'intention annoncée du dîner (romantique) et sa conclusion.

Th.1 ...

Cl.1 *J'ai pas eu une bonne semaine. La semaine dernière, je suis partie d'ici un peu croche, avec l'impression de ne pas avoir été comprise.*

Th.2 ...

Cl.2 *Je m'en voulais après coup de t'avoir parlé de Pierre comme je l'ai fait. J'ai vraiment eu l'impression que tu me voyais comme une fille pas mal capricieuse, alors que moi, j'étais plutôt fière de moi. Je trouvais que j'arrivais enfin à me respecter dans une relation. J'ai vraiment été surprise par ta réaction.*

Th.3 *Qu'est-ce que tu entends par ma « réaction » ?*

Cl.3 *Bien, quand tu m'as dit que Pierre se trouvait pris au piège par exemple, j'ai trouvé que tu poussais pas mal fort...*

Th.4 *Hmm... Te souviens-tu de ce que tu avais espéré comme réaction de ma part ?*

Cl.4 *Je sais pas... Peut-être que tu trouves toi aussi que j'avançais. Il me semble que si ça m'était arrivé il y a quelque temps, j'aurais toléré ça et je me serais plutôt laissée faire. Alors que là, je trouvais que je prenais ma place.*

Th.5 *Comment est-ce pour toi, de me parler de ça, maintenant ?*

Cl.5 *C'est correct. J'ai l'impression de dire les vraies affaires...*

Th.6 *Et comment crois-tu que je te reçois, maintenant ?*

Cl.6 *Bien, tu as l'air un peu perplexe. Comme si j'étais complètement à côté de la plaque.*

Th.7 *À nouveau, pas reçue comme tu le souhaites ?*

Cl.7 *Non, c'est pas ça. La semaine dernière, j'avais plutôt l'impression que tu prenais la défense de Pierre. Là, c'est plus comme si tu comprenais pas de quoi je parle...*

Th.8 *On a du mal à s'ajuster, hein ? Je ne me vois pas. Je sais pas de quoi j'ai l'air mais, à vrai dire, je ne me sens pas perplexe mais intéressée, cherchant à comprendre. Manifestement, tu me parles de quelque chose d'important et qui t'a fait mal.*

Cl.8 *Ça me touche que tu dises ça. Tu vois, la semaine dernière j'avais pas le sentiment que tu te rendais compte que j'avais mal. Qu'est-ce qui se passe ? C'est-tu moi qui invente ? C'est-tu moi qui est à côté de la plaque ?*

Th.9 *Ça fait beaucoup de questions hein. En plus de celles qui sont restées sans réponse la semaine dernière...*

Cl.9 *Trouves-tu que je pose trop de questions ?*

Th.10 *... Je suis impressionnée de voir combien vite tu crois que je te critique aujourd'hui... D'un côté, je suis touchée de cette sensibilité là. Et d'un autre côté, je me sens devenir prudente. Comme si je pouvais facilement te faire mal par inadvertance...*

Cl.10 *Toi au moins, ce serait par inadvertance...*

Th.11 *Qu'est-ce que tu veux dire ?*

Cl.11 *...*

Th.12 *Tu sembles triste maintenant...*

Cl.12 *Pleurs... Mon Dieu que c'est difficile de juste être comprise. C'est pas ça, c'est pas toi. Je veux dire... Je sais plus ce que je veux dire.*

Th.13 *T'en as beaucoup à dire. Si on essayait de faire un peu le tri ?*

Cl.13 *...*

Th.14 *On dirait qu'aujourd'hui, les choses se bousculent et que tu évoques au fond trois relations qui sont concernées par cet inconfort, ce sentiment d'incompréhension. D'un côté, il y nous deux, et ce que tu as vécu la semaine dernière. Tu évoques aussi la relation avec Pierre. Enfin, juste là, tu m'as semblé parler d'une relation ancienne, avec tes parents peut-être, quand tu as dit que si moi je te blessais, ce serait par inadvertance...*

Cl.14 *Ben oui. Caroline, l'éternelle incomprise...!*

Th.15 *C'est comme ça que tu te vois ?*

Cl.15 *C'est souvent ça que je vis en tout cas.*

Th.16 *... Quand tu le dis comme ça, à première vue, ça ne semble pas sérieux. Si je coulais dans ta façon de l'aborder, peut-être que j'en viendrais à sous-estimer l'importance de ce qui se passe pour toi...*

Cl.16 *Hm. Pis là, je pourrais me plaindre d'être incomprise.*

Th.17 *...*

Cl.17 *Mais quand même, je suis tout de même pas pour tolérer de rester en relation avec un gars qui me voit pas. Accepterais-tu ça toi, un gars qui veut pas évoluer, poigné dans sa job, borné ?*

Th.18 *...*

Cl.18 *Encore des questions, hein ?*

Th.19 *... C'est pas tant les questions qui m'embêtent. C'est plutôt qu'en critiquant Pierre et en cherchant à m'inclure dans ta critique, tu me sembles t'éloigner de quelque chose qui te touchait tout à l'heure.*

Cl.19 *Bon, ça recommence. Je comprends pas pourquoi tu le protèges.*

Th.20 *Nous voilà à nouveau en opposition. Je commence à mesurer le prix à payer pour ne pas être d'accord avec toi.*

Cl.20 *...*

Th.21 *Si je me laissais couler dans ce qui se passe, il me semble que je n'aurais que deux choix. Soit je fais comme tu veux, auquel cas je suis quelqu'un de bien. Soit, je fais comme je veux, auquel cas je perds de la valeur. Je ne suis pas aussi bien...*

Cl.21 *...*

Th.22 *Qu'est-ce qui se passe maintenant ?*

Cl.22 *Je me sens mêlée. J'ai peur que tu m'en veuilles, même si je vois bien que t'as pas l'air fâchée.*

Th.23 *Comme ça semble douloureux la différence... Douloureux et risqué.*

Cl.23 *Pleurs.*

Th.25 *Peut-être que ce que je vivais tout à l'heure, me soumettre pour être appréciée ou ne pas me soumettre et perdre de la valeur, c'est quelque chose que toi tu connais ...? Peut-être depuis longtemps ?*

Cl.25 *Mon père et ma mère, c'étaient des gens bien. Des personnes qui ont travaillé toute leur vie pour nous donner ce qu'il y a de mieux. Je n'aurais pas voulu les décevoir ou leur faire de peine.*

Th.26 *Ça n'a pas dû être toujours facile...*

Cl.26 ...

Th.27 *Qu'est-ce qu'il fallait que tu sois, pour ne pas les décevoir ou leur faire de peine ?*

Cl.27 *... C'est pas qu'ils demandaient quelque chose de particulier. C'est juste qu'ils étaient si fiers de nous...*

Th.28 *De vous...?*

Cl.28 *Ma soeur et moi. Elle, Martine, elle était plus rebelle, elle faisait à sa tête. Moi, je suis toujours restée plus proche d'eux...*

Th.29 *Eux...?*

Cl.29 *De mon père surtout. C'est lui qui m'amenait à mes cours d'équitation... Quand j'ai réussi à me qualifier pour faire partie de l'équipe de saut, c'était pour lui le plus beau des cadeaux. Il était tellement fier... Dans le club-house, si tu l'avais vu. C'était comme si c'était lui qui avait sauté. Ses amis le félicitaient, lui disaient combien il devait être fier de moi.*

Th.30 *Et toi ?*

Cl.30 *Quoi ?*

Th.31 ...

Cl.31 *Moi, j'étais au 7e ciel. De le voir si fier, après tous ses sacrifices.*

Th.32 *Je suis frappée par l'importance de ce sentiment de fierté, son importance pour toi.*

Cl.32 *C'était vraiment un beau moment de ma vie...*

Th.33 *Je me demande s'il n'y avait pas de ça dans ta déception de la semaine dernière. Tu étais venue avec le sentiment d'avoir accompli quelque chose et tu t'attendais à ce que je le reconnaisse, que je sois en quelque sorte fière de toi.*

Cl.33 *C'est vrai... Et, au lieu de ça, tu soulignais plutôt mes erreurs.*

Th.34 *Comme quelqu'un d'impossible à satisfaire ?*

Cl.34 ...

Th.35 *Je m'interroge. Il me semble que tu me parles de tes parents de deux manières différentes. D'un côté, tu les décris comme des gens bien, que tu ne voulais pas décevoir. D'un autre côté, je suis restée en suspens quand tu as parlé de blessure par inadvertance...*

Cl.35 ...

Th.36 ...

Cl.36 *On dirait que ma mère, elle, elle faisait toujours le contrepoids. Comme si elle avait craint que je m'enfle la tête. Elle a toujours souligné mes erreurs.*

Th.37 *On dirait que ce scénario que tu as connu te suit encore. Même jusqu'ici avec moi. Comme si tu n'avais pas pu compléter quelque chose d'important pour toi.*

Cl.37 *Mais comment ça se fait que je suis toujours là-dedans ? Ça va-tu finir un jour cette histoire de quêter, de mendier un peu de reconnaissance...*

Th.38 *Je l'espère bien...*

Cl.38 *... Il me semble que personne ne m'a jamais parlé comme ça... C'est drôle ce qui se passe. Je vois bien que je pourrais me sentir blessée par ce que tu dis et en même temps ça serait malhonnête de ma part... Je le sais bien au fond que ce que tu me dis est juste et que tu me le dis d'une manière juste. Mais tu vois, je saurais tout à fait comment partir sur mon pleurnichage, jusqu'à ce que tu te sentes mal et que tu te rétractes. C'est un jeu stérile, mais on dirait que souvent, c'est plus fort que moi. Je me vois glisser dedans et je n'arrive pas à faire autre chose.*

Th.39 *Il me semble que c'est la première fois que tu as autant de recul pour parler de toi. Comment est-ce pour toi de faire ça ?*

Cl.39 *... Mon Dieu que j'aimerais conserver ce moment là. Je me sens juste. (Devient émue.) Et puis, je repense à Pierre et je me trouve un peu injuste avec lui.*

Th.40 *Maintenant, il te semble moins... borné ?*

Cl.40 *C'est effrayant, dire ça de quelqu'un. De quelqu'un qu'on aime...*

Th.41 *On fait parfois des trucs pas mal bizarres à ceux qu'on aime...*

Cette jeune femme réagira-t-elle mieux à l'empathie ou à la confrontation ? D'une certaine façon, elle réagit bien à la réponse empathique et celle-ci semble produire l'effet escompté. Toutefois, après un certain temps il y a lieu de se questionner. À quelques reprises, le dialogue prend la tournure suivante :

Th. Je suis touchée de ta sensibilité.

Cl. Je suis bien contente que tu me dises ça, parce que la semaine dernière ce n'est pas ça que tu me disais.

Elle donne l'impression de pouvoir utiliser l'empathie de la thérapeute comme levier pour l'accabler davantage, ce qui n'est pas bon signe. Si cette tendance persistait, il faudrait que la thérapeute modifie son approche. Toutefois, si, après un peu de persistance, la réponse empathique de la thérapeute finit par produire l'effet escompté, elle peut maintenir ce type de réponse.

Cela dit, pour Kohut il y a des contextes où la confrontation peut aussi être une réponse empathique. Par exemple, un enfant m'attaque et je lui dis que je l'aime. Ma réponse manque d'empathie si elle ne contient pas de résonance à l'affect couramment activé chez l'enfant. Lorsqu'on nous attaque, la réponse instinctive et organique, ce n'est pas l'amour ! La réponse véritablement empathique contient aussi la reconnaissance de l'agression. C'est vrai dans le développement et c'est vrai en thérapie

Même si, d'une certaine façon, Kernberg peut admettre les aléas du développement dans la pathogenèse narcissique, sa position clinique est la suivante : au moment où nous recevons le client, celui-ci n'est plus dans un début de réponse inappropriée qui peut se corriger au contact du reflet empathique. Le client narcissique adulte est dans une problématique perverse. Kernberg définit la perversité comme étant l'usage de l'amour au service de la haine. Autrement dit, le client narcissique utilise l'amour de l'Autre et son empathie pour l'agresser. C'est ce que Caroline aurait pu faire si elle avait continué à se durcir dans le reproche à chaque fois que la thérapeute manifestait de la considération empathique pour son expérience.

Nous ne sommes donc plus au début d'une mauvaise réponse corrigeable par un processus de « reparentage ». La réponse narcissique est maintenant logée au cœur de l'identité du client. Autrement dit, nous ne devons pas l'accueillir sur un mode parental, mais bien sur un mode « chirurgical » ! Chez le client adulte, on ne peut espérer réactiver le développement avant d'avoir enlevé l'abcès.

POSSIBILITÉS D'EXPLOITATION DES PERSPECTIVES KOHUTIENNES ET KERBERGIENNES DANS LE CADRE DE LA PSYCHOTHÉRAPIE DU LIEN

Le cycle reproduction, reconnaissance, réparation

Les enjeux narcissiques, comme tous les enjeux développementaux inachevés, ont tendance à se reproduire dans un effort plus ou moins conscient pour se compléter ou se maintenir. Ainsi, le client va reproduire les impasses narcissiques (critiques incessantes, idéalisation, dévalorisation) dans les contextes significatifs de sa vie. Les impasses narcissiques ont une tendance particulière à se reproduire dans trois types de relations significatives : la relation de couple, la relation d'autorité et la relation parent-enfant. On peut donc s'attendre à repérer chez ces clients des impasses narcissiques avec leurs enfants, avec les figures d'autorité et avec leur partenaire amoureux.

Or, la relation thérapeutique, en raison de l'intimité qui s'y développe et du cadre qui la contient, est de nature à réactiver ces enjeux développementaux.D'une part, le thérapeute, parce qu'il gère le cadre et parce qu'il est détenteur d'un savoir présumé et souvent manifeste, apparaît dans la représentation du client comme une figure d'autorité. Quand le client entre dans le bureau du thérapeute, la représentation usuelle c'est « Je suis chez lui, c'est lui qui me reçoit et c'est lui qui conduit l'entretien. » Parfois, le client semble faire comme s'il était chez lui et qu'il lui appartenait de conduire l'entretien. La plupart du temps, il le fait comme ferait un subalterne contre-dépendant : il ne se prend pas vraiment pour le patron.

Parce que le thérapeute est là régulièrement, en face du client et seul avec lui, il condense plusieurs fantasmes d'intimité, voire parfois un transfert amoureux. La relation amoureuse est la seule autre relation où l'on est seul avec quelqu'un de manière aussi régulière. Le fantasme d'intimité finit par apparaître plus ou moins rapidement dans la relation thérapeutique.

Finalement, parce que le thérapeute accepte de refaire le chemin du développement, parce qu'il soigne, qu'il inspire, qu'il frustre, il est aussi une figure parentale. On voit que le thérapeute, virtuellement et sans faire d'effort particulier, est en position de faire émerger les trois types de relations susceptibles d'activer les enjeux développementaux : couple, autorité, relation parentale. La reproduction s'élabore de façon naturelle, au seul contact du thérapeute. Celui-ci ne doit pas l'empêcher. Au contraire, il doit accueillir le client non pas dans une position de neutralité bienveillante ou dans une position d'abstinence (chère à la tradition psychanalytique), mais dans ce que les gestaltistes nomment *l'indifférenciation créatrice.* Le thérapeute ne sait pas encore où le client a besoin de le rencontrer et il se laisse imprégner du microclimat affectif que porte son client. Il se permet de *goûter* et, progressivement, il se différencie. Le thérapeute ressent ce qui se passe s'il ne se défend pas contre le microclimat que le client porte en lui.

Pour ne pas nuire à la reproduction, il doit s'abstenir d'être excessivement encourageant ou trop accueillant. Il est simplement ouvert à l'espace de reproduction. Il y a, dans cette attitude initiale, à la fois de l'accueil et de la réserve. La réserve permet au client d'organiser l'espace psychique entre lui et le thérapeute pour que cela ait du sens pour lui. Tous les thérapeutes ont leurs zones de vulnérabilité, mais tous doivent essayer de contenir leur désir de sembler parfaitement bons ou étonnamment perspicaces.

L'une des premières choses que l'on peut constater chez les personnes blessées sur le plan de l'estime de soi, c'est l'affleurement, à la surface du dialogue, d'une défense particulière : le perfectionnisme. Chez ces clients, le perfectionnisme fonctionne comme défense contre la honte : « Si je suis parfait, je n'aurai jamais à avoir honte de moi. » La deuxième défense contre la honte est le mépris. Dans le contexte thérapeutique, la reproduction a trois propriétés : le perfectionnisme, le mépris et la honte. Dans l'enjeu narcissique, la conséquence du perfectionnisme consiste en une critique incessante de soi ou du thérapeute. Caroline fournit un bel exemple de ce type de reproduction. Elle la remet en place avec Pierre, avec la thérapeute et l'on retrouve également ce scénario dans le champ 4.

Alors que la relation thérapeutique se développe et s'approfondit, on voit s'élaborer un transfert puissant, directement proportionnel à l'importance de l'enjeu narcissique : le transfert d'idéalisation et de dévalorisation, deux faces d'un même phénomène. Cependant, le client considère que ce transfert n'en est pas un ! Son expérience du thérapeute relève des faits objectifs. Il n'y a, à ses yeux, aucun transfert dans cette idéalisation. Il idéalise le thérapeute parce que le thérapeute est objectivement excellent. Par ailleurs, il peut également dévaloriser le thérapeute parce que le thérapeute est objectivement médiocre. Lorsqu'on tente de travailler ces reproductions, il faut d'abord transformer ces réactions en un affect dystone au moi. On doit faire en sorte que le client prenne un certain recul interrogatif sur cette expérience, plutôt que de la considérer comme « allant de soi. » Cependant, le client est complètement immergé dans cette expérience, ce qui ne facilite ni recul ni l'intervention. Il faut relever un certain nombre d'affinités thématiques avant d'intervenir. Quand on a suffisamment de matériel pour dire, par exemple : « Il semble que ce qui se passe ici ressemble à quelque chose qui se passe ailleurs », cela favorise une certaine distanciation. Le client est obligé d'aller dans cet *ailleurs* pour voir la ressemblance entre les deux phénomènes. Si l'on peut établir des affinités thématiques de cette reproduction à 2, 3 ou 4 exemplaires, on obtient un bon effet distanciation, premier levier d'intervention.

Ainsi, avec Caroline on pourrait dire : « Je remarque que ce qui se passe entre nous ressemble à ce qui se passe entre toi et Pierre et n'est pas sans rappeler non plus ce qui se passait entre ta mère et toi. » Ensuite, on en reste à peu près là. La prochaine phase s'amorce lorsque le client commence à reconnaître l'affinité thématique ou à en dire quelque chose qui fait avancer le dialogue sur la voie de la construction du sens. À ce moment, on peut commencer à nommer le thème. Par exemple : « À ce moment-ci, tu sembles être dans tel rôle (le juge, par exemple) et moi dans tel rôle (l'accusé). » Alternativement : « On dirait que dans ces trois situations, quelqu'un persécute quelqu'un. » Si cela a du sens pour elle, on pourrait ajouter : « À ce moment-ci tu réagis comme si tu devais me persécuter pour que je comprenne ce que tu me dis ! ». Chaque fragment de cette construction de sens doit se faire à deux, dans le cadre d'un dialogue herméneutique. Il ne s'agit pas simplement de morceler une interprétation en trois ou quatre fragments successifs, mais de construire avec le client le sens de son expérience.

Sur le plan du contenu, cela rappelle le processus interprétatif de Kernberg : repérage puis identification d'une relation d'objet couramment activée, avec sa coloration affective. Ici toutefois, il faut veiller aux inversions dans les représentations. Par exemple : « On dirait maintenant que les rôles viennent de s'inverser ! Il semble que, de ton point de vue, c'est maintenant moi qui te persécute ! » C'est le sens que donne Kernberg à la confrontation : « Voyez ce que vous êtes en train de faire et regardez comme c'est complexe, comment on s'échange les rôles. » Après un certain temps, on constate que le client commence à s'interroger : « Quel est le sens de ce thème-là ? Qu'est-ce que je cherche à accomplir en posant les choses de cette façon ? »

On voit donc des phases assez progressives dans cette trajectoire thérapeutique inspirée par le point de vue kernbergien. Dans une perspective kohutienne, il y aurait davantage de construction de sens et de reflets empathiques de la part du thérapeute. Par exemple, ce dernier dirait : « J'entends à quel point vous avez été déçue de ce que j'ai dit la semaine dernière. J'ai dû dire quelque chose qui, pour vous, a été blessant et, en ce sens j'ai été maladroit. Me diriez-vous ce que vous auriez souhaité que je vous dise ? »

En fait, c'est ce que la thérapeute de Caroline fait jusqu'à un certain point. Cette approche du dialogue tend à mobiliser davantage l'affect, alors que celle de Kernberg semble activer davantage de représentations.

Ces deux auteurs restent incontournables pour une approche cliniquement juste des pathologies narcissiques. Ils fournissent deux cadres de compréhension complémentaires. On devrait peut-être utiliser ces deux cadres avec chaque personne présentant une problématique de l'estime de soi.De plus, il y a lieu d'être attentif afin de voir lequel des deux cadres devrait apparaître en premier. Il faut parfois un long moment de simple présence empathique avant de cerner une zone qui mérite d'être circonscrite et confrontée au sens kernbergien du terme. Chez certaines personnes, par ailleurs, cette zone est rapidement repérable et doit être nommée pour que la résonance empathique puisse s'installer et produire un effet réparateur.

Imaginons un instant un échange plutôt kernbergien alors que Caroline arrive à sa séance avec ce reproche : « Tu as pris la défense de Pierre et tu as ignoré cette réalisation dont j'étais pourtant fière. » La thérapeute écouterait le reproche, vérifierait ce qui se passait pour elle, la semaine précédente, et se demanderait s'il n'y a pas du vrai dans le reproche qui lui est adressé. Mais elle n'en dirait rien à la cliente. Une intervention typique consisterait à dire: « C'est frappant de voir comment ce qui se passe entre nous maintenant ressemble à ce qui s'est passé entre Pierre et toi » Si la cliente semble intéressée, la thérapeute peut ajouter : « Vois-tu où se trouve la ressemblance ? » Si Caroline ne voit pas et qu'elle se referme, la thérapeute ne poursuit pas. Si elle dit plutôt : « Je ne sais pas, que veux–tu dire ? », la thérapeute pourrait poursuivre : « Dans un cas comme dans l'autre, deux personnes sont face à face et veulent se comprendre. Et dans un cas comme dans l'autre, elles obtiennent exactement le contraire. »

Au fond, du point de vue de la psychothérapie du lien, on ne peut déterminer un angle d'approche qu'en laissant s'élaborer le type de reproduction thématique de chaque client. Ce n'est qu'à partir de là que l'on peut travailler judicieusement.

Revenons à la question du transfert idéalisant et *désidéalisant.* Si l'on tente de les mettre au travail dans le dialogue thérapeutique, on échoue souvent, parce que le thérapeute dévalorisé qui veut travailler la reproduction est perçu comme s'il le faisait pour se protéger et pour se restaurer narcissiquement ! À l'inverse, le thérapeute idéalisé le sera davantage s'il veut travailler le processus d'idéalisation, car il devient, aux yeux du client, encore plus remarquable dans son humilité. Voici un fragment de dialogue qui illustre cette difficulté.

Le thérapeute : « Je suis frappé du crédit que vous m'accordez. À travailler avec vous j'aurais l'impression que tout ce que je dis est valable. Ça m'étonnerait que ce soit le cas. Je ne me vois pas comme quelqu'un qui ne se trompe jamais. »

Le client : (ému) « Jamais personne ne m'avait parlé avec tant de simplicité et d'humilité. Si vous saviez tout le bien que ça me fait ! J'espère un jour avoir suffisamment de solidité et d'intégrité pour pouvoir faire ça ! »

Dans ce type de transfert, autant dans l'idéalisation que dans la dévalorisation, l'identité du thérapeute est oblitérée. Il est ignoré, il devient un dispositif, une espèce d'appareil psychoménager avec télécommande ! Ce qui est à la fois touchant et embêtant c'est que, du point de vue du client, quand il idéalise le thérapeute, il l'aime. Que cet « amour » puisse être une attaque dépersonnalisante lui est complètement étranger et longtemps inassimilable. Et pourtant, le transfert idéalisant est une attaque. C'est une attaque dans le sens où cela dépossède le thérapeute de son identité. C'est comme si le client disait : « Écoute, ça ne m'intéresse pas de savoir qui tu es, je m'en fous, j'ai besoin que tu sois parfait. Alors écoute, ne proteste pas et laisse-toi être parfait ! »

Le transfert narcissique peut communiquer momentanément un sentiment de grandeur, mais à moins que le thérapeute lui-même ait de forts enjeux narcissiques, l'ivresse narcissique contre-transférentielle ne dure pas, et c'est tant mieux !

De la reproduction, nous avons souligné deux choses. La relation thérapeutique peut représenter symboliquement la relation de couple, la relation d'autorité et la relation parent-enfant et le client va y activer ses enjeux d'estime de soi. Il va élaborer des reproductions autour de l'idéalisation, de la dévalorisation, du perfectionnisme, de la honte et du mépris. Autant de phénomènes qui imprègnent la relation thérapeutique.

Abordons le deuxième **R**, celui de la reconnaissance. Comment se fait ce travail de reconnaissance ? Quelles sont les balises qui le contiennent et lui permettent d'être profitable ? Quelles actions réparatrices peuvent être posées dans le cadre thérapeutique ?

Pour mieux repérer les affinités thématiques, on représente l'expérience du client dans quatre champs expérientiels. Chacun de ces quatre champs se divise en deux : une face externe, ce qui se passe dans les faits, observable par un tiers raisonnable et de bonne foi, et une face interne, la résonance interne, les représentations qui se construisent en contrepoint des évènements observables dans le champ externe.

Ce que nous souhaitons faire sur le plan de la reconnaissance, c'est de favoriser, chez le client, une prise de conscience de sa contribution aux impasses qu'il déplore, de même qu'une prise de conscience du sens de cette contribution. Ainsi, synthétisons une partie du dialogue avec :

Cl *« J'ai voulu faire un dîner romantique avec Pierre, cela a mal fini et il est parti en claquant la porte. Autrement dit : je voulais-cherchais un triangle et j'ai obtenu un carré ! »*

Th. *Et maintenant, qu'est-ce que tu es en voie d'obtenir ici, avec moi ?*

Cl. *Mais au moins, toi, si tu me blessais ce serait par inadvertance ; ce n'est pas comme quelqu'un (la mère) qui me blessait, elle, intentionnellement.*

Th. *Qu'est-ce qui se passait avec elle ?*

Cl. *Elle prenait toujours le contre-pied de mon père et me critiquait tout le temps. »*

Plus tard dans l'entretien :

Th. *« Avec moi, maintenant, comment ça se passe ?*

Cl. *Tu fais quelque chose que je pourrais te reprocher et que je pourrais associer à une critique injuste. Je pourrais recommencer à me plaindre et à essayer de te faire sentir coupable, mais je ne veux plus faire ça. »*

Ici, nous observons un début de réparation dans la reconnaissance de la fréquence à laquelle « voulant ceci », elle « obtient cela ». Elle constate que dans des champs différents, mettant en présence trois personnes différentes, elle vit la même chose. Elle commence à reconnaître que la constante, dans cette variance, c'est elle. « Vraisemblablement je dois y être pour quelque chose ! ». Ce constat est réparateur, car il lui redonne minimalement le sentiment d'avoir du pouvoir sur les évènements de sa vie, de les reconnaître.

Les affinités thématiques, soulignons-le, ne doivent pas devenir une quête d'analogie, car le thérapeute ajouterait alors, dans la vie du client, des significations qui viennent de ses propres associations. Il s'agit simplement de déchiffrer des ressemblances sans métaphores, sans analogies, mais des ressemblances thématiques entre les évènements. La thérapeute de Caroline peut commencer à les souligner et dire que, au moins à deux reprises, la cliente dit vouloir ceci et obtenir cela. « Tu voulais un dîner romantique, tu as obtenu une confrontation, tu voulais que je t'applaudisse tu as obtenu une confrontation. Maintenant tu ne sais pas trop ce que tu obtiens, mais ton expérience interne semble être que c'est juste entre nous ! Dans ton enfance il y avait une personne de qui tu te sentais critiquée et qui, effectivement, dans ta description, te critiquait ». Éventuellement, la thérapeute commence à évaluer la possibilité qu'il y ait des liens entre ces phénomènes, entre le désir, la critique, l'agression, la bouderie, la culpabilité, la honte, etc. Ultimement, Caroline en viendra peut-être à déclarer : « Je dis que je veux la bonne entente, mais à vrai dire j'ai quelque chose à compléter autour de la critique, autour de l'idéalisation, être un idéal et avoir un partenaire idéal. »

CHAPITRE 8

Les enjeux de l'érotisme

Nous voici arrivés au plus délicat et au plus sensible des thèmes de ce livre. Les processus de l'attachement sont sensiblement les mêmes pour les filles et les garçons. Les enjeux narcissiques, bien qu'ils puissent présenter des contenus particuliers pour l'un et l'autre sexe, connaissent le même destin. D'ailleurs, les auteurs qui ont écrit sur ces enjeux développementaux ont, la plupart du temps, parlé du nourrisson, de l'enfant, du bébé. Il fut rarement question de la petite fille, du petit garçon. Bref, les deux premiers enjeux développementaux abordés jusqu'ici seraient « unisexes » ou, du moins, prédifférenciés sur le plan sexuel.

Nous entrons ici dans un univers bien différent et bien... différencié ! Or, cet univers de la différenciation des sexes, ce monde de la différence s'est, depuis une trentaine d'années, chargé de significations sociales, culturelles et politiques qui en rendent l'étude périlleuse. Souvent, à l'approche de cet enjeu développemental, une confusion des perspectives s'insinue entre l'émetteur et le récepteur. Cette confusion tend à brouiller la distinction entre le champ des différences et celui des inégalités. Tant et si bien que celles-là seront prises pour celles-ci. Chacun de nous a grandi, s'est développé et se trouve incarné irrémédiablement dans un corps sexué. Notre identité, notre regard sur nous et sur le monde dépendent de cet aléa, de ce destin biologique. Aux limites extrêmes de l'empathie d'un humain à l'autre, demeure cette altérité absolue d'un sexe à l'autre, sexe qui nous attire, nous inquiète parfois, nous échappe toujours et nous reste étranger. Notre époque n'a pas achevé sa remise en question des rapports entre les sexes. Il est tentant de disqualifier la parole de l'Autre, dès qu'il appartient à « l'autre camp », mais, ce faisant, nous nous diviserions en deux entités inaptes au dialogue. Il en résulterait une épistémologie singulière faisant que les femmes ne sauraient parler du développement sexuel des hommes et que les hommes, à la suite de Freud, devraient confesser leur ignorance des mystères de la sexualité féminine, et… se taire !

En fait, une bonne part du patrimoine de connaissances que nous ont léguées certaines des théories classiques du développement sont à considérer aujourd'hui avec circonspection. Les possibilités qu'offre la recherche (tant clinique que fondamentale), le mûrissement de l'épistémologie des sciences humaines et l'osmose maintenant reconnue entre le physique et le psychique, tout cela nous oblige à remettre en question les héritages souvent spéculatifs des grands explorateurs du développement psychosexuel.

Cependant, questionner n'est pas jeter ! Au fil des pages qui vont suivre, j'invite le lecteur à considérer les théories développementales classiques, non plus en tant qu'éclairage achevé et universel, mais bien comme génératrices d'hypothèses de sens, partielles et singulières.

La complexité est inhérente à ce thème. Nous entrons dans un univers où doivent forcément se conjuguer le tempérament et le caractère, les représentations de Soi et d'objet, la pulsion et la relation d'objet, le corps et la psyché.

L'enjeu développemental de l'amour et de la sexualité doit construire l'assise de notre identité sexuelle. Notre expérience, notre vécu érotique vont nourrir, plus tard, notre revitalisation narcissique d'adultes sexués. D'ici à ce que la technologie biomédicale généralise la possibilité de créer la vie sans ce corps à corps qui, depuis toujours, constitue l'ensemencement de la vie humaine, l'accomplissement érotique fonde encore notre capacité à nous « prolonger » dans la paternité et la maternité. Plus tard, la plénitude de notre capacité d'amour érotique viendra fortifier notre résilience d'adultes face à certaines crises développementales : le vieillissement, la ménopause, l'accalmie libidinale. Enfin, du dénouement du dilemme fondamental entre le désir et l'interdit dépendront notre sens de l'éthique et notre capacité à faire de nos mouvements passionnels des énergies de vie.

Ces considérations présupposent une certaine hiérarchie des enjeux développementaux. L'enjeu de l'érotisme dure toute la vie, comme tous les autres, mais la phase critique dont il sera question ici apparaît surtout, si l'on en croit la tradition freudienne, vers l'âge de 3 ans.

LES THÉORIES DU DÉVELOPPEMENT DE L'ENJEU D'AMOUR ET DE SEXUALITÉ OU : COMMENT SE CONSTRUIT NOTRE APTITUDE À L'AMOUR ÉROTIQUE

Les théories développementales qui, d'une manière ou d'une autre, touchent au thème dont nous parlons ici sont riches d'auteurs et d'écoles de pensée plus ou moins controversées. Le propos du présent chapitre n'est pas d'en faire le recensement ni d'être exhaustif, car on trouve, dans cette auberge espagnole, de quoi conforter à peu près n'importe quelle croyance ! Je tenterai plutôt d'offrir une lecture critique de propositions qui, bien que contestables à certains égards, ont quand même su résister à l'épreuve du temps et de la clinique.

On sait que le développement précoce, convenons de l'appeler préœdipien, a été étudié sous deux angles dans la tradition psychanalytique : celui de la relation d'objet et celui de la pulsion. Entre ces perspectives concurrentes, il semble se dégager un point de relative convergence, précédemment évoqué : l'expérience préœdipienne des filles et des garçons est essentiellement la même.

OÙ EN SOMMES-NOUS AUJOURD'HUI ?

Jamais, dans les trames développementales que nous avons étudiées jusqu'ici, le corps n'a occupé une place aussi centrale. Le corps et ses formes, le corps et sa chimie particulière, sa génétique, sa vie hormonale, sa fonction phylogénétique. À l'heure où les différences entre les sexes sont soumises à examen, alors que nous débusquons derrière certaines différences (tenues pour naturelles et universelles) les reproductions culturelles qui assurent la pérennité de structures de pouvoir patriarcal ou matriarcal, il est utile de rappeler quelques différences biologiques entre les sexes. Ces différences n'ont pas encore été réfutées ou aplanies... De là, nous tenterons de tracer l'itinéraire développemental singulier du garçon et de la fille, en le débarrassant autant que possible des artéfacts culturels qui empêchent la compréhension du développement différentiel.

D'abord, les filles vivent leur gestation au sein d'un corps semblable au leur et naissent d'un corps semblable au leur, celui de la mère. Les garçons, eux, se construisent dans un corps différent du leur et naissent d'un corps différent du leur. Ensuite, pour arriver à procréer sans assistance exceptionnelle de la science médicale, les filles, devenues femmes, doivent aller à la rencontre d'un corps différent du leur et de celui de la mère dont elles sont nées. Ce corps leur est « inconnu ». De leur côté, les garçons doivent, pour procréer, revenir vers un être dont le corps est différent du leur et de celui de leur géniteur et semblable à celui de la mère dont ils sont nés : un corps « connu ».

Les filles font l'expérience des menstruations de la puberté jusqu'à la ménopause. Le signal de leur possibilité d'enfanter est l'arrivée des saignements et, souvent, des douleurs qui l'accompagnent. Ce cycle rythmera leur vie tant qu'elles seront en mesure d'enfanter. Les garçons savent qu'ils accèdent à l'âge d'homme et à la possibilité d'ensemencer la vie avec l'arrivée du sperme, donc du plaisir. Cette entrée dans l'âge d'homme ne comporte pas de face douloureuse. Aucun saignement, aucune douleur ne viennent colorer le plaisir et la jouissance. Enfin, les garçons ne sont pas destinés à porter une autre vie en eux, à nourrir de leur substance un corps dans leur corps. Les filles, elles, ont cette possibilité d'enfanter et, quand elles le font, c'est « naturellement » accompagné de douleurs.

Si l'on admet cette différenciation fondamentale, bien malin (dans les deux sens du terme) celui ou celle qui infirmera, au-delà de la différence, l'inégalité des sexes ! Laissons cela à l'arène de la lutte politique et des diverses « militances ».

Que reste-t-il alors des théories développementales classiques avec leur cortège de controverses autour de l'envie du pénis, de la castration et de la protestation virile ? À vrai dire, on n'en sait pas grand-chose. Ces concepts appartiennent au mode des postulats invérifiables, ce qui ne veut pas dire qu'ils soient inutiles. Ils peuvent aussi bien constituer le fondement inconscient et universel de la vie psychique qu'appartenir à l'univers des conditionnements sociaux. Ils peuvent aussi être le reflet de préjugés sexistes phallocrates ou vaginocentriques, transmis de génération en génération et faussement anoblis par une théorie séduisante. Quoi qu'il en soit de ces « tourments épistémologiques », la question qui nous intéresse est celle de leur pertinence éventuelle sur le plan clinique.Outre les différences biologiques sur lesquelles nous appuierons un schéma développemental, ces postulats invérifiables peuvent être cliniquement utiles, mais uniquement dans le cadre d'une herméneutique casuistique, autrement dit : dans le cadre d'une co-construction singulière de sens éclairante pour tel ou tel client.

Convenons d'établir notre réflexion à partir d'une position « d' extrême prudence épistémologique ».

QUAND ET COMMENT S'ÉLABORENT ET SE MÉTABOLISENT LES ENJEUX DE L'AMOUR ET DE LA SEXUALITÉ ?

Pour les modèles pulsionnels, « l'anatomie, c'est le destin ». C'est un apport freudien fondamental que de rappeler inlassablement que les individus ont un corps et un sexe ! Ainsi, dans la théorie freudienne, c'est entre 3 et 5 ans que l'enfant traverse le stade phallique et que se trame l'élaboration de la situation œdipienne. « Il y a 3 personnes, 2 ont le même sexe, l'autre pas. Deux sont de la même génération, l'autre pas... » (Cournut, 1997). La situation œdipienne dans laquelle se trouve plongé le jeune enfant est donc fondamentalement triangulaire. En fait, elle se vit (dans les mots de Cournut) dans les angles de deux triangles entrelacés. Dans l'un, le sexuel, l'enfant aurait un semblable, le parent du même sexe, et un dissemblable, le parent de l'autre sexe. Dans l'autre, le générationnel, c'est l'enfant qui serait le dissemblable. C'est cette tension entre l'inclusion et l'exclusion qui s'élabore sur la scène œdipienne. La maturation physiologique laisse apparaître des fantasmes d'inceste avec le parent du sexe opposé. Dans la triangulation sexuelle-générationnelle, des sentiments de jalousie, voire des fantasmes meurtriers inconscients envers le parent du même sexe, vont progressivement émerger.

Voilà, brossé à très larges traits, le cœur de la tragédie œdipienne, phénomène de l'inconscient universel. Si nous admettons la validité ou, du moins, l'utilité de ce postulat, la perspective gestaltiste lui ajoute une dimension qui n'apparaît pas clairement dans les formulations freudiennes : l'œdipe en tant que phénomène de champ. Rappelons d'abord cet axiome fondateur de la théorie classique du Soi de Perls, Hefferline et Goodman (1951) : « Toute fonction humaine est une interaction dans le champ organisme-environnement. » Du point de vue de la psychothérapie du lien et de son ouverture multimodale, notre grille de lecture de la situation œdipienne doit respecter les paramètres suivants :

- La situation œdipienne est un postulat non démontrable qui, au sein d'une perspective herméneutique, peut nourrir la construction du sens d'une expérience.
- La situation œdipienne propose une explication plausible de l'un des ressorts psychophysiques du développement.
- Elle ne saurait être cliniquement utile que située dans le champ développemental singulier du sujet.

Sans doute ces assertions limitent-elles considérablement la portée de la contribution freudienne, mais elles ajustent notre lecture à la singularité du sujet dans le champ complexe de la rencontre organisme-environnement. Au ressort œdipien, on doit ajouter les considérations suivantes : comment répond chacun des parents dans la situation œdipienne ? C'est une chose que de vivre l'œdipe avec deux parents qui ont résolu le leur et c'en est une tout autre de le vivre avec des parents chez qui l'inachevé de leur propre situation développementale se réactive.

Il semble y avoir un contre-œdipe, comme il y a un contre-transfert. Nous pourrions dire que, selon la résolution œdipienne des parents, nous aurons soit un facteur de risque, soit un facteur de résilience développemental.

La résolution du conflit œdipien pour le garçon

Cette hypothèse d'un champ œdipien étant posée, voyons comment, dans la modalité freudienne, le garçon vit et métabolise cette expérience. Le premier objet d'amour de l'enfant mâle, c'est la mère. Cet amour du garçon pour sa mère se vit dans une expérience de continuité. Le garçon n'a pas à localiser un nouvel objet d'amour au début de la phase œdipienne. Ainsi, pour lui, celle qui fut présente en tant que premier objet d'enjeu développemental de l'attachement se transforme progressivement et prend une autre signification. Le garçon devient « amoureux » de sa mère. Il désire être le centre de son univers, mais il y a un obstacle : le père. Ce père, objet du même sexe que le garçon, mais de la même génération que la mère, se transforme dans la représentation du garçon. Progressivement, il prend le rôle du rival. Cette expérience de rivalité peut être si vive que Freud va jusqu'à dire que le garçon élabore des fantasmes inconscients de meurtre de ce rival.

Cette position place le garçon face à un dilemme, car ce père est aussi un objet d'amour et un objet d'identification. Comment devenir un homme sans d'abord mettre son pas dans celui de son père ? Ainsi, le dilemme prend forme en relation avec ce père, nécessaire figure d'identification et encombrant rival. Ce dilemme, phénomène de champ, est alors intériorisé sous diverses formes, selon la configuration du champ. Dans ce qui est intériorisé cohabitent des sentiments de culpabilité et une crainte (une angoisse) de rétribution : le père rival va-t-il défendre sa position privilégiée auprès de la mère, va-t-il se venger, anéantir l'enfant ?

Pour Freud, la rétribution appréhendée c'est la castration. Le désir de préserver son pénis l'emporte sur le désir sexuel de sa mère et l'enfant renonce à elle en tant qu'objet d'amour sexuel. Freud a donné à ce renoncement le nom de complexe de castration. La résolution du complexe œdipien pour le garçon passe donc par le complexe de castration.

Qu'advient-il, dans ce tableau, de l'amour voué au père ? Du sentiment de culpabilité ? Parce que le garçon s'identifie à son père, il décide de trouver une femme comme sa mère afin d'être comme son père. Le père potentiellement punitif est intériorisé pour former le cœur du surmoi, alors que le père d'identification vient nourrir l'idéal du moi. Le processus de métabolisation de la situation œdipienne que nous venons de schématiser fonde l'affirmation freudienne selon laquelle le surmoi est l'héritier de l'œdipe. Ajoutons à ce schéma au moins une nuance : pour Freud, la bisexualité est un aspect fondamental de l'inconscient. Il y a donc des moments où le garçon vit un désir pour le père et voit sa mère comme une rivale. Bref, l'amour du père cohabite toujours, à des degrés variables selon le champ, avec le désir de tuer le rival.

Que se passe-t-il quand le garçon n'arrive pas à dénouer le dilemme œdipien ? Le dilemme, phénomène de champ, est alors si polarisé et la tension dynamique produite par cette polarisation si forte que le microchamp se trouve introjecté. La relation au père installe un intolérable interdit, bien qu'il demeure l'indispensable figure d'identification. La relation à la mère se trouve aussi diamétralement polarisée. D'une part, celle-ci représente l'indispensable figure érotique, objet de désir. Cependant, l'élan pulsionnel reste brut parce qu'il n'a pu être synthétisé et correctement rattaché aux sentiments préœdipiens. La mère apparaît donc également comme l'intolérable objet fusionnel incarcérant. C'est, en soi, un dilemme d'une grande puissance dynamique qui commande des défenses tout aussi fortes pour le maintenir hors de la conscience. L'objet de désir attire irrépressiblement et, au même moment, si on s'y « laisse prendre », on ne pourra plus en sortir, car on régressera vers les états de dépendance primitives qu'on a d'abord connus avec lui.

La résolution du conflit œdipien pour la fille

Freud présume que la fille se développe de façon analogue au garçon. C'est ce qu'on a appelé, plus tard, la théorie du monisme sexuel. En fait, pour rester fidèle à la tragédie de Sophocle, on devrait plutôt parler ici d'Électre[11]. Contrairement à ce qui se passe pour le petit garçon, l'objet d'amour de la fille n'est pas celui de la période prégénitale. L'enfant-fille vit une expérience de discontinuité. Elle doit quitter l'objet maternel pour aller à la rencontre de l'homme-père. Or, comme l'écrit Cyrulnik (1999), la réalité du père ne s'impose pas comme une évidence. Le père morcelé, en partie géniteur, en partie parent-non-mère, en partie symbole doit s'agglomérer, faire synthèse et, ainsi, apparaître dans le lien à l'enfant-fille comme objet d'amour. Ce ne sont pas que les fils qui sont manqués quand le père est manquant ! Pour que le père morcelé s'intègre, l'homme dans le père doit, bien sûr, avoir lui-même résolu ses dilemmes développementaux autour de l'œdipe, mais il doit aussi être désigné par la mère. Celle-ci doit pouvoir le connaître et le reconnaître dans son intégrité multidimensionnelle et *défragmentée*.

Pour que la mère arrive elle-même à cette synthèse, il lui faut avoir métabolisé ses propres enjeux œdipiens. Dans la mesure où son propre enjeu érotique est achevé, elle saura reconnaître et désigner l'homme-père à son enfant-fille. Pour ne pas se disqualifier dans ce rôle de premier amour de l'enfant-fille, pour garder la possibilité d'être un passeur, un pont entre l'enfant préœdipienne et la femme, le père doit avoir atteint sa propre

---

[11] Fille d'Agamemnon et de Clytemnestre, pour venger son père assassiné, elle assista son frère Oreste dans le meurtre de sa mère.

maturité sexuelle. C'est cet amour maîtrisé qui lui permet de poser sur sa fille un regard d'homme, pourtant absent de convoitise.

Pour Freud, la résolution œdipienne de la fille passe par la reconnaissance de la castration. En général, et si ce n'est déjà fait, c'est ici que plusieurs commencent à s'arracher les cheveux et à vouer Sigmund à la guillotine ! Avant de lui couper la... parole, écoutons un peu ce qu'il a à nous dire. Nous lui opposerons, au fur et à mesure, quelques arguments contemporains qui vont à l'encontre de ce concept qualifié, aujourd'hui, de phallocentrique.

Selon Freud, c'est vers l'âge de 3 ans que la fille découvre l'existence du pénis. Cette découverte lui fait vivre un sentiment d'infériorité, blessure narcissique qui fait naître cette fameuse « envie du pénis ».

Or, l'observation systématique des jeunes enfants indique que le garçon et la fille sont conscients de différences anatomiques autour de 16-18 mois (Saddok, 2000). Outre ces observations empiriques, plusieurs auteurs, notamment De Beauvoir et Horney, ont avancé que ce sentiment dont parle Freud pourrait être dû aussi bien à la distribution du pouvoir dans le champ qu'aux caractéristiques biologiques des 2 sexes. Pourquoi le garçon n'envierait-il pas les seins de sa mère ou sa capacité à enfanter, comme le proposait déjà Adler en 1905 ? La nature même de l'appareil génital féminin, plus intérieur, moins visible, pourrait provoquer une angoisse sans lien avec l'appareil génital des garçons.

Quoi qu'il en soit, dans le système théorique freudien, l'enfant- fille reproche à la mère de l'avoir moins bien pourvue que les mâles. Elle se tourne alors vers le père en tant qu'objet d'amour. Le désir d'avoir un enfant de son père remplace l'envie du pénis. Cette découverte de l'infériorité génitale (c'est Freud qui le dit !) peut déboucher sur une hypermasculinité de défiance ou un arrêt névrotique de la sexualité. Dans cette logique, la féminité normale suppose le « renoncement à la sexualité clitoridienne » (c'est encore lui qui le dit !).

Il est évident qu'une théorie fondée sur l'infériorité génitale d'un sexe ne saurait, aujourd'hui, faire beaucoup d'adeptes. On trouve d'ailleurs une abondance d'écrits pour la dénoncer. D'abord, cette idée d'une petite fille reprochant à sa mère de l'avoir moins bien pourvue que les mâles est battue en brèche par toute une sociologie de la condition féminine qui lui oppose un contre-argument. L'enfant-fille n'est, en rien, moins bien pourvue que le mâle, si ce n'est qu'elle naît dans une société où le pouvoir appartient aux hommes.

Le reproche de l'enfant-fille n'est donc plus fondé biologiquement, mais politiquement. Elle reprocherait plutôt à sa mère, si tant est qu'il y ait un reproche à formuler, d'être soumise et de la soumettre aux mâles. Il ne fait plus de doute aujourd'hui que les connaissances sur la sexualité invalident cette théorie de l'infériorité génitale.

Pour rester dans les classiques, il faut lire notamment Kinsey (1991) ou encore Masters et Johnson (1992), mais aussi, dans un registre moins classique, mais non moins passionnant, Appignanesi et Forrester (1992). Par ailleurs, pourquoi l'enfant-fille devrait-elle se tourner vers le père à la suite d'une déception ? N'est-il pas plus simple et plus économique de considérer qu'elle se tourne vers le père en tant qu'objet d'amour, simplement parce que tel est son destin procréatif : rencontrer l'homme, incarné d'abord par le père ? C'est, bien sûr, la thèse d'Helen Deutsch.

Revenons à la théorie freudienne. Alors que l'angoisse de la castration entraîne la résolution de l'œdipe pour le garçon, la peur de perdre l'amour de la mère entraînerait la résolution du complexe d'Électre pour la fille. Réalisant que sa mère désapprouve son désir à l'endroit du père, elle y renonce afin de conserver le lien à la mère. C'est sans doute de là que vient l'idée que, dans la sexualité féminine, le lien l'emporte sur la pulsion.

Lorsque l'enfant-fille n'arrive pas à résoudre le dilemme œdipien, ce phénomène de champ est intériorisé et la relation au père est vécue comme un lien indispensable à l'épanouissement de l'identité sexuelle féminine, mais également intolérable à l'épanouissement de l'identité sociale féminine. La relation à la mère, pour sa part, est vécue comme un lien indispensable et un appui dans l'exploration de l'univers masculin. Pourtant, ce lien porte aussi l'intolérable interdiction de l'exploration de l'univers masculin.

Si l'on arrive à mettre de côté les formulations et le fondement d'une argumentation inadmissible aux sensibilités contemporaines, on constate que ces théories sont pertinentes si elles sont balisées par les exigences du dialogue herméneutique et de la théorie du champ. Une dialogue fondé sur la construction à partir d'hypothèses de sens.

QU'OBSERVE-T-ON À L'ÂGE ADULTE QUAND L'ENJEU EST BIEN MÉTABOLISÉ ?

Kernberg (1995) propose une grille d'appréciation de la maturité érotique fort utile, car elle aide le psychothérapeute à évaluer l'état de l'enjeu développemental chez son client et à donner une certaine direction au travail thérapeutique.

D'abord, sur le plan de l'érotisme, chez un adulte sain le plein développement de l'érotisme oral et épidermique s'intègre aux pulsions libidinales et agressives, ce qui permet la rencontre sexuelle dans toute sa plénitude. On sait, par exemple, que lorsque les pulsions ne sont pas intégrées, la rencontre érotique est déséquilibrée. Il en va de même de l'agression sans libido qui n'est qu'agression sexuelle et de la libido sans agression qui limite la rencontre au platonisme.

De plus, Kernberg considère la pleine intégration de la génitalité dans la relation amoureuse comme une caractéristique des adultes sains sur le plan de l'érotisme. Chez eux, l'érotisme n'est pas que génital, il implique plutôt toutes les zones érogènes prégénitales. Le baiser, les caresses et les diverses formes de la stimulation périanale forment le registre des plaisirs érotiques.

Quant à la pleine jouissance génitale, elle implique une perte momentanée du contrôle et des mouvements involontaires. Pour que ce lâcher-prise soit possible, la personne doit être capable d'une identification sexuelle complémentaire qui lui fait pressentir et apprécier le plaisir de l'autre. Cela suppose une synthèse de la tendresse prégénitale et de la satisfaction génitale. Cette double identification génitale est donc indispensable à l'expérience amoureuse. Elle repose sur l'intégration homo et hétérosexuelle dérivée des conflits préœdipiens et œdipiens. Autrement dit, elle fait partie de l'expérience érotique de ceux qui ont métabolisé la phase œdipienne de façon à ce qu'il leur en reste une identification positive, tant au parent du même sexe qu'à celui du sexe opposé.

L'adulte sain est capable d'idéalisme romantique. Cet idéalisme serait rendu possible grâce à un engagement mature à l'égard d'un idéal, incarné et « humanisé » par la personne aimée. Dans l'amour romantique, l'idéalisation normale repose sur l'élaboration de la position dépressive au sens kleinien du terme. Celle-ci intègre une part de tristesse et de « deuil » dans la relation amoureuse et elle est signe d'établissement de relations à un objet complet. La personne est ainsi capable de réciprocité. Comme l'écrit Kernberg : « Le fondement de l'érotisme, c'est la capacité à se représenter soi-même comme acteur de la jouissance de l'autre. » Cela suppose la pleine identification sexuelle et empathique, fondement de l'« intuition » érotique.

QU'OBSERVE-T-ON À L'ÂGE ADULTE, QUAND L'ENJEU EST ÉLABORÉ, MAIS RESTE INACHEVÉ ?

Pour Kernberg, une élaboration de l'enjeu inachevé constitue le propre de la structure névrotique. On trouve ici des troubles de la personnalité de fonctionnement supérieur telles la personnalité obsessionnelle-compulsive et la personnalité hystérique. Ce qui caractérise cette structure névrotique, c'est surtout un conflit entre désir et interdit. Le tableau clinique est souvent marqué par des impasses expérientielles où se manifeste le désir de l'indispensable qui est, au même moment, intolérable. Sur le plan de l'érotisme, on constate une apparente maturité affective, associée toutefois à de puissantes inhibitions génitales.

QU'OBSERVE-T-ON À L'ÂGE ADULTE, QUAND L'ENJEU EST PEU OU PAS ÉLABORÉ, MAIS QU'UNE CAPACITÉ GÉNITALE EST ÉTABLIE ?

L'incapacité d'accéder à cet enjeu développemental marque le champ des organisations limites. On observe une alternance entre la « pulsion sans relation » et la « relation sans pulsion ». Les personnes touchées ont souvent forte une capacité érotique et orgasmique, mais qui ne peut se manifester que dans la mesure où il n'y a, pour ainsi dire, pas de relation. Sur le plan romantique, on remarque une idéalisation schizoparanoïde reposant sur le clivage de l'objet.

POUR S'AÉRER UN PEU… UN REGARD HUMANISTE : L'« ÉNAMOUREMENT » ET L'ÉROTISME (ALBERONI, 1987 ; 1997)

Je ne sais trop si c'est le traducteur d'Alberoni qui est responsable du néologisme « énamourement » ou si c'est l'auteur lui-même qui a forgé le terme. Prenons-le dans le sens que suggère sa phonétique : être en amour.

Pour Alberoni, cette expérience d'énamourement n'est pas seulement érotisme ou plaisir. Il s'agit « d'une expérience unique et incomparable, d'un bouleversement radical de la sensibilité, de l'esprit et du cœur, qui font ensemble deux êtres différents et éloignés [...] un acte de folie, mais aussi la découverte de sa propre vérité, de son propre destin. » L'énamourement développe la créativité, l'intelligence et la capacité à affronter les problèmes concrets d'une façon adulte. C'est un triomphe de la joie de vivre qui constitue l'élan vers le futur, désiré et projeté. Contrairement à la situation régressive, bloquée par la névrose, l'énamourement est une libération, une guérison.

Au fond, Alberoni considère l'expérience érotique adulte d'un point de vue téléologique, c'est-à-dire du point de vue de sa finalité. *Cela* (le passé développemental, le champ 4) préparait *ceci* (les relations contemporaines, le champ 3), plutôt que *ceci* répète *cela*.

Le point de vue alberonien rappelle cette réalité fondamentale : les hommes et les femmes s'aimaient, et ce, bien avant que la psychanalyse ne vienne y mettre le nez. Alberoni nous invite à ne réduire ni la part de mystère ni le mouvement impétueux et souvent irrépressible vers l'avant qu'entraîne l'amour. Il nous met en garde : il ne faut pas considérer l'amour difficile ou impossible comme étant forcément symptomatique d'une psychopathologie. Nous en reparlerons au chapitre consacré aux crises développementales de la vie adulte.

Comment le psychothérapeute peut-il rendre le champ amoureux et l'expérience érotique accessibles au dialogue thérapeutique sans les « coloniser » ? Posons ce principe simple, mais éprouvé : convenons de juger cet arbre (l'amour) à ses fruits (le résultat net dans la vie du sujet). L'amour particulier du sujet entraîne-t-il une régression infantile ou une libération ? Cette question devrait nous servir de balise et nous éviter d'envisager notre travail sous l'angle étroit de la normalisation. Sous cet angle, souvent mesquin, l'amour sain implique forcément deux personnes de la même génération et de pouvoir égal, chacune d'elles sans attaches. On suspecte alors les amours illicites, impossibles (elle au « mai de sa vie, lui en décembre », comme le chante Reggiani) d'être des pathologies développementales. Alberoni nous rappelle, à l'instar de Monique Proulx, que « le coeur est un muscle involontaire. »

LES UNIVERS ÉROTIQUES MASCULIN ET FÉMININ

Pour Alberoni, la pornographie appartient typiquement à l'imaginaire de l'homme. Elle est caractérisée par une satisfaction hallucinatoire des désirs archaïques et des peurs typiquement masculines. Bruckner et Finkielkraut décrivent les caractéristiques du fantasme érotique au masculin comme : « Une série d'actes sexuels non reliés par une histoire dans laquelle les protagonistes masculins n'ont absolument rien à faire [...] L'homme se promène en toute innocence et une femme vorace l'entraîne dans son lit. » Cet univers pornographique est construit comme un monde merveilleux « où l'on n'a plus besoin de séduire pour obtenir, où la concupiscence ne risque jamais d'être ni réprimée ni éconduite, où le moment du désir se confond avec celui de la satisfaction, ignorant avec superbe la figure actante de l'opposant. » N'avons-nous pas là, effectivement, l'univers de la discontinuité dont il a été question dans la partie consacrée au développement érotique du garçon ? Cette « femme vorace » qui entraîne l'homme dans son lit ne ressemble-t-elle pas à la figure angoissante de la mère préœdipienne, prête à dévorer le jeune mâle pour le garder tout à elle ?

L'imaginaire érotique féminin semble, lui, en pleine mutation. À l'époque où Alberoni écrivit *L'érotisme* (1987), il pouvait déclarer que les romans sentimentaux sont une des manifestations typiques de l'érotisme féminin de même que la pornographie en est une de l'érotisme masculin. Ils n'étaient lus, écrit-il, que par les femmes et suscitaient un intérêt pratiquement nul auprès des hommes. Or, des recherches plus récentes montrent que les femmes réagissent sexuellement à des stimuli comparables à ceux auxquels les hommes réagissent. Lorsqu'on les interroge, elles ne représentent ni n'expriment leur excitation de la même façon que les hommes, exposés aux mêmes stimuli.

Aujourd'hui, beaucoup d'indices portent à croire que la sexualité féminine est moins « discrète » qu'elle ne le fut. Il suffit de fureter dans un kiosque, à la section des revues féminines pour s'en rendre compte. Par exemple, dans la revue *Femme d'aujourd'hui* (février 2001), on trouve les titres suivants : « L'art des courtisanes », « Leçons du Kama-Sutra », « Le sexe tantrique, ça vous tente ? » « Plaisirs féminins 101 » et « 10 hommes passent le test ». Le contenu de ces articles assez délurés laisse croire que l'enjeu essentiel de l'érotisme au féminin, c'est de permettre l'établissement d'un lien durable, dans l'univers de la continuité.

Que penser de cette production culturelle ? Les hypothèses sont nombreuses. Elle semble porter la marque des fantasmes typiques de la position schizoparanoïde, position à laquelle nous sommes peut-être collectivement forcés de revenir. En effet, les normes socioculturelles obligent à un clivage entre le jardin secret et le jardin public. Elles pourraient également refléter un déni fantasmatique de l'obstacle œdipien, alors que se révéleraient une aspiration, une motion pulsionnelle fantasmatique censurées ailleurs par le surmoi. Si tel est le cas, que faire, dans nos pratiques, de cette clandestinité du désir ? À chacun ses réponses !

L'ENJEU DÉVELOPPEMENTAL DE L'AMOUR ÉROTIQUE, RÉSUMÉ

La réalité biologique nous force à reconnaître les différences développementales de la fille et du garçon. Notre capacité d'amour et d'érotisme implique une synthèse de la relation d'objet, du monde des pulsions et de celui des interdits. Enfin, l'impasse amoureuse-érotique peut aussi bien être la reproduction conservatrice d'un dilemme développemental qu'une une crise transformationnelle elle-même développementale.

LES DILEMMES DE CONTACT DE L'AMOUR ET DE L'ÉROTISME : FACTEURS DE RISQUE ET DE RÉSILIENCE

Nous avons parcouru jusqu'ici quelques concepts de la psychanalyse freudienne et kernbergienne et nous avons jeté un oeil du côté d'Alberoni, auteur que l'on pourrait qualifier de garde-fou, d'empêcheur de *pathologiser* en rond. Nous avons pu voir les conditions d'un développement optimal, comme l'entend la théorie développementale psychanalytique. Nous savons aussi que ces conditions représentent un idéal théorique. Nous connaissons tous des personnes qui, sans avoir connu de telles conditions optimales, se portent plutôt bien, et inversement, nous en connaissons qui les ont vécues et se portent plutôt mal. Le champ développemental est donc fort complexe. Aucun facteur singulier ne saurait le déterminer. Il est multifactoriel.

Reprenons les concepts de facteurs de risque et de facteurs de résilience dont il a déjà été question. Dans un champ développemental multifactoriel, la pathologie est le résultat d'une configuration telle que la somme des facteurs de risque est plus grande que la somme des facteurs de résilience. Examinons ces facteurs tant du côté du Soi-organisme que de l'environnement.

L'ORGANISME : FACTEURS DE RISQUE ET DE RÉSILIENCE

Comme on l'a vu aux chapitres précédents, on en est encore au début en ce qui a trait aux connaissances, dans ce champ des dispositions de tempérament. On croit que certaines configurations seraient plus à risque et d'autres moins, mais on n'en sait guère plus. Il semble toutefois que l'on puisse dégager un type de tempérament plus résiliant, de manière générale, face aux divers problèmes liés aux différents enjeux développementaux. Ce tempérament présente une sensibilité à la récompense ainsi qu'une persistance élevée. En quoi cette configuration constitue-t-elle un facteur de résilience développementale ?

L'ENVIRONNEMENT FAMILIAL ET SOCIAL : HUIT FACTEURS DE RISQUE

Le recensement des facteurs qui suivent est issu de recherches sur les familles incestueuses et sur les problématiques hystériques. Il ne couvre donc pas l'ensemble du champ développemental. Toutefois, on peut croire que la problématique hystérique et la dynamique des familles incestueuses sont représentatives des facteurs de risque. La connaissance de ces facteurs s'avère très utile pour le travail du champ 4. En effet, elle permet d'apprécier la configuration du champ développemental d'un client. Toutefois, elle n'a de sens que située dans un réel dialogue herméneutique. Toute perspective déterministe ou interprétative contredirait, dans les faits, la complexité multifactorielle de tout le champ développemental.

Facteur de risque I : l'abus sexuel

Mueller et Aniskiewicz (1986) estiment à environ 2 % la proportion d'Américaines qui, ayant vécu avec leur père biologique, ont été abusées par lui avant l'âge de 14 ans. Chez celles qui ont vécu avec un père adoptif, le risque est multiplié par 7. Selon Finkelhor et Baron (1986), les enfants-filles sont 5 fois plus souvent abusées que les garçons. Enfin, 95 % des filles et 80 % des garçons abusés par des adultes l'ont été par des hommes.

Facteur de risque II : une dissymétrie dans l'autorité parentale

Il s'agit de familles où l'on trouve un parent dominateur, souvent physiquement abusif, et un autre soumis ou retiré (en raison d'un handicap physique ou émotionnel) qui se conduit et est traité comme l'un des enfants (Browning et Boatman, 1977 ; Greene, 1977 ; Finkelhor, 1979 ; Herman, 1981). Dans cette configuration, l'un des parents est infantilisé et l'autre représente l'autorité suprême, ce qui amène l'un des parents dans le sous-système des enfants. Les frontières générationnelles deviennent floues. Le parent dominateur reste isolé dans le sous-système parent, ce qui augmente le risque que l'un des enfants soit aspiré dans le sous-système parent pour combler le vide (Haugaard et Repucci, 1988, p. 124).

Facteur de risque III : l'absence physique ou psychologique de la mère

Dans les familles incestueuses, 33 % des mères avaient souffert d'une maladie grave (Maisch, 1973) et 50 % des femmes ayant vécu l'inceste avec leur père se souviennent que leur mère était souvent hospitalisée.

Facteur de risque IV : l'inversion des rôles

Dans certaines familles, l'inversion des rôles mère-fille est répandu, la fille assumant largement le rôle de la mère. La mère veut être l'enfant et l'enfant veut être la mère (Justice et Justice, 1979). Plusieurs de ces mères sont frigides ou refusent le contact sexuel avec le père, ce qui invite à l'inversion des rôles.

Facteur de risque V : un niveau élevé de stress

À l'*Échelle de la Réadaptation sociale* (*Social Readjustment Scale*), les familles incestueuses avaient un score moyen de 240, contre 124 pour les familles non incestueuses. Ces familles avaient donc vécu des bouleversements importants avant l'inceste.

Facteur de risque VI : un climat familial hypersexualisé

C'est le cas quand l'un des parents se comporte de manière séductrice avec les enfants. Il s'ensuit une rivalité entre l'enfant et le parent du même sexe pour attirer l'attention du séducteur. Mais qu'entend-on par « parent séducteur » ? Il s'agit d'une séduction inappropriée, caractérisée par des comportements dont la motivation est clairement sexuelle, sans pour autant impliquer un contact physique ou l'exigence du secret. Par exemple : parler constamment de sexe avec son enfant, évoquer avec lui ses aventures amoureuses, s'exhiber nu ou épier la nudité de l'enfant, l'interroger trop pesamment sur sa sexualité, pire encore, laisser à sa vue du matériel pornographique ou le courtiser avec des cadeaux, des fleurs, des bijoux dispendieux, même des sous-vêtements, comme s'il s'agissait d'un amant ou d'une maîtresse.

Facteur de risque VII : un climat familial puritain

Inversement, certains chercheurs évaluent les familles très puritaines et autoritaires comme étant à risques (Thorman, 1983).

Facteur de risque VIII : l'isolement social

Les familles isolées du monde et dont les membres doivent se tourner les uns vers les autres pour toute gratification seraient plus à risque sur le plan du développement érotique. Cet isolement renforce souvent une autorité parentale implacable. Par ailleurs, l'isolement est correlié à de faibles compétences sociales.

L'ENVIRONNEMENT FAMILIAL ET SOCIAL : FACTEURS DE RÉSILIENCE

Ici comme ailleurs, la présence de tuteurs bons et affectueux, chers à Cyrulnik, vient baliser le développement et affermir la résilience de l'enfant. Il peut s'agir de la présence effective et affective de frères, de soeurs, de grands-parents ou de la famille étendue (Cyrulnik, 2000). De plus, selon Olivier (1994), une implication soutenue et précoce du père dans les soins corporels des enfants serait un puissant antidote à l'érotisation inappropriée des rapports père-enfant. Le père qui connaît le corps de son enfant depuis sa naissance, qui le prend, le lange et le berce, vit avec lui une expérience de continuité qui favorise une maturation physique réciproque dans leurs rapports.

LA RENCONTRE OU L'ÉLABORATION DES REPRÉSENTATIONS

Dans la rencontre entre l'organisme et l'environnement familial, on reconnaît deux grands facteurs de risque. D'abord, un champ relationnel qui favorise peu l'élaboration des représentations. La possibilité que des accidents développementaux ou des aléas du développement ne puissent être mis en mots et rendus accessibles à la représentation (donc métabolisables) augmente lorsque la rencontre qui s'établit entre l'enfant et sa famille immédiate est faite de silence, de censure et de déni. Par ailleurs, on peut aussi trouver matière à risques dans un champ relationnel favorisant surtout l'élaboration de représentations négatives.

En revanche, on trouve, dans cette rencontre, deux facteurs de résilience. D'une part, un champ relationnel favorisant l'élaboration des représentations et une mise en dialogue précoce des expériences développementales constituent un soutien puissant à la métabolisation. D'autre part, si ce champ relationnel favorise l'élaboration de représentations positives, on obtient les meilleurs conditions (dans la rencontre parent-enfant) pour que le développement, avec ses aléas inévitables, puisse être représenté et assimilé. C'est le cas par exemple quand des épreuves sont vues <u>aussi</u> comme des occasions de développement, ce qui entraîne un renforcement du Soi, et des représentations de soi à travers l'épreuve.

CHAPITRE 9

Le traitement des enjeux de l'érotisme

Traiter les enjeux d'amour et de sexualité, c'est d'abord dépister le thème à travers certains types d'impasses qui apparaissent dans les divers champs expérientiels. Puis, c'est en construire le sens pour enfin en achever la métabolisation. Le thème est susceptible d'émerger tant dans les champs 1 et 2 que dans le champ 3. Ici, comme dans les enjeux précédents, les impasses sont traitées à travers des cycles de reproduction, de reconnaissance et de réparation.

Cependant, il ne faut pas croire que toutes les impasses de l'expérience amoureuse relèvent forcément de l'enjeu développemental dont il est question ici. Plusieurs personnes nous consultent parce que quelque chose ne va pas dans leurs relations amoureuses. Leur impasse amoureuse ne renvoie pas nécessairement à un arrêt développemental de l'enjeu érotique. Les enjeux inachevés autour de l'attachement et de l'estime de soi sont de nature à miner la sphère amoureuse. Autrement dit, des enjeux préœdipiens apparaissent souvent dans la sphère amoureuse et il convient de les reconnaître pour ce qu'ils sont. Ce qui caractérise l'impasse amoureuse, liée à l'arrêt développemental de l'enjeu érotique, c'est surtout un rapport entre le désir et l'interdit, de même que des dynamiques bipolaires :

exhibitionnisme-voyeurisme ;
génitalité-oralité ;
activité-passivité.

Par ailleurs, le thérapeute doit veiller à faire la différence entre un problème relationnel (un code V dans le *DSM*) et un trouble de la personnalité se manifestant dans la sphère de la relation amoureuse. La question est la suivante : l'impasse est-elle ou serait-elle essentiellement la même, indifféremment du partenaire impliqué ? Autrement dit, la personne transporte-t-elle une incapacité à vivre pleinement la relation amoureuse, une propension à la saboter ? Si, au départ, la relation semble différente des précédentes, constate-t-on qu'après un certain temps la personne remet le même genre de difficultés en place ? Ou alors, va-t-elle d'un problème à son contraire apparent ? Par exemple, elle est tantôt disponible à quelqu'un qui ne l'est pas, pour ensuite être indisponible à quelqu'un qui l'est ? Ne désire-t-elle que ceux qui ne la désirent pas et inversement ? Lorsqu'on parle des impasses, c'est essentiellement de cela dont il est question.

Pour illustrer les grandes lignes du traitement de cet enjeu, nous utiliserons une vignette clinique, celle de Pierre.

PIERRE : UNE VIGNETTE CLINIQUE

Pierre en est à une seconde tranche de psychothérapie, entreprise depuis 4 mois. Il dirige une assez grosse maison de production télé, qui se spécialise dans les émissions de variété.

Il est issu d'une famille de 4 garçons, père alcoolo et absent et mère limitée ou démunie... Il se sentait seul dans cette famille. À 13 ans le lendemain de son anniversaire, il l'a signalé à sa mère car elle l'avait oublié. En même temps, il ne voulait pas se fâcher et « l'écraser de son pouvoir de mâle, elle si fragile et démunie...».

Pierre a fait son chemin à force de détermination. Il a débuté comme éclairagiste, avant de lancer sa propre boîte, il y a 10 ans. Il est connu et reconnu dans son milieu professionnel

Il vient de quitter la femme avec qui il vivait. Il a 50 ans, sa conjointe en avait 28. Lorsqu'il l'a rencontrée, il y a 2 ans, il la trouvait intéressante (intellectuellement). Elle avait un corps magnifique, trois enfants et des emplois temporaires comme choriste et danseuse. Elle est venue vivre avec lui... Très vite, elle semble avoir pris pour acquis que ce qui était à lui était donc à elle ! Vers la fin elle voulait qu'il paie l'école privée pour les enfants, elle voulait arrêter de travailler pour « se mettre sérieusement à la peinture»... Si, plus tard, lui voulait prendre une année sabbatique, elle assumerait, disait-elle... Il refusa et ce fut la rupture. Depuis, il oscille entre un sentiment de dignité retrouvée et… la dépression.

Sa première femme était dépressive et il en a longtemps pris soin. La deuxième était une scénariste au chômage dont il dit qu'elle lui a fait découvrir l'art, la littérature, les belles choses.La dernière semblait très autonome mais s'est révélée assez capricieuse et contrôlante... Elle lui disait souvent qu'il était chanceux d'être avec une belle femme comme elle, que les hommes apprenaient toujours à faire l'amour avec elle.... Pierre pense aujourd'hui qu'elle lui a surtout montré ce qu'elle aimait, elle. Elle le traitait de vieux débris parfois...

Aujourd'hui, il se vit comme accro de la beauté des femmes et de l'érotisme. Dans sa profession, il côtoie quotidiennement des femmes jeunes, ravissantes et délurées. Il a eu beaucoup d'aventures mais maintenant, il veut attendre et trouver quelqu'un auprès de qui il aura sa place et avec qui il vivra de la réciprocité amoureuse et érotique. Mais il se dit en manque, a peur du vide et craint de ne jamais redevenir amoureux.

Cl.1 *J'ai passé une bonne semaine... Je me rends compte que je suis occupé... J'ai des amis(es) des activités et je ne suis pas si mal que ça... D'un autre côté, le soir quand je suis seul, je m'ennuie d'elle... Y a des fois, j'irais la chercher, je lui dirais juste de se coucher près de moi, de pas parler. Peut-être qu'on ferait l'amour, un bon moment et ensuite elle pourrait partir , toujours sans parler. Juste sentir son corps près de moi.*

Th.1 *Il a été important ce corps pour toi.*

Cl.2 *... Elle a un très beau corps, ferme et sportif et elle était fière de le montrer... De beaux seins, de belles fesses, puis elle les bougeait bien. Les hommes la remarquaient sur la rue, pour moi c'était o.k., je n'étais pas jaloux.*

Th.2 *Est-ce que t'étais fier ?*

Cl.3 *... Oui, mais pas trop*

Th.3 *Comment te sens-tu de me dire tout ça, de la décrire comme ça ?*

Cl.4 *...Bien, un peu excité, et un peu gêné*

Th.4 *...Je peux comprendre ce que ça doit être d'avoir près de soi un corps presque parfait que l'on trouve beau et que les gens convoitent. C'est quelque chose...*

Cl.5 *Il n'était quand même pas parfait mais c'était très bien*

Th.5 *Il y a de la fierté dans ton rire*

Cl.6 *Oui*

Th.6 *Ça doit être difficile de laisser partir ce corps, Accepter de faire de la place à autre chose ?*

Cl.7 *Ah , on dirait que je vais mourir. J'ai peur de ne plus jamais tomber amoureux... C'est comme un grand vide... Il n'y aura plus jamais de belle femme...*

Th.7 *Pourquoi ?*

Cl.8 *Ben, parce que je veux davantage quelqu'un de mon âge, qui va accepter de me donner aussi… Mais c'est valorisant de donner. Pis c'est valorisant aussi d'être avec quelqu'un de pas ordinaire...*

Th.8 *Il y aura peut-être des femmes, mais plus jamais ce sentiment d'être, avec une femme, hors du commun ?*
C'est important le physique ?...

Cl.9 *Le physique c'est ce qu'il y a de plus fiable. Ça au moins, on le voit. On peut faire semblant d'être bonne, gentille, généreuse, tolérante, tout ça... Mais on peut difficilement faire semblant d'être belle. On découvre la vérité très vite là-dessus. Moi, je vieillis. Je rencontre des femmes intéressantes et généreuses, des femmes de mon âge mais physiquement ça ne colle pas. (Silence…puis)*
Mais je le paye cher avec les femmes que je choisis ...

Th.9 *Comment ?*

CL.10 *J'accepte d'être le donneur, de faire le ménage, payer, me la fermer, pour au bout du compte recevoir des miettes...*

Th.10 *Tu fais semblant d'être gentil ?...*

Cl.11 *Humm Pis derrière ça, je suis plein de colère, de tristesse... J'ai l'impression d'être vieux et d'avoir manqué ma vie avec les femmes… J'aimerais ça être avec quelqu'un et avoir des projets avec quelqu'un, partager...*
Je ne veux pas finir ma vie comme je l'ai commencée

Th.11 *Dans la solitude, comme avec ta famille, quand tu étais enfant...*

Cl.12 *C'était tellement vide. Tellement mort. Je ferais n'importe quoi pour me sortir de là…*

Th.12 *Après ça, même des miettes ça vaut mieux que la solitude et le vide... Mieux vaut une mère capricieuse et égocentrique que pas de mère du tout ?*
Malgré tout, quand on en parle de cette façon-là, il me semble qu'on passe aussi à côté de quelque chose d'important. Il me semble que, s'il ne s'agissait que de te faire adopter, te trouver une famille d'accueil, une femme d'accueil, ça ne serait pas si difficile : tu semble en connaître, des femmes chaudes et généreuses qui s'intéressent à toi...

Cl.13 *C'est vrai. Je sais pas pourquoi c'est comme ça. J'ai du mal à faire prendre soin de moi... C'est valorisant d'être celui qui prend soin. C'est aussi valorisant d'être avec quelqu'un de pas ordinaire.*

Th.13 *Qu'est-ce que tu éprouves en disant ça ?*

Cl.14 *Je sais pas... J'ai un peu honte, je trouve ça narcissique... C'est plus tellement un enjeu, "avoir quelqu'un" comme ça. En même temps, je veux pas vieillir seul.*

Th.14 *… Peut-être que tu veux pas vieillir ?...*

Cl.15 *Avec elle, je me sentais un beau jeune homme désirable...*

Th.15 *Tiens... il me semble que c'est la première fois que tu dis ça... jusqu'ici, tu avais surtout parlé de toi comme homme désirant...*

Cl.16 *C'était ça aussi, bien sûr. Mais j'avais pas honte de mon désir. Je me croyais à la hauteur...*

Th.16 *Tu sais Pierre, être attiré, être excité sexuellement ou avoir un plaisir esthétique et érotique à contempler une belle personne, la désirer, n'a rien d'une anomalie...*

Cl.17 *(...ému)*

Th.17 *Qu'est-ce qui se passe ?*

Cl.18 *Ça me touche que tu me dises ça. T'es une femme, toi... Je sais pas, tu pourrais me trouver macho...*

Th.18 *Il me semble que tu ne m'as pas souvent dit ça : t'es une femme... J'imagine que ça ne doit pas être évident pour toi de me parler de ça, comme ça...*

Cl.19 *C'est drôle, on dirait que je me sens un peu mal à l'aise. Je suis là à te parler de mes déesses et je demande un peu comment tu reçois ça. Un peu comme si je te négligeais, comme si je t'ignorais comme femme...*

Th.19 *Qu'est-ce que je pourrais éprouver moi, là-dedans ?*

Cl.20 *...*

Th.20 *Je pourrais ne pas me sentir à la hauteur...? diminuée comme femme ?*

Cl.21 *T'es une belle femme...*

Th.21 *Hmm. Merci. Mais je me sais, comment dire, hors-concours dans la catégorie déesse...*

Cl.22 *C'est bon ce qui se passe là...*

Th.22 *Oui... Qu'est-ce qui se passe, là ?*

Cl.23 *Je parle de moi, de mon désir des femmes, de ma peur de vieillir. Je dis ça à une femme. À toi... Et tu me rejettes pas.*

Th.23 *Dans cet instant-là, tu n'es pas seul, pas dans le vide...*

Cl.24 *J'aime mieux ça que des miettes de déesse...*

Th.24 *(Sourire). Ne concluons pas trop vite... Des miettes de caviar, ça reste du caviar...*

Et aimer ça, encore une fois, n'a rien d'une anomalie. Mais ce qui semble triste, c'est que pour toi, sans miettes de caviar, la vie devient fade et presque sans intérêt, comme si tu allais mourir. C'est ce que tu disais tout à l'heure...

Cl.25 *Oui et non. Il demeure que ce n'est plus comme avant. Je peux pendant longtemps après notre contact ou le contact d'un ami, ne pas ressentir la solitude et le vide.... Je tolère beaucoup mieux maintenant d'être seul. Il n'y a plus que le petit qui a peur maintenant, il y a cette partie de moi, qui voit que ça n'a aucun sens et qui veut attendre de vraiment trouver une femme, une compagne avec qui partager et qui est prêt à être seul un bon moment ...*

Th.25 *Je remarque que dans ce que tu viens de dire, tu sembles mettre ensemble ta thérapeute et un ami. Je me demande si en faisant ça, tu n'es pas en train de désexualiser un peu ce qui était là, il y a une minute...*

Cl.26 *Peut-être, hein... Pourtant j'aimais ça, ce qui se passait entre nous. Et puis, d'un autre côté, c'est vrai que ma vie n'est plus vide, j'ai des ami(es), des projets, ma maison...*

Th.26 *C'est vrai que cette partie-là semble plus solide... plus remplie. On pourrait dire en image que ta maison n'est plus vide...*
Et pourtant, il y a ce trou, cette béance là où le corps de cette femme a été, là où le corps de cette femme t'a amené...

Cl.27 *Tu me laisses pas de répit, hein ?*

Th.27 *Sourire...*

Cl.28 *C'est elle et les autres avant elles. On dirait que je traîne encore un lien avec toutes les femmes de ma vie*

Th.28 *Tu dis lien. Je pourrais entendre je reste attaché... Pourtant, j'entends plutôt « ligoté »...*

Cl.29 *...*

Th.29 *Qu'est-ce qui se passe ?*

Cl.30 *...*

Th.30 *J'ai dit quelque chose qui a semblé te surprendre... te saisir ?*

Cl.31 *Ligoté...*

Th.31 *Tu veux m'en parler ?*

Cl.32 *(Fait non de la tête)*

Th.32 *Hmm. Si on parlait tout de suite de ça, on serait dans le jardin secret de ton corps, hein...*

Cl.33 *(Fait oui de la tête)*

Th.33 *Là, on effleure l'univers de tes... singularités sexuelles, de ton imaginaire érotique. Et je comprends qu'y aller maintenant serait aller trop vite. Est-ce que je peux comprendre pourtant qu'on a un rendez-vous pour en parler ?*

Cl.34 *Oui, je pense. Mon Dieu que ça serait bien de pouvoir t'en parler, si j'étais sûr que je te dégoûterai pas de moi...*

Th.34 *(Silence attentif et bienveillant...)*

Cl.35 *C'est drôle, je me mets à penser à toutes les femmes que j'ai connues...*

Th.35 *Comment les imagine-tu ?*

Cl.36 *Elles sont ensemble dans une pièce assises, chacune seule à une table à*

deux... C'était moi le deuxième...
Th.36 *Dans tous les sens du terme ?...*
Cl.37 *Hmm, hmm...*
Th.37 *Qu'est-ce que tu as envie de faire ou de leur dire quand tu penses à elles, maintenant ?*
Cl.38 *J'ai juste envie de les quitter pour rentrer chez moi,*
Th.38 *Là où...?*
Cl.39 *Autre chose m'attend... mes amies, ma famille, mes projets t'attendent ?*
Th.39 *De la vie...?*
Cl.40 *Oui, et en refermant la porte, les fils se coupent. (Sourire) Et je m'en vais dans ma maison où il y a des tables à 6, à 3, à 4 et une table à deux qui attend quelqu'un.*
Th.40 *Comment te sens-tu ?*
Cl. 41 *Soulagé, presque heureux. Je pense à notre « rendez-vous ». Merci, Louise.*

On aura compris que Pierre semble aux prises autant avec des résidus d'enjeux d'attachement et d'estime de soi qu'avec celui qui nous occupe ici, l'enjeux érotique. Dans le cadre du présent chapitre, nous nous limiterons surtout à décoder les reproductions à caractère érotique.

Les impasses érotiques peuvent se manifester aussi bien dans la relation thérapeutique que dans les relations significatives du champ 3. Bien sûr, la relation thérapeutique n'est pas une relation amoureuse au sens usuel du terme, mais c'est une relation de couple ! Elle implique régularité, intimité, attention réciproque et prise de risques. Quand, par exemple, la thérapeute de Pierre dit : « Est-ce que tu ne serais pas en train de désexualiser ce qui se passait tout à l'heure ? », elle travaille le thème dans le champ 1. Lorsqu'on travaille les thèmes d'amour et de sexualité, travailler le champ 1 c'est s'occuper de l'activation ou de la résistance à l'activation des thèmes de l'amour dans l'Ici et Maintenant de la relation thérapeutique. Si la thérapeute n'était pas intervenue comme elle l'a fait, il est vraisemblable qu'il n'en aurait jamais été question. Elle est attentive à attraper les bouts de fils qui peuvent dépasser et à les *tirer* judicieusement. Pour améliorer notre capacité à travailler ce thème, parfois souterrain, clandestin et souvent chargé de honte, nous devons développer cette capacité à saisir avec délicatesse le fil qui dépasse et à tirer sans faire mal, sans déchirer ni découdre quelque chose.

Le champ 2 concerne l'histoire de la relation thérapeutique. Il faut parfois faire des retours sur des épisodes de la relation thérapeutique où les thèmes étaient présents, qu'ils aient été nommés dans ces termes ou non. En disant à Pierre : « C'est la première fois que tu dis ça : toi, une femme », la thérapeute évoque l'absence de cette reconnaissance de son caractère féminin dans le passé de la relation thérapeutique.

Le champ 3 représente ce pourquoi les gens consultent en général. Ce sont donc les relations significatives de leur vie actuelle. Pour travailler le champ 3, on doit être attentif à repérer la dimension érotique, sentimentale, romantique, amoureuse, voire séductrice des relations de la vie du client, même quand ces relations ne sont pas représentées comme telles. Souvent, des clients nous parlent de relations de leur vie actuelle sans leur donner une connotation amoureuse, sensuelle ou érotique. Parfois ils ont besoin, ils espèrent et en même temps ils redoutent, que le thérapeute remette en question la dimension érotique refoulée, défléchie, rétrofléchie mise de côté, d'une manière ou d'une autre. La principale difficulté de ce questionnement, c'est, bien sûr, le tact. Comment ouvrir sur la possibilité qu'une relation d'autorité soit chargée d'érotisme ? À l'ère de la *rectitude politique*, alors que tendent à se judiciariser le flirt et la séduction entre personnes de niveaux hiérarchiques différents, cela est fort délicat.

Inclure le champ 4 dans le dialogue thérapeutique, c'est vouloir accéder à ce temps passé au cours duquel se jouait l'essentiel des enjeux dont nous parlons. Il s'agit de repérer la phénoménologie des événements significatifs du passé et leur métabolisation dans l'axe de l'enjeu développemental de l'amour et de la sexualité. Un jour, je disais à une femme : « Je suis frappé de l'importance qu'a eue ton frère quand tu étais une toute jeune femme. Tu le décris un peu comme un prince charmant, comme si c'était lui qui pouvait te présenter le monde. Tu me le présentes comme ton protecteur, tu me dis à quel point il était beau et qu'il avait toutes les qualités. Bien que tu m'en aies toujours parlé comme d'un copain avec qui tu t'amusais, je pourrais aussi imaginer qu'il y ait eu un amour secret… ». Dans cette intervention, je tente de voir s'il est possible d'ajouter cette autre couleur au tableau, de lui donner ce relief. Je cherche à voir, avec la cliente, comment elle a pu utiliser une relation de la fratrie afin de l'aider à métaboliser l'enjeu d'amour érotique. Évidemment, il est plus facile d'ouvrir sur des relations avec des objets qui ne sont pas interdits que de le faire sur les relations avec des objets interdits. Or, dans le passé développemental, ce qui a trait au développement de la capacité d'amour érotique comporte des objets représentés comme interdits. Les petits garçons, les petites filles. les voisins, les oncles, les parents, tous sont chargés d'interdits, parce que c'est l'âge où l'on apprend, celui où se cache quelque chose de clandestin dans l'expérience érotique. Par contre, certains clients arrivent en thérapie et sont déjà capables d'affirmer une expérience autour du thème, que cette expérience en soit une d'abus, de séduction, d'apprivoisement ou d'initiation érotique ou amoureuse. Cependant, dans la plupart des cas, le passé est plutôt présenté dans ses aspects développementaux non sexuels. Il nous appartient de vérifier si cette dimension est présente, quoique refoulée et oubliée.

Le sujet (aux prises avec un enjeu développemental crucial et inachevé) est également aux prises avec une série de reproductions d'évènements, de phénomènes, d'expériences qui peuvent être des calques parfaits de l'inachevé. Il peut, par exemple, consacrer sa vie à tenter de séduire une personne d'une autre génération et inaccessible ou se retrouver dans des impasses moins évidentes, mais qui portent encore la structure de base du phénomène : un désir et un interdit. Le sujet passe sa vie à remettre en place (donc à reproduire) cette situation dans l'espoir de pouvoir la dénouer. C'est un peu ce qui semble se passer pour Pierre.

Les reproductions sont toujours riches de sens. Celles qui se mettent en place dans le champ de la relation thérapeutique ont l'avantage de s'élaborer au sein d'un espace consacré à leur décodage et à leur dénouement. Nos clients reproduisent leurs dilemmes érotiques dans les relations du champ 3. Des dérivés de ces dilemmes sont apparents dans le champ de la relation thérapeutique. Telle femme évite systématique tout contact érotique avec les hommes et, évidemment, aussi avec son thérapeute. Tel homme reproduit une quête effrénée de la maîtresse sublime qui va enfin révéler au monde à quel point il est lui-même magnifique et nie, au même moment, la capacité érotique de sa thérapeute ou se pose en rival avec son thérapeute masculin.

On peut repérer les reproductions dans le champ 3 à travers deux types d'expériences. D'une part, on doit considérer les expériences manifestement érotiques, romantiques, amoureuses, mais d'autre part, on devra prêter attention à d'autres expériences, apparemment d'un autre ordre. Les plus intéressantes apparaissent et s'élaborent dans des zones interdites, par exemple dans des relations d'autorité, dans des relations intergénérationnelles et dans les relations avec des personnes du même sexe. Dans les expériences représentées d'emblée comme romantiques, érotiques ou amoureuses, on doit se demander si l'on entend, dans le discours du client, des indices de reproduction.

Lorsqu'une cliente parle de son désespoir amoureux, de telle relation qui « n'a pas marché », de telle autre relation qui a « l'air de marcher », mais seulement parce qu'elle est prête à tous les compromis, il faut l'écouter en ayant à l'esprit trois questions dont les réponses pourraient donner un sens à ce qu'elle révèle : « Est-ce que j'entends, dans ce récit, quelque chose qui s'apparente à la fabrication d'un interdit ? Met-elle en place un interdit arbitraire, inventé, fabriqué ou bien choisit-elle des situations où l'interdit est déjà en place ? Est-ce que, dans le récit de cette cliente, j'entends l'évocation d'une inhibition génitale, c'est-à-dire d'une difficulté à profiter de la pleine jouissance génitale quand cela est possible ? Enfin, est-ce que j'entends, dans le discours, que l'expérience érotique ou amoureuse s'accompagne d'un important déni affectif ? » Ces questions agissent comme trois clignotants grâce auxquels le thérapeute porte attention à la relation amoureuse, potentiellement lieu de reproduction d'un enjeu inachevé sur le plan érotique et amoureux.

Dans le cas de Pierre, retrouverait-on l'un ou l'autre de ces éléments ? Il semble qu'il y ait une part de déni affectif : d'un côté on a des déesses frustrantes et de l'autre, des femmes chaudes et accueillantes, des femmes d'accueil comme dit la thérapeute, mais celles-là ne sont pas attirantes. On a donc l'impression d'un certain clivage. Retrouve-t-on des évocations autour de la fabrication d'un interdit ? La thérapeute est sans doute connotée comme un objet interdit. Si le client est capable de rencontrer sa thérapeute sur un mode qui inclut la dimension sexuée de leurs rapports, il pourrait évoluer vers un transfert amoureux et ce transfert témoignerait d'une avancée dans sa capacité à intégrer l'expérience érotique et l'expérience objectale. On devra également continuer à travailler les relations du champ 3 dans leurs aspects un peu clivés : les belles désirables ne sont pas « bonnes » et les « bonnes » ne sont ni belles ni désirables. Avec Pierre, la thérapeute n'insiste pas pour faire ce travail tout de suite, car elle pressent que ce serait prématuré. Ils ont d'abord un travail de métabolisation à faire, ils ont un... « rendez-vous ».

Pierre nous place d'emblée au cœur du thème. Cependant, qu'en est-il d'autres expériences, apparemment d'un autre ordre, surtout dans les zones interdites ? Dans le champ 3, ces situations sont toujours difficiles à aborder. Aujourd'hui, si l'on avait une Héloïse en thérapie, peut-être arriverait-elle à parler de son expérience avec Abélard[12]. L'époque lui serait plutôt favorable : « La pauvre, elle n'y est pour rien ! Elle est si jeune et sans pouvoir. Elle est abusée par cet homme de pouvoir. Elle n'est que victime ! » Cette perspective-là, nous la connaissons si bien ! Quel dommage, pourtant, de n'en parler que de cette façon. éloïse n'est pas réductible à ce cliché. Elle est bien plus riche, bien plus complexe, bien plus puissante que cela ! Voilà l'une des zones où nous devons faire preuve de plus d'audace sans pourtant être intrusif. Avec Pierre, la thérapeute sanctionne à deux reprises le désir comme n'ayant pas besoin de justification : c'est beau, une belle femme ! C'est un plaisir esthétique et érotique qui n'a pas à se justifier.

Imaginons, en thérapie, un professeur de secondaire déprimé et esseulé qui dise : « Le seul moment où je me sens bien, c'est avec mes élèves. Ils ont tellement de vie, si tu les voyais, leur énergie est tellement communicative que je me sens revivre, je me sens comme un jeune homme plein de sève ! » Un thérapeute audacieux et capable de compassion, plus soucieux de faire correctement son travail que de protéger ses arrières, pourrait dire : « C'est beau aussi des jeunes personnes, c'est beau à regarder ! » Pouvoir ouvrir ces thèmes et accéder à ces expériences n'est pas encourager la pédophilie ou l' « adophilie », mais favoriser l'accès à la représentation et à la mise en mots de l'expérience.

Une part du travail sur le thème de l'érotisme consiste à repérer l'expérience érotique ou amoureuse dans la relation thérapeutique elle-même. L'expression « transfert amoureux » est tellement répandue qu'elle est devenue une formule passe-partout, un raccourci sémantique qui masque les variantes d'une expérience multiforme. C'est dommage, parce qu'en plus de le banaliser, cela enlève à ce phénomène un peu de son mystère et un peu de sa complexité. Il faut donc tenter de l'approcher d'une manière plus prudente et plus respectueuse.

Le transfert amoureux est un agrégat de sentiments tendres, érotiques et sexuels que le client éprouve à l'égard du thérapeute. On va donc le classer dans l'univers des transferts positifs, du moins à première vue. Le transfert sexuel brut, amputé des sentiment de tendresse, se présente, lui, comme une élaboration tronquée qui n'a pas atteint son plein développement. Gabbard

[12] Pour un résumé de cette célèbre histoire d'amour, voir *L'amour impossible*, de Jane Bauer. Ouvrage cité en référence.

(1994) décrit le transfert amoureux comme une mine d'or sous un champ de mines ! La formule est fort juste. Elle correspond à la structure de la psychothérapie du lien où, pour paraphraser Gabbard, nous avons une série de reproductions qui sont autant de mines dans un champ de mines, lequel recouvre une mine d'or : un dilemme développemental inachevé. Le transfert amoureux est donc une reproduction par excellence et on doit le considérer comme le premier temps de la réactivation d'un processus développemental.

Quelques considérations générales sur le transfert érotico-amoureux

La majorité des études actuelles porte sur la situation transférentielle entre une cliente et son thérapeute. On comprend beaucoup moins bien le transfert amoureux du client envers sa thérapeute, et encore moins le transfert homosexuel. Le transfert amoureux de la cliente envers son thérapeute est plutôt banalisé, dénigré, ramené à quelque chose d'un peu trop simple.

Le transfert érotique au masculin

Bien qu'il y ait peu de recherches sur ce transfert, on trouve des réflexions intéressantes depuis une vingtaine d'années, notamment celles de Lester (1985). Ainsi, la thérapeute qui « pénètre » l'univers interne du client est en position de représenter la mère phallique et préœdipienne. Elle accumule les observations révélatrices, tend à induire une régression vers les espaces préœdipiens, parce qu'elle apparaît, du point de vue de l'inconscient du client, comme phallique. Elle est puissante, elle révèle ce que le client ne voulait pas voir, elle lui fait dire ce qu'il ne voulait pas dire, lui fait éprouver ce qu'il ne voulait pas éprouver. Elle fait peur ! Elle est représentée davantage comme la mère préœdipienne que comme l'objet œdipien de désir. Plus la thérapeute est compétente, moins la situation permet l'élaboration d'un transfert amoureux parce qu'elle représente la mère préœdipienne et qu'elle limite l'expression, voire l'élaboration des désirs œdipiens.

Selon Lester, cela explique que le transfert amoureux de l'homme emprunte des voies bien différentes. De plus, la position de base du garçon envers la mère, objet d'amour préœdipien et œdipien duquel il doit s'arracher, lui ferait voir son désir comme régressif. Pour un homme, tomber amoureux de sa thérapeute c'est retomber en enfance, c'est retourner en arrière, c'est aller se faire bercer, se faire soigner. C'est tout, sauf être un grand garçon ! Cette représentation vient probablement freiner l'élaboration d'un plein transfert amoureux avec une thérapeute.

Inversement, la position développementale de base de la fille lui fait voir son thérapeute comme incarnant l'objet d'amour enfin découvert ou à découvrir, ce qui serait vécu comme une expérience subjectivement progressive. Les femmes seraient moins anxieuses dans l'élaboration du transfert amoureux parce que, à première vue et subjectivement, elles peuvent le vivre comme une expérience développementale. « Je vais vers... j'ai enfin trouvé quelqu'un qui... ».

Certains clients acceptent facilement la régression et la dépendance à la mère préœdipienne et acceptent plus difficilement d'exprimer des contenus érotiques. Ils acceptent l'expérience thérapeutique tant et aussi longtemps qu'elle se confine dans des zones préœdipiennes et ils ne peuvent sortir de cette zone-là. Parfois, la honte de la passivité amène le client à inverser les rôles et à érotiser le lien pour restaurer une position phallique dominante. Ce client commence à régresser, à se sentir vulnérable. Il se redresse, bombe le torse et se met à faire le coq pour retrouver une position où il est phallique-dominant et la thérapeute admirative.

Cette défense contre la régression, on la trouve beaucoup plus souvent chez les hommes que chez les femmes. Les transferts érotiques des hommes semblent en général moins intenses et moins persistants que ceux des femmes. Cela peut être dû à une différence dans la socialisation des deux sexes. Dans leur développement psychosocial, les femmes sont amenées à valoriser le lien et la continuité, alors que les hommes sont encouragés à valoriser davantage l'autonomie. S'enliser, s'appesantir dans un lien régressif à une mère préœdipienne, leur apparaît peut-être contraire à leur trajet développemental.

Le transfert érotique des hommes serait donc plus menaçant pour leur masculinité.Parfois, les hommes vont utiliser une autre femme comme support du transfert érotique afin de ne pas mettre en péril leur autonomie face à la thérapeute qui, alors, peut rester une mère préœdipienne. La menace est moins grande, car le client ne lie pas son désir érotique à cette mère. On observe souvent ce phénomène avec des clients qui racontent à leur thérapeute femme toute une série d'aventures et de mésaventures érotico-amoureuses, un peu comme si la thérapeute, elle, n'était pas vraiment une femme. Cela semble bien être le cas pour Pierre.

Le transfert érotico-amoureux au féminin

Le transfert érotico-amoureux au féminin présente des contrastes assez intéressants. Alors que les hommes résistent à reconnaître l'érotisation du lien thérapeutique, les femmes tendent davantage à érotiser pour résister. Bien sûr, à un certain niveau d'abstraction, on peut dire que tout transfert est une résistance. Mais, plus près de l'expérience, le transfert amoureux peut servir à empêcher que l'on parle de quelque chose. Certaines personnes élaborent un transfert amoureux tellement étroit qu'on ne peut ni parler d'autre chose (l'expérience amoureuse est trop à l'avant-plan) ni parler de l'expérience amoureuse, parce que l'interdit fait trop mal. Il n'y a plus de parole possible. Chez les personnalités dites œdipiennes, le transfert amoureux connaît un développement graduel. Il est accompagné d'embarras, voire de honte. La personne est malheureuse de cette expérience largement dystone. On pourrait résumer son expérience ainsi : « Mais cela n'a pas de sens, je sais vous êtes mon thérapeute. D'ailleurs, je ne sais même pas si je suis vraiment amoureuse de vous. Je trouve que je pense souvent à vous et ça me dérange. » Il y a, chez les personnalités œdipiennes, une reconnaissance de l'interdit : « Je sais que ça ne se fait pas, je sais que je ne devrais pas et je sais que vous ne pouvez pas. » Lorsque c'est élaboré de cette façon, on peut penser que l'on est en présence d'une personne pour qui l'enjeu est élaboré sur un mode œdipien.

Chez les personnalités préœdipiennes, le transfert amoureux est bien différent. Souvent, on a une demande en vue d'une gratification sexuelle presque immédiate. La personne insiste, elle persiste, elle ne voit pas pourquoi elle ne devrait pas persister et insister. Ce qu'elle veut, c'est l'assouvissement immédiat du désir, qu'il soit sexuel, amoureux ou les deux. Ici, le champ interne et le champ externe sont mal différenciés. Son expérience <u>est</u> le réel. Elle peut même penser que ses sentiments sont partagés, mais que le thérapeute ne peut le lui dire, parce qu'il est coincé avec son code de déontologie. Ces personnes voient leur désir pour le thérapeute comme quelque chose de normal et de raisonnable : « C'est tout à fait normal, cela peut arriver. Après tout, nous sommes des personnes comme tout le monde, non ? » Une cliente m'a déjà dit : « Je sais très bien comment tu appelles ça. Pour toi, c'est un transfert amoureux, n'est-ce pas ? Est-ce que ça te rassure d'appeler ça comme ça ? » L'incapacité de ces personnes à reconnaître l'interdit et la symbolique incestueuse qu'il y a dans le transfert indique parfois une expérience du champ 4 faite de séduction et d'exploitation par une figure parentale.

LA RECONNAISSANCE ET LA RELATION HERMÉNEUTIQUE

Après ces quelques considérations sur la nature des reproductions dans le champ 3 et au sein de la relation thérapeutique, voyons maintenant les principales balises du travail de reconnaissance et de construction du sens de l'impasse érotico-amoureuse. Soulignons l'importance de la compétence affective qui doit permettre de syntoniser des affects subtils, plutôt que des expériences typiques, banales et réductrices (comme le « transfert amoureux »). Cette compétence affective permet de recourir tant à la confluence qu'à la projection créatrice pour le travail du champ 3. Par exemple, on peut se laisser couler l'atmosphère que transporte et répand cette personne et ressentir l'impact de sa séduction, de sa sensualité, de ce qui en entrave l'épanouissement. Celui ou celle qui n'a jamais éprouvé un pincement de désir, voire un instant d'expérience amoureuse pour une personne qui le consulte s'est probablement réfugié dans une armure théorico-déontologique qui le protège, mais ne lui laisse pas beaucoup de mobilité.

Cependant, ce consentement à risquer sa propre paix érotique ne va pas sans la compétence réflexive. Le thérapeute qui s'inclut dans le champ du ressenti érotique doit le faire en étant informé et éclairé quant à la structure du phénomène dans lequel il accepte de plonger. Informé des dispositions transférentielles féminines et masculines et de l'univers érotique propre aux deux sexes, il tient compte de la personne qui est devant lui, de la singularité de son expérience. Il observe jusqu'à quel point celle-ci semble avoir réalisé la synthèse des stades génital et prégénital. Enfin, il n'enferme pas l'expérience déployée dans le carcan théorique du « transfert amoureux ». Au contraire, il reste ouvert à la dimension développementale non régressive de la crise amoureuse et de l'amour impossible.

C'est à ces conditions que la construction du sens de l'expérience devient non seulement nécessaire (ce qu'elle est toujours), mais possible. La question clé de l'herméneutique est la suivante : « Que porte la reproduction de l'impasse ? », que ce soit dans les champs 1, 2 ou 3. En effet, nous savons que la reproduction de l'impasse développementale contient des indices quant au sens de ce qui est resté inachevé. Essentiellement, les axes de sens peuvent se résumer à trois dynamiques : l'impasse comme résistance, l'impasse comme hostilité, l'impasse comme demande de fusion. De plus, nous savons que les reproductions dans les champs 1 et 2 sont liées, sur le plan thématique, aux reproductions du champ 3. Nous pourrons utiliser ce qui s'élabore au sein du lien thérapeutique comme un représentant de l'ensemble du processus d'impasses pathologiques du client.

Quand l'essentiel de la reproduction érotique dans les champs 1 et 2 a une saveur de résistance, il est utile de connaître ce qui précédait l'apparition de cette résistance. Autrement dit, qu'est-ce qui est relégué en fond au moment où l'élaboration érotico-amoureuse apparaît en figure ? Alternativement, si la reproduction a plutôt une saveur hostile, le thérapeute peut initier le travail herméneutique en observant l'enlisement de la thérapie et l'émasculation de son « pouvoir de guérison ». C'est en ce sens que l'on peut dire que, sous la surface érotico-amoureuse, se cache un désir de blesser, d'embarrasser le thérapeute ou de détruire le lien. Enfin, la reproduction qui porte une demande de fusion prend souvent la forme d'une identification projective en vertu de laquelle un objet froid et distant se trouve en quelque sorte déposé à « l'intérieur » du thérapeute. Les limites du cadre apparaissent alors insensibles, inhumaines et cruelles. Souvent, le fond du désir érotique s'avère un désir de fusion magique telle que le thérapeute « saura tout sans que j'aie à le lui dire. »

Quoi qu'il en soit de notre compétence affective et réflexive, l'une et l'autre ne pourront s'exprimer dans le dialogue qu'à travers notre compétence interactive. Même si l'on est aptes à risquer l'expérience déstabilisante de la sensibilité à l'érotisme de l'autre et même si l'on est en mesure de la recadrer dans notre capacité à faire sens de cette expérience, nous avons à semer quelque chose de cette expérience réfléchie au sein du lien thérapeutique. Ici, plus qu'ailleurs, il importe d'arriver à mettre l'expérience en dialogue, et ce, avec tact et clarté. Les thérapeutes dignes de la profession entretiennent un rapport mature avec l'interdit et savent poser les limites nécessaires au maintien du cadre thérapeutique. Cependant, cela ne suffit pas. Ces limites ne doivent pas empêcher une juste exploitation de l'expérience amoureuse en psychothérapie, laquelle est aussi une quête de sens qui ne manque pas de dignité.

La question de fond est alors celle-ci : comment aborder et mettre en mots cette expérience d'une manière qui préserve le cadre, tout en permettant une réelle plongée dans l'expérience? Rien n'est plus délicat que cette mise en mots d'une expérience dont chacun sent bien qu'elle a aussi sa propre logique, le corps n'obéissant pas automatiquement à la volonté. Peut-on mettre en mots le fantasme sans risquer le malentendu ? Convenons qu'il est moins risqué de remettre en question l'hostilité sous-jacente à une arrivée tardive à la séance de psychothérapie, que d'explorer sérieusement un possible fantasme amoureux lorsqu'on reçoit des chocolats à la Saint-Valentin ! Quand on a des motifs de croire que le thème se trouve activé dans la relation thérapeutique, il est en général préférable de prendre certaines précautions avant d'avancer une hypothèse.

D'abord, bien sûr, le thérapeute doit examiner sa propre expérience et ses propres dispositions à l'égard de la personne qui se trouve devant lui. Si un thérapeute ne décèle de « transfert amoureux » que chez des jeunes personnes ravissantes, il y a peut-être lieu, pour lui, de se questionner. De plus, on devrait attendre de voir si des liens d'affinité thématique apparaissent avec des situations du champ 3 ou du champ 4. Il importe de voir en quoi le phénomène est reproductif. Voilà donc quelques considérations qui militent en faveur d'une certaine réserve dans le travail de ces reproductions. En revanche, si l'on attend trop longtemps, on risque de voir la relation thérapeutique prendre le chemin d'un lien quelque peu pervers où le thérapeute et le client s'échangent tour à tour des positions d'exhibitionnisme et voyeur : « Regarde bien afin de voir ce que tu ne peux pas avoir.»

Puisque, dans ce champ d'intervention, l'attention à nos réactions contre-transférentielles est si cruciale, revenons à la compétence affective et examinons quelques réactions contre-transférentielles classiques et certaines de leurs implications.

1. Le thérapeute se sent attiré, excité par le/ la client(e)

D'abord, il se peut que le client soit attirant et excitant. Le thérapeute étant une personne sexuée, rien n'oblige à penser que toute activation érotique soit pour lui indicateur de quelque chose d'inapproprié. En revanche, si l'on ne perd pas de vue que dans le champ de la relation thérapeutique la gratification est cliniquement contre-indiquée et déontologiquement interdite, on doit s'interroger si l'état d'attirance et d'excitation persiste. Le thérapeute peut alors être la cible d'une identification projective complémentaire, faisant de lui un représentant du parent désiré-désirant de la phase œdipienne. Inversement, le client peut aussi représenter un objet excitant et interdit du champ 4 du thérapeute.

Si le thérapeute continue d'ignorer le problème ou ne traite pas correctement son expérience, il peut faire des interventions nombreuses, pénétrantes, phalliques et prématurées. Serait-ce une variante de ce que Fritz Perls appelait si délicatement « *mind-fucking* » ?

2. Le thérapeute accueille froidement et de manière détachée l'aveu érotique

Parfois, alors que le client se débat avec cette expérience trouble et tente de l'exprimer, il arrive que le thérapeute se montre plus silencieux, plus distant et moins empathique. Souvent, ce contraste vient du fait que le thérapeute essaie maladroitement de contrôler son contre-transfert érotique. Malheureusement, cette maladresse risque de refroidir indûment le dialogue, au point d'en évacuer le contenu érotique.

3. Le thérapeute ressent de la peur

Il arrive aussi que le thérapeute devienne anxieux et agisse de façon à exclure le thème du dialogue thérapeutique. Ce refus prématuré interrompt la reproduction et le client peut en venir à considérer le désir et le sexe comme déplacés, voire dégoûtants.

4. Le thérapeute encourage le développement du transfert érotique pour sa gratification personnelle

La pratique de ce métier nous met en position d'être souvent gratifiés. Reconnaissance, admiration, gratitude sont à la base même du lien thérapeutique. Si le thérapeute est animé d'un besoin excessif d'être idéalisé, il peut mettre en place sa propre reproduction. Du point de vue du client, le lien devient alors sadique : on lui fait miroiter un objet de désir inatteignable ! Le thérapeute fait peut-être alors ce qui lui a été fait, naguère : séduire sans gratifier ?

LA RÉPARATION ET LA RELATION RÉELLE

Quoi qu'il en soit du travail herméneutique de reconnaissance, la métabolisation du thème ne peut véritablement s'achever que par un travail approfondi et soutenu de réparation et un effort conjoint pour trouver une issue autre, nouvelle.

Le travail de réparation portant sur le transfert amoureux est un grand classique de la psychologie clinique. Le travail sur ce thème peut se résumer par 3 axes. Chacun peut s'encapsuler en un mot et chacun est indispensable au travail de réparation : *non* ; *merci* , *pourquoi* ? Le *non* doit être un énoncé réparateur. C'est l'affirmation de la loi, c'est l'interdit implicite, rendu explicite.

Merci est une reconnaissance réparatrice de la part d'amour présente dans l'approche de l'Autre. Ce *merci*, s'il est sincère, dit le plaisir inhérent au fait d'être objet de désir. Il dit : « J'ai entendu, j'ai reçu et cela n'est pas toxique en soi.»

Outre qu'il est par essence herméneutique, le *pourquoi?* ou *pour quoi?* ou *vers quoi?* qu'énonce le thérapeute expriment un intérêt réel, donc réparateur pour le sens de l'expérience. Ensemble, les 3 volets constituent l'amorce de l'expérience développementale du renoncement.

Le travail des reproductions du champ 3 est souvent étendu dans le temps. Les contenus érotiques ne reviennent que sporadiquement dans le discours du client. Les impasses sont familières, chargées d'énergie, de sens, elles apportent aussi leur lot de gratifications. Enfin, elles impliquent des personnes réelles, elles-mêmes psychiquement imbriquées dans la trame des reproductions. Le point de départ de l'action réparatrice consiste à se demander quelle position nous est dévolue dans la situation de récit de l'expérience. Qui sommes-nous dans le fantasme reproductif, alors que nous écoutons le récit des impasses ?

Ici, la configuration des identités sexuelles est importante : on ne dit pas la même chose ni de la même façon à un thérapeute du même sexe et à un thérapeute de l'autre sexe. Quand le client est du même sexe que le thérapeute, est-il représenté, pour le client, comme parent de l'autre sexe ou comme rival fantasmatique de l'objet d'amour ? La femme qui décrit ses préludes sexuels à son thérapeute homme est-elle en présence d'un père-éducateur asexué ou d'un homme sexué, virtuellement envieux du partenaire de la cliente ou bien…d'un peu des deux ?

Par contraste, le thérapeute du même sexe que le client est-il le parent, figure bienveillante d'identification sexuelle, le rival ou celui qui interdit ? Ces réponses ne sont jamais définitives et les représentations fluctuent au rythme de l'herméneutique. Toutefois, le lien réparateur repose sur une reconnaissance des représentations activées à chaque moment de l'interaction. À partir de ces représentations on peut enfin poser la question qui fonde l'action réparatrice : compte tenu de la position fantasmatique, quelle serait la réponse optimale d'un objet avisé, calme et fort ?

LES TROIS COMPÉTENCES THÉRAPEUTIQUES EN LIEN AVEC LES PROBLÉMATIQUES DE L'AMOUR ET DE L'ÉROTISME

Concluons ce chapitre en revenant sur les trois axes de la compétence thérapeutique, afin de condenser ici ce qui est attendu dans la trilogie *Reproduction-Reconnaissance-Réparation.*

La compétence réflexive

La compétence réflexive fondamentale exige d'avoir réfléchi sur les rapports entre la clinique, la morale, la déontologie et l'éthique.

On ne pourra travailler correctement ce thème, intime et délicat entre tous, sans dégager ses connaissances cliniques des tabous et des conventions ambiantes. La *rectitude politique,* les idées reçues persistantes et les indignations convenues ne sont pas forcément synonymes de santé mentale. Les thérapeutes doivent être de libres penseurs afin de ne pas agir comme une police des mœurs. Qu'est-ce donc qu'une sexualité « normale » ? Quels intérêts cette normalité sert-elle ? Notre programme de lecture doit certes inclure les classiques du développement psychosexuel, mais aussi quelques empêcheurs de penser en rond : Edwin Rosario, Alina Reyes, Michel Tort et d'autres, à découvrir.

Nous devons aussi être informés des différences sexuelles et y rester sensibles, et ce, afin de ne pas faire en sorte que l'identité et la légitimité sexuelle d'un sexe soit définie par l'autre. Voilà quelques balises qui peuvent aider à maintenir notre profession dans une éthique supérieure, celle de l'incertitude et de la liberté responsable. Comment déceler les reproductions pathologiques dans cet univers éthique de liberté responsable et d'incertitude ?

Avoir un amant, une maîtresse, en avoir même quelques-uns n'est pas, en soi, une pathologie. Pas plus que préférer les grandes brunes aux petites blondes, les costauds imberbes aux barbus délicats ou vice versa ! Alors, où est la souffrance ? Qu'est-ce qui reste inachevé et empêche l'éclosion de cette liberté créatrice dans la jouissance de l'amour objectal et érotique ? Pour que ces questions nourrissent notre réflexion clinique, nous devons rester vigilants dans les situations où plénitude érotique et plénitude objectale semblent dissociées.

La compétence affective

Notre compétence affective se construit à mesure que nous éliminons nos entraves personnelles de l'ensemble des ressentis propres à l'expérience érotique. Nous devons en arriver à n'avoir honte de rien de ce que l'on pense ni de ce que l'on ressent y inclus, cocasse paradoxe, la honte. Pour arriver à avancer dans cet univers où le corps obéit à sa propre logique, nous devons donc accepter de considérer tous nos ressentis, toutes nos pensées et tous nos fantasmes.

De plus, pour ne pas réduire ces expériences souvent turbulentes que sont l'amour et l'érotisme, nous devons accepter de les reconnaître pleinement pour ce qu'elles sont : des expériences humaines fondatrices, parfois souffrantes, parfois maillées à la pathologie, mais non réductibles à celle–ci. Pour cela, il faut admettre notre rapport à notre propre sexualité et à notre propre séduction, quelles qu'en soit les singularités, car l'une et l'autre sont des éléments du travail thérapeutique.

La compétence interactive

Enfin, tout le travail sur soi que supposent les considérations qui précèdent restera inefficace si nous ne savons pas placer nos connaissances et notre résonance affective au cœur de l'interaction thérapeutique. Les clients n'abordent pas les thèmes de la sexualité avec la plus grande aisance. Les y inviter exige de nous du courage, du tact et de la clarté. Nous devons cultiver la richesse et la précision de notre vocabulaire afin que l'expérience érotique ne se recroqueville pas au contact d'une mise en mots qui, bien que précise, puisse être froide et clinique. Cela suppose que nous entretenions notre culture psychologique, mais aussi en quelque sorte, notre culture « romanesque ».

Enfin, pour que le travail de l'érotisme puisse se faire dans des conditions de résonance, d'humanité et de sécurité, nous devons poser des limites à l'agir et maintenir le cadre, sans pour autant limiter les ressentis, le fantasme et l'exploration verbale de l'un comme de l'autre.

CHAPITRE 10

Les crises développementales de la vie adulte

Le propre du psychothérapeute, c'est de saisir, sous l'expérience de surface, les racines de la souffrance que porte son client. Présence active, résonance, écoute empathique, autant de termes qui renvoient à cette façon qu'a le psychothérapeute de syntoniser, à travers un ensemble de signaux, les lieux où s'enracine l'inachevé. Cette présence affective et interactive est nourrie d'un ensemble dynamique de connaissances. Ces connaissances, on l'a vu dans les pages qui précèdent, tendent à orienter le regard vers le passé développemental.

Or, toute souffrance n'est pas à mettre automatiquement et entièrement sur le compte d'un passé développemental inachevé. Le développement se poursuit pendant toute la vie. Parfois, les phases prévisibles du développement se cristallisent sous forme de crise, sans que cette crise soit une stricte reproduction d'une Situation inachevée du passé développemental. C'est de ce temps du développement de la vie adulte et des crises qui le jalonnent qu'il sera question ici.

Les crises de la vie adulte sont souvent des tremplins ou des plaques tournantes qui façonnent une tranche de vie. Elles établissent une orientation et modulent une expérience pour des années à venir. Pour le thérapeute, la question des crises développementales de l'âge adulte constitue un enjeu qui présente des caractéristiques distinctes des enjeux développementaux liés aux premiers temps de la vie. En ce qui a trait aux enjeux de l'attachement, de l'estime de soi et de l'érotisme, nous sommes tous, plus ou moins et tant bien que mal, passés par là !

En revanche, non seulement chacun de nous n'a-t-il pas forcément vécu chacune des crises adultes, ce qui va de soi, mais de plus, nous n'avons pas encore fait tout le parcours de la vie. Il arrive souvent que le client soit plus âgé que son thérapeute, qu'il soit dans un univers de crises auxquelles son thérapeute n'a pas encore eu accès. Lorsqu'on travaille des enjeux développementaux précoces, même si le thérapeute est plus jeune que le client cette base de résonance empathique reste disponible. Dans les crises développementales de la vie adulte, cette possibilité de jumelage expérientiel et affectif diminue. On doit donc avoir des dispositifs qui permettent un accompagnement de qualité et éclairé.

L'objet de ce dernier chapitre est double. Il s'agit d'abord de recenser quelques outils théoriques sur le développement à l'âge adulte et sur les crises liées à cet âge. Puis, je proposerai quelques aménagements cliniques qui permettent de travailler la crise, non seulement en ce qu'elle reproduit certains thèmes développemental du passé, mais aussi en ce qu'elle annonce un passage qui ne saurait être entièrement réduit à une réédition de ce passé. Nous irons donc du passé au passage. Il s'agira de réfléchir de manière différentielle à la crise développementale d'une part et à la reproduction pathologique d'autre part, puis de se donner des outils d'accompagnement pour aider nos clients, alors même que la crise qu'ils vivent nous est inconnue.

La psychologie du développement face à l'âge adulte

Les grandes théories du développement précoce qui ont fait école et qui alimentent encore la réflexion théorico-clinique ont été conçues et mises en forme il y a plus de 50 ans. Or, la famille des années 1950 était bien différente de celle que l'on connaît aujourd'hui. La mise à jour de ces systèmes d'une manière qui leur permettrait de tenir compte des réalités contemporaines reste à faire. Comment se joue le développement affectif précoce dans les familles monoparentales, dans les familles reconstituées, dans des environnements où les deux parents peuvent avoir de grandes différences d'âge ? Comment tenir compte de l'implication plus précoce des pères ? Autant de questions dont on ne connaît pas encore les réponses et qui, pourtant, font du champ développemental un univers à la géométrie bien moins régulière que celle sur laquelle reposent la plupart des théories du développement.

Qu'en est-il du cycle de vie tel qu'on peut l'observer, le conceptualiser au début du troisième millénaire ? C'est la question sur laquelle s'est penchée Gail

Sheehy13, cette journaliste célèbre pour ses chroniques sérieusement documentées sur les passages de la vie adulte. D'abord, selon elle, contrairement aux générations qui nous ont précédés, nous mettons plus de temps à devenir adultes. On sait que le concept d'adolescence est relativement récent dans l'histoire humaine ; il fut un temps où le mot lui-même n'existait pas. L'enfance, telle que nous la connaissons et telle que nous nous la représentons (plage d'innocence, de jeux, de créativité et de poésie) est aussi une invention relativement récente. Les enfants du peuple ont longtemps travaillé au champ, à la mine, à l'usine. En fait, dans certains pays, ils y sont encore. Dans les familles de la bourgeoisie et de la noblesse, un enfant était, à sa naissance, séparé de sa mère et confié à une nourrice.

Les rapports développementaux de l'espèce humaine changent et évoluent avec l'histoire, avec les conditions sociales et économiques, avec les connaissances scientifiques, avec les productions culturelles. Aujourd'hui, on peut dire qu'on devient adultes plus tard que jamais auparavant. Selon Gail Sheehy, la société actuelle accepte un mode de vie plus ou moins adolescent jusqu'à l'âge de trente ans ! Lorsqu'on regarde les personnes âgées de vingt ans, on constate que, sur certains plans (l'accès à l'information et la sexualité, par exemple), ils ont de l'avance sur ceux d'il y a 50 ans. Néanmoins, ils ont du retard sur les adolescents d'il y 50 ans : ils sont plus nombreux à vivre encore chez leurs parents, à n'être pas encore établis sur le plan professionnel et ils sont moins nombreux à être déjà mariés et à avoir des enfants.

S'il est vrai que l'on devient adultes plus tard, on doit admettre qu'on met aussi plus de temps à devenir vieux ! Il me semble que, quand j'étais enfant, dans les années 1950, rares étaient les personnes de 50 ans qui jouaient au tennis ou qui faisaient du ski. Aujourd'hui, on est sportifs et actifs à des âges où naguère on était grands-pères ou grands-mères sédentaires.

Par ailleurs, on ne se sent pas vraiment installés dans sa vie avant l'âge de quarante ans. Avant cet âge, on a l'impression que l'on peut faire toutes sortes de choses, explorer ceci et cela, que ce soit sur le plan professionnel ou relationnel. Dans ce passé, pas si lointain, où s'écrivaient les théories du développement, à 40 ans on était décidément plus installés. À 25 ans, ceux et celles qui n'étaient pas

---

[13] Gail Sheehy a reçu 3 prix de l'*American Psychological Association* pour sa contribution à sensibiliser la population et les pouvoirs publics au phénomène du vieillisement et du développement de l'âge adulte.

mariés devenaient des « vieilles filles » et de « vieux garçons ». Ces « vieilles filles » avaient même une fête : la Sainte-Catherine.

Pour Gail Sheehy, toutes les phases de la vie se trouvent aujourd'hui décalées d'une dizaine d'années. Ce qui se passait à 20 ans se passe maintenant à 30 ans ; ce qui arrivait à 30 ans arrive à 40 ans et ainsi de suite. Nous devrons en tenir compte lorsque nous prendrons connaissance de quelques théories du développement de l'âge adulte. Quand nous lirons ce que différents auteurs nous proposent, nous devrons nous demander à quand remonte la formulation de ces idées et de ces grilles de lecture.

Par ailleurs, malgré le fait que tout soit peut-être décalé de 10 ans, un phénomène semble aller en sens inverse, celui de la retraite. Jadis, on n'envisageait pas la retraite avant 65 ans. *Liberté 55*, connais pas ! On voit de plus en plus de retraités en pleine santé, très actifs, ayant des projets dynamiques. Certains entreprennent même une deuxième carrière. Quand nous verrons les propositions des différents auteurs et qu'il sera question de retraite, nous devrons savoir que la retraite à 65 ans ou la retraite à 55 ans, ça n'est pas vraiment la même chose.

Il y aurait donc une compression vers le centre. On devient adultes plus tard, on devient vieux plus tard, mais on se libère du travail plus tôt. Tout cela va inévitablement se répercuter sur le type de crise que nous allons rencontrer dans nos bureaux et sur les questionnements qui les accompagnent.

Finalement, on a maintenant non pas une, mais plusieurs vies d'adultes à vivre. Dans les générations qui nous ont précédés, on se mariait une fois. Et puis, assez jeunes, on avait des enfants. Ces enfants avaient des grands-parents. On avait un travail, une profession qu'on exerçait toute sa vie. En contraste, combien d'entre nous, par exemple, ont découvert leur vocation de psychothérapeutes comme deuxième carrière ? Combien d'entre nous ont eu des enfants avec plus d'un partenaire ? Combien d'entre nous ont vécu en couple avec plus d'une personne ? Si l'on avait posé ces question il y a 40 ans à un groupe de personnes comme nous, les réponses auraient sans doute été assez différentes !

Les virages critiques, les grands questionnements, les crises, qu'elles soient pathologiques ou développementales, sont peut-être un phénomène contemporain plus prégnant, bien qu'il y ait relativement peu d'éclairages théoriques sur ces phénomènes. La crise développementale de la vie adulte, nous le voyons bien, est une réalité récente qui se complexifie. Nous disposons tout de même de quelques outils de repérage, mais les phases sont moins définies, plus longues (souvent en termes de décennies) que celles des grilles théoriques du développement précoce. Nous devrons tenir compte du décalage possible entre les âges, selon qu'une théorie a été élaborée il y a 10 ans ou il y a 40 ans.

LA PSYCHOTHÉRAPIE DU LIEN FACE AU DÉVELOPPEMENT DE L'ADULTE

Quel est le point de vue de la psychothérapie du lien face au développement et aux crises développementales de l'adulte ? Ce point de vue procède d'une volonté d'intégration théorico-clinique dont il a été question dans la première partie de ce livre. D'une part, nous reconnaissons l'importance du développement précoce. Il s'avère indispensable pour la compréhension d'expériences humaines adultes. Cependant, nous reconnaissons aussi et nous voulons intégrer à notre lecture du réel la pleine prise en compte du développement tardif, autrement dit ce qui se passe après 6 ans, après 18 ans, etc. De ces *a priori* découle un argument central propre à fonder notre compréhension de la crise développementale de l'adulte. Il s'énonce en trois termes :

1. La capacité à franchir les phases critiques du développement adulte est facilitée, mais non déterminée, par la bonne métabolisation des enjeux développementaux précoces.

Si le sujet a bien traversé les 3 champs développementaux, cela tend à le munir des ressources nécessaires à la traversée du développement adulte. Toutefois, cela n'implique pas que ce dernier se fera dans la joie continue et le bonheur tous azimuts !

2. La bonne métabolisation des enjeux développementaux précoces ne dispense pas d'éprouver la tension des phases critiques du développement adulte.

Le fait qu'un client adulte traverse une phase critique ne renvoie pas forcément à une métabolisation insuffisante des enjeux développementaux précoces. Le fait d'avoir bien vécu son développement précoce facilite, mais ne dispense pas des crises développementales de la vie adulte.

3. Les crises développementales de la vie adulte sont de nature à réactiver l'expérience d'enjeux développementaux précoces.

Ces trois propositions devraient nous éclairer : d'une part, il faut admettre que si l'on a bien franchi les phases développementales précoces, cela facilite le développement adulte. Par ailleurs, cela ne dispense pas d'éprouver la tension et la souffrance inhérentes aux crises développementales de la vie adulte. Enfin, qu'elles soient métabolisées ou pas, les crises développementales de la vie adulte sont de nature à réactiver l'expérience des enjeux développementaux précoces. Que ceux-ci soient bien métabolisés ou pas, la crise les réactive.

C'est de ces trois postulats que découle la nécessité clinique de cadrer notre réflexion. Dire, par exemple, qu'une crise de la vie adulte réactive les enjeux d'attachement ne signifie que ces enjeux n'ont pas été complétés. Cela signifie simplement qu'ils sont remis en lumière et qu'ils éclairent, voire colorent le sens de la crise et son possible dénouement.

Lorsqu'on parle de crise développementale de la vie adulte, que faut-il entendre par *crise* et par *développement de l'adulte* ? Les réponses ne sont ni universelles ni évidentes.

QU'EST CE QU'UNE CRISE ?

En médecine, on peut dire que la crise est la phase décisive d'une maladie. Il y a alors un mouvement soit vers le rétablissement, soit vers une détérioration. On peut parler d'un moment de déséquilibre sensible. Une crise est donc un espace de déséquilibre. Ce qui tenait bien et était solide se trouve tout à coup ébranlé. On ne sait trop de quel côté cela va tomber ni même si cela va tomber ou si l'équilibre va se rétablir. Michel Serres[14] conçoit la crise comme un état de transition entre deux phases repérables où une transformation va se décider, mais où elle ne l'est pas encore. La crise nous place à l'orée d'une transformation. Nous pouvons la considérer comme un moment de déséquilibre qui peut faire « tomber » les choses du côté de la reproduction ou de la transformation. Autrement dit, la crise c'est, potentiellement, le premier temps de la métamorphose. Chose étonnante à première vue, les personnes saines semblent vivre davantage de crises développementales que les personnes très névrotiques.

Il semble que la personne jouissant d'une bonne santé psychologique soit plus ouverte à considérer son équilibre actuel comme un état relatif et transitoire, comme un moment du voyage et non comme une destination ultime. Il y aurait davantage d'ouverture à de nouvelles expériences, au changement, davantage de courage face l'inconnu, de capacité à questionner les acquis et à vouloir continuer à progresser, si la santé psychologique est bonne.À la différence des crises

[14] Michel Serres, membre de l'Académie française, est professeur d'histoire des sciences à *Stanford University*.

cycliques et répétitives caractéristiques des états-limite, les thèmes de la crise développementale de la personne saine ne seraient pas de nature régressive. La crise développementale touche un thème neuf, différent de la crise précédente, et qui, effectivement, prépare une autre modalité du vivre.

QU'EST CE QUI EST DÉVELOPPEMENTAL ?

Changer de conjoint ou de conjointe est-ce un développement ? Et décider d'avoir ou de ne pas avoir un enfant ? Sauf à confondre jugement de valeur et psychothérapie, nul ne saurait répondre à ces questions. Lorsqu'on voit un enfant se développer, on a au moins une idée, une représentation de ce à quoi ce développement devrait aboutir. On comprend le sens et la direction dans laquelle se construit l'attachement sécure, l'estime de soi, la capacité d'amour érotique. On admet que ces enjeux développementaux sont de ceux qui jalonnent le passage de l'enfance à la vie adulte. Adultes, cependant, nous nous développons en vue de quoi ? Ce questionnement nous permet d'effleurer notre conception du sens de la vie humaine. Il oblige chacun de nous à réfléchir au sens qu'il ou elle accorde à l'expression « qualité de vie ». Qu'avons-nous à dire, en tant que professionnels de la santé mentale, sur la qualité de vie dans la dernière phase de développement que la plupart des auteurs situent après 65 ans ? Il semble que si nous sortons de l'univers scientifique de la psychologie, nous débouchons sur des questions d'ordre spirituel : quel est le sens de la vie humaine ? Quel est le sens de son évolution ?

Ces balises étant posées (et sachant, comme l'écrit Vassilis Alexakis[15], que les définitions sont de petites oraisons funèbres prononcées sur la complexité des choses !) nous pouvons tenter une définition de ce qu'est la crise développementale de la vie adulte. Convenons, pour la suite du propos, que :

La crise développementale de l'âge adulte est une phase de vie où (1) se rompt l'équilibre existant, (2) qui est vécue comme une souffrance physique, psychique ou éthique, (3) qui s'accompagne d'un questionnement et (4) qui porte en elle la possibilité d'une progression de la conscience.

En situation clinique, il manque parfois un élément pour que l'on soit dans une véritable crise développementale. Soit l'équilibre est rompu, mais la souffrance est niée, clivée, refoulée, soit le questionnement est absent, évacué au profit d'une

[15] *La langue maternelle* (1995).

vieille réponse qui fait écran. Dans ces situations, l'un des axes d'intervention clinique pourrait être de permettre à l'élément manquant d'apparaître dans la conscience. On voudra, par exemple, permettre à un nouveau questionnement d'apparaître là où il n'y avait que de vieilles réponses. On permettra à une souffrance d'être ressentie, laissant même l'équilibre se rompre là où il était maintenu avec rigidité.

On entrevoit bien le travail clinique à entreprendre en situation de crises développementales. Cependant, au même moment, parce que la crise est ce qu'elle est, faite de déséquilibre, de souffrance et d'incertitude, elle contient souvent une part de reproduction conservatrice et une part de transformation créatrice.

Différents auteurs se sont penchés sur le développement à l'âge adulte, soit Gustav Jung, Erik Erikson, Daniel Levinson, Jay Haley et Charlotte Buhler Un résumé de leurs contributions est présenté ci-après. À partir de là, nous verrons les tranches d'âge associées aux tâches développementales de la vie adulte, susceptibles de réactiver chacun des trois grands enjeux développementaux : l'attachement, l'estime de soi et l'érotisme.

Carl Gustav Jung

L'un des points de désaccord fondamentaux entre Jung et Freud, c'est l'importance excessive accordée par Freud au développement psychosexuel et au caractère universel des problématiques pulsionnelles. Jung considère le développement psychosexuel comme un axe important au début de la vie, mais à partir du moment où l'on atteint l'âge adulte, d'autres réalités apparaissent plus importantes, notamment les questions liées à la spiritualité et au sens de la vie.

Erik Erikson

D'Eric Erikson, on a dit qu'il était le Sigmund Freud de la vie adulte. On entend par là que, bien qu'étant psychanalyste, il a fait autant pour la compréhension du développement adulte que Freud avait fait pour la compréhension du développement précoce. La théorie d'Erikson est une théorie générale du développement et elle couvre la vie entière. Les crises permettent des réorganisations de la personnalité. À l'âge adulte, il y a des tranches développementales auxquelles on doit forcément faire face. Mais la crise à l'intérieur de chacune de ces tranches force une redéfinition et une réorganisation des caractéristiques de la personnalité. C'est pourquoi elle est anxiogène et consomme autant d'énergie. Il s'agirait, métaphoriquement, de débâtir et de rebâtir avec les mêmes matériaux. La forme sera différente, la solidité ne sera plus la même et les points d'appui seront différents.

Erikson nous propose des stades qui se distribuent sur des polarités que nous verrons plus loin.

Daniel Levinson

Le modèle de Daniel Levinson présente le développement de l'adulte comme procédant forcément par ruptures d'équilibre, appelant chacune non pas à un rétablissement de l'équilibre, mais à l'établissement d'un nouvel équilibre. De ce point de vue, on pourrait dire qu'une persistance de stabilité est aussi problématique qu'une trop longue perte d'équilibre.

Son modèle a d'abord été fondé sur des entretiens avec 40 hommes venant de milieux socioculturels différents (1978). Puis, dans un autre ouvrage paru en 1996, il se penche davantage le développement au féminin.

Bien qu'il présente un petit échantillonnage, il a approfondi ses entretiens avec chaque répondant. Il en ressort que la personnalité évolue à travers des périodes de stabilité qui durent plus ou moins 6 ans. Au cours de ces périodes, nous construisons des valeurs qui ont du sens pour nous, à ce moment particulier de notre vie. Elles sont suivies de périodes de remise en question et de transition.

Roger Gould

Gould est un auteur contemporain qui propose 7 phases définies autour de thèmes spécifiques. Ces phases présentent des affinités avec celles de Levinson, mais elles semblent plus pointues et plus précises.

Son modèle est fondé sur l'observation transversale d'une population d'hommes et de femmes de race blanche, Américains de classe moyenne, âgés de 16 à 60 ans. Selon lui, une horloge interne détermine les tâches à accomplir au cours des 7 stades (16 à 60 ans).

Charlotte Buhler

Buhler est une contemporaine de Jung. Elle a vécu et a exercé sa profession de psychologue à Vienne, dans les années 1930. La théorie de Charlotte Buhler s'inscrit dans la lignée humaniste–naturaliste. Elle est humaniste au sens où elle est non déterministe et elle est naturaliste au sens où ses travaux résultent de l'observation des sujets dans leur milieu naturel. Sa théorie est fondée sur la lecture d'un grand nombre de journaux personnels, surtout ceux de jeunes personnes et d'adolescents. Si l'on admet que ces carnets personnels sont des reflets à peu près fidèles des interrogations, des crises, des souffrances, des espoirs, des rêves de ceux qui les écrivent, on a ici un modèle construit sur quelque chose de très riche et d'éminemment concret. Buhler semble le précurseur de ce que l'on connaîtra bien plus tard, dans les années 1950, comme étant la tendance naturelle à l'actualisation.

Elle articule sa théorie du développement adulte autour de 4 motions fondamentales dont nous serions tous imprégnés. Chaque personne serait animée par ces 4 motions et le développement aurait lieu dans une poussée intégrative naturelle de celles–ci. Notre destin humain existentiel, notre mouvement naturel consisteraient à intégrer ces 4 motions en un tout harmonieux.

Nous serions tous habités d'une tendance naturelle à satisfaire nos propres besoins, une tendance naturelle à l'égocentrisme. Mais, parce que nous sommes une espèce sociale, nous avons une tendance tout aussi naturelle à nous ajuster à l'environnement en nous imposant à nous-mêmes certaines limites. Ces 2 motions sont fondamentales.

Ensuite, nous sommes mus par une tendance naturelle à exprimer notre créativité à travers des activités professionnelles ou personnelles. C'est là un « en soi » qui ne découle pas des autres motions. Nous avons besoin de nous exprimer, de faire valoir ce que nous portons en nous, à travers des activités qui ont du sens pour nous.

Enfin, nous avons une tendance innée à maintenir et à assurer, quand il est rompu, un sentiment interne d'ordre et d'équilibre, en étant fidèle à notre conscience et à nos valeurs. Les personnes saines se développent toute leur vie en cherchant à intégrer ces 4 tendances naturelles.

Jay Haley

Jay Haley, auteur prolifique, est l'un des pionniers de la thérapie familiale. Son modèle, y inclus sa révision par Fleming (1986), s'articule autour de la polarité attachement-séparation. Selon lui, les tranches développementales sont essentiellement des cycles de séparations, suivies de nouveaux attachements. Ces cycles apparaissent comme des passages, à divers moments de la vie : la vie de jeune adulte, le mariage, être parent, la maturité maritale et familiale, le départ des enfants et la retraite.

Les 6 auteurs évoqués découpent la vie adulte en tranches de largeurs différentes. Entre certains stades de Gould, qui durent 4 ans, et les derniers stades d'Erikson qui couvrent un quart de siècle, il y a un grand écart. Si les théories qui ciblent des tranches d'âges plus étroites ont le mérite d'être plus précises, sur le plan clinique elles peuvent être plus difficiles à manier en ce sens que la vie contemporaine, plus individualisée, plus atomisée, génère de grandes différences individuelles à l'intérieur de tranches d'âge étroites. Aussi, il semble cliniquement plus utile de travailler avec un découpage moins étroit, sans pour autant mettre de côté les éclairages théoriques proposés pour des tranches d'âge plus spécifiques. Je propose d'utiliser les 3 derniers stades d'Erikson jumelés aux écrits des autres auteurs.

Une précaution s'impose avant d'aborder cette synthèse. Elle concerne l'importance du préjugé culturel qui semble marquer l'ensemble de ce champ d'étude. On croirait presque toujours parler de la famille du docteur Wilby ! Or, on l'a vu plutôt, la vie à l'aube du 3e millénaire est loin de présenter cette linéarité conformiste. Les âges de la vie sont bouleversés et, avec eux, le modèle de société qu'incarnait ce bon docteur. Il convient d'ajouter que les diverses théories du développement doivent être lues avec recul, eu égard au développement « au féminin ».En effet, la plupart des théories sur-représentent le développement hétérosexuel « au masculin ». Toutefois, quelques recherches plus récentes ont inclus des sujets féminins (Levinson, 1998).

Selon Erikson, hommes et femmes connaissent les mêmes phases développementales, même si les femmes composent différemment avec les tâches liées à chaque phase. Par exemple, elles se consacrent souvent à l'intimité avant de se consacrer à l'identité. Elles ont un rapport à la carrière différent de celui des hommes, celle-ci étant, toujours selon Levinson, considérée aussi bien comme une assurance que comme un but en soi.

Aussi, les rapports entre le travail et la famille demeurent plus problématiques pour les femmes que pour les hommes. Elles restent les « soignantes nourricières » à la maison, qu'elles travaillent à l'extérieur ou non. Ainsi,
51 % des femmes gestionnaires sont célibataires, contre
4 % des hommes, et 61 % des femmes gestionnaires n'ont pas d'enfants, contre 4% des hommes.

Par ailleurs, la transition de la trentaine est plus critique pour les femmes, alors que la plupart inversent la priorité qu'elles avaient dans la vingtaine. La trentaine, pour elles, sonne l'heure des choix et des décisions pressantes, poussées qu'elles sont par la fameuse horloge biologique. Enfin, le bilan de mi-vie apparaît plus tôt chez les femmes que chez les hommes.

LE STADE 6 : LES TÂCHES DÉVELOPPEMENTALES DU JEUNE ADULTE, DE 19 À 40 ANS

Celles qui sont de nature à réactiver les enjeux de l'attachement

Pendant la première partie de ces deux décennies cruciales, le jeune adulte doit se séparer de sa famille d'origine et, ainsi, renoncer à la sécurité que lui procurait jusque-là le noyau familial. Il ne s'agit pas que d'une séparation physique, mais bien de la traversée d'une frontière symbolique entre deux identités. D'un côté de cette frontière, nous sommes, même adultes, l'enfant de quelqu'un. C'est dans ce noyau familial que se trouvent nos racines et, en période de turbulence, c'est toujours vers cette base familière que nous pouvons nous tourner.

Cette migration hors de la sphère familiale implique que le jeune se distancie des parents. Cette distanciation progressive permet de libérer une dose de libido d'attachement (au sens fairbairnien du terme) et de la réinvestir dans un conjoint ou, à tout le moins, dans un objet d'amour relativement stable. Avec cet objet d'amour qui sera désormais l'interlocuteur de choix, il est possible de s'insérer dans un nouveau réseau social et de nouer de nouvelles attaches. Ce mouvement de l'attachement agit, à vrai dire, dans les deux sens. La séparation d'avec la famille d'origine libère une libido d'attachement qui peut être investie ailleurs et l'attrait d'un objet d'amour adulte sert aussi à faciliter la distanciation d'avec la famille d'origine.

Dans la 2e partie de la vie du jeune adulte, s'amorce, s'il a des enfants, un nouveau mouvement de l'attachement. À mesure que les enfants captent une partie de la libido d'attachement, le jeune adulte prend une certaine distance dans la dyade maritale. Les soins, les jeux, les joies et les peines dues à la présence des enfants mobilisent une part de plus en plus grande de l'énergie des parents. Ceux-ci voient faiblir ou vaciller la flamme amoureuse qui les avait rapprochés, voire soudés l'un à l'autre, et ce, avec plus ou moins d'inquiétude. Chez certains, ce répit de l'intimité amoureuse peut être secrètement bienvenu, alors que chez d'autres, il met en péril la sécurité affective du lien amoureux.

Vers la fin de ce stade, le jeune adulte n'est plus si jeune. Les enfants ont grandi. Ils fréquentent l'école, se font des amis, sont moins sollicitants et moins présents. C'est le moment d'une nouvelle distanciation. Il faut renoncer à la proximité affective vécue avec les enfants quand ils étaient tout petits. Au même moment, l'adulte est plus libre et peut, s'il le veut encore, retrouver le conjoint et approfondir à nouveau ce lien d'attachement.

On voit que ce stade fournit plusieurs occasions de revivre les processus d'attachement, de séparation et d'individuation. Même chez les personnes sécures, sur le plan de l'attachement, ces mouvements consomment une bonne dose d'énergie psychique. Ils questionnent la nature et la qualité des liens et introduisent la question de l'impermanence. Chacun de ces mouvements d'attachement, de distanciation et de séparation peut être vécu en mode de crise régressive ou en mode progressif-développemental. Plus souvent, on observera une ligne de tension entre la régression et la progression.

Celles qui sont de nature à réactiver les enjeux de l'estime de soi

Les fondements de l'estime de soi sont appelés à se redéfinir au fil de ces deux décennies. Avant la vingtaine, si tout s'était plutôt bien passé, l'adolescent s'était déployé dans ses talents, avait dessiné son idéal, sinon précisé ses ambitions. Au début de la vingtaine, si ça n'est pas déjà fait, il lui faut commencer à renoncer à l'autonomie toute-puissante. Il ne peut plus, comme avant, réclamer le droit de choisir ses amis et… les recevoir chez ses parents ni aller où il veut… avec la voiture des parents ! Le poids de l'autorité parentale pèse moins sur ses choix. Il commence à faire ses propres expériences et à devoir en assumer plus pleinement les conséquences. Parfois, à cette période, la désillusion s'installe ou, à tout le moins, l'idéal est confronté au réel. Finalement, le jeune adulte n'a pas le talent nécessaire pour devenir un athlète professionnel. Tout compte fait, la jeune adulte ne pourra faire les études de médecine dont elle rêvait…

Même si, par chance, il demeure un héros aux yeux de ses parents, il doit maintenant forger son identité, la séparer de celle de sa famille d'origine. Le temps des études est fini ou achève, voici venir celui d'établir sa propre situation sociale et matérielle. Il lui faut s'insérer dans un milieu, dans un réseau socioprofessionnel, là où il apportera sa vitalité, ses talents et recevra en échange un certain nombre de gratifications narcissiques. Avec elles, bien souvent, viendront aussi quelques pressions sociales et psychologiques à « se ranger » à devenir « responsable », ce qui n'est pas toujours héroïque !

En somme, cette phase développementale introduit un nouveau questionnement sur les rôles sociaux, sur les coûts et les bénéfices narcissiques de l'insertion. Plus l'estime de soi sera solide, mieux le jeune adulte sera outillé pour mener à bien cette redéfinition des fondements de l'estime qu'il se porte.

Celles qui sont de nature à réactiver les enjeux de l'amour et de l'érotisme

Même si, en ce 3e millénaire, les jeunes adultes n'ont pas souvent attendu la vingtaine pour faire leurs premières expériences romantiques et érotiques, dans l'intervalle sis entre 20 et 40 ans, ils ressentent le besoin, sinon de courtiser, du moins de choisir un(e) partenaire avec qui créer un lien d'amour stable. Au fil de ces rencontres, leur imaginaire sexuel, leurs singularités érotiques, leur rapport à l'exclusivité ou à la liberté sexuelle se frottent aux exigences de la réalité. Au début de ce stade, la libido (au sens sexuel du terme) est à son apogée. À mesure qu'ils avancent, ils remettent en question, pour eux et pour l'Autre, le rapport entre l'intimité et la sexualité, entre l'engagement durable et la monotonie sexuelle. Bombardés de stimulations érotiques par les productions culturelles, par la fréquentation des autres et par la publicité, mis en demeure de se conduire conformément aux attentes liées à leur sexe et leur âge, ils cherchent leurs points d'équilibre. Ils doivent, maintenant, « civiliser » leur désir et se définir en tant qu'objet du désir de l'Autre.

Si les enjeux précoces de l'érotisme ont été complétés, ils seront à même d'intégrer leur désir et leur jouissance au sein d'une identité sexuelle vécue dans la légitimité et la plénitude.

LE STADE 7 : LES TÂCHES DÉVELOPPEMENTALES DE L'ADULTE, DE 40 À 65 ANS

Celles qui sont de nature à réactiver les enjeux de l'attachement

Pendant ce stade — qui couvre tout de même un quart de siècle ! — l'adulte aura à interroger la valeur et le sens de l'attachement et des relations stables. Sont-elles des lieux de réalisation de soi ou des espaces de stagnation, une sorte d'entrepôt du lien ? En effet, les liens les plus significatifs sont déjà établis. Il est rare que de nouvelles relations, apparaissant vers la cinquantaine, viennent s'enraciner aussi profondément que celles qui sont déjà là depuis longtemps. Ce questionnement sur la stabilité relationnelle apparaît très souvent dans le motif de consultation. Toutefois, le client ne pose pas souvent le problème en ces termes. La plupart du temps, il en fait une présentation contextuelle, circonstancielle et liée aux caractéristiques du partenaire. Le thérapeute informé du développement adulte fait œuvre utile en incluant, dans le dialogue thérapeutique, un questionnement qui se pose en ces termes-là. Le client semble parfois chercher dans la relation spécifique prétexte à ce questionnement développemental.

La seconde tâche développementale consiste à renoncer à blâmer l'autre pour sa propre souffrance, ses propres limites, ses propres échecs. On verra plus loin que cela prépare le terrain pour l'un des enjeux du stade suivant, celui du bilan de vie.

La troisième tâche développementale de cet âge concerne l'entrée dans l'adolescence des enfants et, éventuellement, leur départ. À force d'entendre parler de la « crise de l'adolescence », on croirait presque que le terme est un pléonasme : l'adolescence <u>est</u> une crise ! Mais ça n'est pas si sûr. Pour certains des auteurs évoqués, l'adolescence sans crise existe bel et bien. Certes, elle est faite d'une transformation physique et hormonale accélérée, d'une sorte de mutation, mais il n'est pas indispensable qu'elle se vive sur un champ de bataille. Pour que la mutation de l'adolescence s'opère sans guerre ni guérilla, l'une des conditions, mais non la seule, est que les deux parents soient sécures sur le plan de l'attachement. Ainsi, l'adulte participerait à la transformation de l'adolescent en acceptant la différenciation progressive, en honorant la combativité de l'adolescent et en fournissant à la fois un pôle et un modèle de différenciation. Il le fera toutefois en comprenant qu'il est difficile pour l'adolescent, et pour tout le monde, de se séparer de quelqu'un à qui il ne trouve que des qualités !

Quoi que le parent fasse, la différenciation et l'affirmation (parfois oppositionnelles) de l'adolescent viennent ébranler le lien. Elles rappellent l'évolution des formes de l'attachement, lequel, si l'on en croit Haley, n'a de sens que dans la mesure où sa polarité, le détachement, a aussi droit de cité.

Le départ des enfants pose à nouveau la question du lien au conjoint.Sera-t-il possible de le retrouver ou de le trouver dans une nouvelle forme, pour ainsi dire post-parentale ? Le départ des enfants sonnera-t-il le commencement d'une autre phase d'attachement avec le conjoint ou la constatation du fait qu'il est devenu étranger ? En fait, le stade 7 est celui où la probabilité de vivre au milieu de trois générations (ses propres parents, sa propre génération et ses propres enfants) est la plus élevée. Le départ des enfants coïncide souvent avec le vieillissement et la maladie de ses propres parents. Ainsi, il est possible de se rapprocher d'eux, stabilisant des sentiments chaleureux à leur égard. Ce nouveau rapprochement (avec ses propres parents) met en figure les questions du *deuil* et du *pardon* : *deuil* des parents idéalisés de l'enfance, deuil actuel face à leur déclin et deuil appréhendé de leur disparition éventuelle. *Pardon* de leurs insuffisances passées, de leur affaiblissement graduel, aussi bien que des attaques passées à leur égard. Soigner ses parents, c'est aussi vivre concrètement dans leurs limites, leurs imperfections, leur mortalité. Cela contribue à dissoudre les éventuelles amertumes et à retrouver l'intégrité du Soi. On le voit souvent en clinique : perdre ses parents avant d'avoir pu réaliser ce rapprochement constitue une perte tragique dont on se remet très mal.

Les enjeux de l'attachement sont virtuellement appelés à se réactiver, alors que la géométrie familiale se redessine. Si l'attachement précoce s'est fait dans de bonnes conditions, l'adulte sera équipé pour traverser cette période de redéfinition des liens significatifs de sa vie.

Celles qui sont de nature à réactiver les enjeux de l'estime de soi

La période qui s'étend de 40 à 65 ans est cruciale sur le plan de l'estime de soi, alors qu'est activé le besoin de produire quelque chose qui laisse une marque, une trace de soi, de son passage.

Au début de ce stade apparaît le pôle du souci expansif, parfois exclusif de soi-même. La moitié de sa vie est derrière et, au fur et à mesure que l'on avance dans ce stade, le temps commence à se compter à l'envers. On connaît le temps passé, on commence à compter le temps qu'il reste… Et, à chaque anniversaire, l'urgence de produire et de laisser sa marque se fait plus pressante. Ce temps inéluctable, conjugué au mouvement des enfants vers l'autonomie, est de nature à libérer une dose nouvelle d'énergie créatrice et productive, en partie sereine et liée à un but, en partie anxieuse et liée à la conscience du temps qui passe. On pourrait presque parler, en termes freudiens, d'un relatif détachement des objets d'amour et d'un réinvestissement libidinal du moi, d'une nouvelle expansivité.

On commence à évaluer les succès et les échecs de sa vie. Précédemment, si l'on se demandait : « Que faire, qui être ? », la question a évolué vers : « Qu'ai-je fait, qui suis-je ? ». De ce questionnement découle une sorte de décision existentielle à savoir s'il faut garder le cap ou en changer. Quelle que soit la décision, elle prépare le terrain pour une autre tâche dévelopementale qui apparaît vers la fin de ce stade, celle qui invite à faire la paix avec la trajectoire de sa vie. Dans le meilleur des cas, et à la condition que les enjeux précoces de l'estime de soi aient été complétés, dans l'enfance ou après, on pourra affirmer : *«Je suis naturellement imparfait, limité et digne et il en va ainsi de ma vie.»*

Celles qui sont de nature à réactiver les enjeux de l'amour et de l'érotisme

On l'a vu plus tôt, pour plusieurs de nos contemporains, la question d'avoir ou de ne pas avoir d'enfants se pose souvent au début de la quarantaine. La sexualité est, dans cette phase, davantage liée à la question de la procréation. La libido sexuelle se transforme, les doutes et les controverses de la ménopause et de l'andropause commencent à apparaître et, avec elles, le sentiment croissant du déclin de sa propre capacité de séduction. Plus que jamais, le temps est venu de connaître, de reconnaître et d'admettre sa vulnérabilité sur le plan sexuel. Dans le meilleur des cas, ce nouveau rapport à la vulnérabilité qui s'installe graduellement provoque une relance de la sensibilité et de l'empathie érotiques.

Que ce soit sur le plan de la séduction ou de la performance physique, de 40 à 65 ans, la femme et l'homme se voient confrontés à plus beaux, plus forts, plus désirables qu'eux. Et chacun sait bien que le temps n'arrangera pas les choses. Au cours des 25 années de ce stade, la libido sexuelle est appelée à évoluer et à dépasser l'acte intime, personnel et immédiat, vers ce qu'Erikson nomme la générativité. Il s'agit, en fait, de la capacité à s'intéresser à la société et à d'autres personnes qu'aux membres de sa famille. Pour Erikson, il n'y a pas de « personne » sans famille, pas de famille sans société, pas de société sans culture, pas de culture sans civilisation et pas de civilisation sans personnes singulières. La générativité prolonge l'érotisme dans le sens où Freud écrivait :

L'individu, effectivement, mène une double existence : en tant qu'il est à lui-même sa propre fin, et en tant que maillon d'une chaîne à laquelle il est assujetti contre sa volonté ou du moins sans l'intervention de celle-ci. Lui-même tient la sexualité pour une de ses fins, tandis qu'une autre perspective nous montre qu'il est un simple appendice de son plasma germinatif, à la disposition duquel il met ses forces en échange d'une prime de plaisir, qu'il est le porteur mortel d'une substance — peut-être — immortelle, comme l'aîné d'une famille ne détient que temporairement un majorat qui lui survivra[16].

C'est sans doute dans cette conscience d'être un maillon sexué d'une chaîne de vie qui le dépasse et lui survivra que réside le germe de la générativité. L'être humain qui évolue à travers ce quart de siècle doit apprivoiser le vieillissement et préparer, dans la conscience de sa finitude, non seulement sa propre évolution spirituelle, mais sa contribution à l'héritage de la famille humaine. La libido égo *« iste »* s'élève progressivement et accède à une forme d'amour qui transcende la jouissance immédiate.

Cette générativité, forme de générosité, dépend largement des cycles de jouissance antérieure. À mesure qu'approche la fin du stade 7, elle devient possible, surtout si le « porteur mortel d'une substance — peut-être — immortelle » a pu en jouir pleinement et donner un sens aux fruits de cette substance.

LE STADE 8 : LES TÂCHES DÉVELOPPEMENTALES DE LA MATURITÉ, APRÈS 65 ANS

Celles qui sont de nature à réactiver les enjeux de l'attachement

Après 65 ans, le moment arrive où l'on doit rompre ou dissoudre progressivement l'attachement avec son travail, avec son identité professionnelle. Parfois le travail a remplacé une personne. Certains clients en parlent comme d'une passion, comme d'une véritable histoire d'amour, d'autres comme d'un amour déçu. Le travail est aussi fait d'un tissu de relations professionnelles qui, elles aussi, vont se distendre et se rompre avec la retraite.

On constate que l'on est maintenant de la 1ère génération, la précédente ayant disparu. Les attaches se sont dissoutes et l'on se trouve maintenant au sommet de la pyramide, à la tête d'un clan, en somme. Parfois, il s'agit d'un tout petit clan.

16 *Pour introduire le narcissisme (1914).*

Parfois, on se retrouve seuls au sommet de cette pyramide, seuls à contempler l'horizon. On sera parmi les prochains à partir.

Dans le meilleur des cas, on investit, sur le plan de l'attachement, dans la génération suivante. Mais souvent, on est pris d'une telle amertume face au vieillissement qu'on a du mal à donner. Comme si on avait plutôt l'expérience inverse, d'avoir assez, d'avoir trop donné ! Quand c'est le cas, le processus de fin de vie est marqué par l'amertume et l'on assiste plutôt à une sorte de dessèchement de l'attachement.

Il y a donc une forme de solitude qui accompagne l'âge de la maturité. La génération précédente s'est éteinte et la suivante est partie, volant de ses propres ailes. On voit ses pairs vieillir eux aussi, tant bien que mal. On voit la maladie et les handicaps frapper ceux de notre âge et, parfois, nous absorbons nous-mêmes ces coups du destin. Dans le meilleur des cas, le conjoint est toujours là et la relation avec cette personne intime entre toutes s'est approfondie à travers les décennies, malgré les épisodes de distanciation nécessaires. Alors, l'attachement au conjoint grandit.

Le vieillissement, la maladie et la perte d'autonomie mettent l'adulte vieillissant en position d'être soigné par ses enfants. S'il a pu cultiver avec eux une bonne et saine relation, ce temps de la vie peut être riche de chaleur et de bilans des liens. Cependant, il y a parfois tant d'amertume et de rancoeur accumulée de part et d'autre que ce rapprochement est voué à l'échec. Il réactive alors les vieilles rancunes.

Celles qui sont de nature à réactiver les enjeux de l'estime de soi

Le parachèvement de sa vie, après 65 ans, consiste à consolider le sentiment de son intégrité personnelle, à pouvoir regarder derrière et considérer sa vie passée avec satisfaction. Ce regard est la condition *sine qua non* d'une sérénité relative face à sa propre mort. Tous n'ont pas forcément réalisé tous leurs rêves, accompli tout ce qui devait l'être, relevé tous les défis. Pourtant, le sentiment d'avoir fait quelque chose de bien, d'avoir pu faire une petite différence dans la vie de ceux qu'ils ont touchés, qu'il s'agisse des amours, des enfants, des collègues, de la communauté, ce sentiment assouvit et apaise à la fois la quête de l'idéal.

À l'inverse, l'adulte vieillissant qui voit sa vie comme une suite d'occasions manquées et de choix malheureux est contraint d'absorber et de métaboliser le sentiment de désespoir ou d'échec. La tâche développementale consiste à affronter ses derniers ennemis : la rage et le sentiment d'injustice face à la mort.

Celles qui sont de nature à réactiver les enjeux de l'amour et de l'érotisme

Au pays d'Éros, le moment est venu d'admettre le déclin ou la fin de la poussée proprement sexuelle et il faut redéfinir le sens de ses liens érotiques. Comme le chante Reggiani : « Il faut être artiste jusqu'au bout des doigts pour sculpter des joies quand la chair est triste... »

Triste chair, qui oblige à revisiter l'image corporelle de soi, à s'aimer avec ses rides. Pour ceux dont l'estime de soi n'a pas pris une seule ride de… maturité, il s'agit d'une descente aux enfers. Pour d'autres, ce sera le purgatoire, au sens premier du terme : un espace où purger le Soi de ce qui lui reste de vanité plastique. Lorsque l'adulte a bien vieilli, donc accepté de vieillir, il a, sur le plan de l'érotisme, des joies esthétiques à assumer, des jouissances subtiles à distiller. Il lui reste l'émerveillement devant la beauté et la sensualité des êtres et des choses.

Le corps vieillit, il n'obéit plus comme avant, les performances physiques déclinent et la question se pose à savoir : faut-il poursuivre ses activités ou en découvrir de nouvelles ? Comment aimer encore ce corps-véhicule qui nous a portés, qui se fatigue maintenant plus vite et qui, parfois, demande grâce ?

Enfin, le vieillissement du corps et l'arithmétique existentielle qui l'obligent à compter à rebours forcent l'adulte vieillissant à s'interroger sur le sens de la mort, de sa propre mortalité. Il revisite alors les questions de la vie elle-même, les joies comme les peines ou, comme le dit Danielle Darrieux, interprète de la pièce d'Eric-Emmanuel Schmitt *Oscar et la dame rose*[17] : « Le bonheur c'est ouvrir les volets le matin. Mais c'est les refermer le soir, aussi. »

REPRODUCTION OU TRANSFORMATION ?

> *« À défaut d'accomplir notre destin développemental, nous sommes condamnés à répéter notre histoire développementale. » (Ivey, 1986).*

Comment apprécier, dans une crise, le fait qu'elle soit plutôt développementale, donc tournée vers l'avant, le destin, la destinée, la destination ou, inversement, plutôt pathologique : tournée vers l'arrière et la reproduction d'un passé inachevé ? Ici comme ailleurs, il n'y a évidemment pas de critère unique et définitif. Cependant, on peut se donner un outil de réflexion qui nous aidera à

[17] *Oscar et la dame rose*, pièce allégorique sur les âges de la vie, d'après le roman d'Eric-Emmanuel Schmitt, jouée entièrement par Danielle Darieux, 87 ans.

mettre en forme la tension naturelle qui anime la crise, celle qui se joue entre la réactivation des enjeux du passé et le mouvement vers l'avant. Ces deux pôles sont : d'une part celui de la reproduction et d'autre part celui de la transformation.

Le tableau 2 rassemble les éléments de cet outil de réflexion.

Tableau 2

Pôle de la reproduction	***Pôle de la transformation***
Risques familiers	*Risques nouveaux*
Sentiment de retour en arrière	*Sentiment d'aller vers l'avant*
Présence d'enjeux non résolus ou non reconnus liés à la crise	*Absence d'enjeux non résolus liés à la crise ou présence d'enjeux reconnus*
Effet net de dévitalisation	*Effet net de vitalisation*
Empathie paralysante ou insuffisance d'empathie pour l'autre	*Empathie créatrice à l'égard de l'autre*

Quand une crise est surtout mue par le pôle reproductif, les risques que le client évoque sont plutôt familiers, connus. Le client les a souvent rencontrés dans sa vie. L'apparence du risque peut varier, mais le thème reste le même. À l'inverse, dans le pôle de la transformation, les risques auxquels la crise expose le client ont quelque chose de neuf, une sorte de fraîcheur liée à l'inconnu. Ils demeurent tout de même des risques, avec leur potentiel anxiogène inhérent. Souvent, on repère le risque connu dans une sorte d'éloquence du client, dans une espèce de facilité à trouver les mots pour le nommer : « Si je fais ceci, je gagnerai cela, mais si je fais cela je perdrai ceci! » En contraste, le client dont la crise est davantage placée sous le signe de la possible transformation est souvent un peu déconcerté par le fond de la crise. Il manque de mots pour la dire dans sa complexité inhérente, parce que neuve.

Dans la crise reproductive, et selon son histoire dans le champ 3, le client semble être dans un mouvement vers l'arrière. Parfois, et même s'il n'a pas pleinement conscience de le faire, il en parle presque en ces mots : « Me voilà encore pris dans [...]. Pourquoi ça m'arrive toujours à moi ? » En revanche, dans la crise développementale, on touche au sentiment subjectif d'aller vers l'avant, dans l'inconnu et, selon les thèmes reproductifs éventuels, le phénomène porte ce possible mouvement.

Ici, une clarification s'impose. Il arrive, parfois, avec les personnalités limites et narcissiques notamment, que le client se méprenne sur le sens de sa crise. Ainsi en est-il du client narcissique qui a « enfin trouvé la partenaire idéale » et qui déclare vivre là quelque chose de radicalement neuf. Nous ne parlons pas ici de l'expérience de surface, mais de celle qui est susceptible d'apparaître à la faveur d'un dialogue thérapeutique correctement calibré. Pour ces clients, c'est une quasi-révélation que de reconnaître qu'en fait, ils ont souvent « enfin trouvé pour la première fois de leur vie… ». Ce sentiment subjectif se situe davantage dans le préconscient que dans l'expérience consciente et de surface, trompeuse, car dérivée de la poussée d'un *MI*.

Lorsqu'on approfondit la situation de crise, on peut observer deux phénomènes : soit la présence facilement accessible d'enjeux développementaux non résolus en lien avec la crise ou la présence de tels enjeux non reconnus et pourtant accessibles à un observateur informé, raisonnable et de bonne foi. Par exemple, on peut travailler avec une jeune femme amoureuse de son professeur qui a 25 ans de plus qu'elle, et qui vit dans toute son incertitude ce dont parle Jane Bauer dans son magnifique ouvrage *L'amour impossible*. Si l'on découvre, dans son histoire développementale, une problématique de fond quant au lien avec un père absent dont elle a cherché sans cesse le regard, elle répondra peut-être que ça n'a rien à voir et que son amant n'est pas du tout comme son père. En fait, il en est tout le contraire. Ce genre de déni de la possibilité d'une affinité thématique entre le champ 3 et le champ 4 tendrait plutôt à indiquer que l'enjeu est présent et imprègne la situation actuelle. L'insistance du déni du lien est souvent un indicateur de reproduction. Certes, c'est un indicateur un peu agaçant, si l'on n'aime pas la psychanalyse…

Du côté de la transformation, soit on ne repérera pas dans le passé développemental, d'enjeux non résolus en lien avec la crise présente, soit il y aura de tels enjeux, mais ils seront reconnus et la cliente en tiendra compte. Ainsi, la jeune femme pourrait bien dire : « Il est vrai que ce qui se passe ne peut faire autrement que de me mettre en contact avec ce qui s'est passé ou ne s'est pas passé, avec ce que j'ai espéré jadis. Pourtant, ça n'a pas de sens pour moi de considérer que ça n'est que ça et que la question est close. C'est peut-être ça, mais je veux rester ouverte à la possibilité que, bien que ce soit ça, ça ne soit pas que ça. »

On aurait là l'incertitude et la nouveauté du risque. On trouverait dans le passé développemental un enjeu présentant des affinités thématiques avec la situation actuelle, mais cet enjeu serait reconnu, on en tiendrait compte et il serait intégré dans la lecture et la construction du sens de l'expérience actuelle.

L'expérience de cette jeune femme de 25 ans, amoureuse de son professeur de 50 ans qui lui rend son amour n'est pas, en soi, une expérience désespérante ! Cependant, il se peut que le regard réprobateur que posent sur elle son entourage et peut-être même son thérapeute dépeignent son expérience sous les traits d'une caricature d'œdipe et que cela ait un effet d'accablement. À ce moment-là, on a affaire à une crise peut-être, pourtant la dimension critique ne vient pas essentiellement des enjeux inachevés de la cliente, mais plutôt de la pression environnementale.

L'effet net de la crise de reproduction pathologique en est un de dévitalisation. On sent bien que le poids énergétique est tiré vers le bas. Ou alors, on voit une sorte de tourbillon énergétique qui conduit à l'usure et se révèle improductif. En revanche, l'effet net de la crise transformationnelle en est un de vitalisation. On a beau sentir qu'il y a un déséquilibre, de l'inquiétude et de l'incertitude, l'expérience du client qui accède au fond de la crise en est une de bouillonnement de vie.

Enfin, sur le plan du rapport à l'Autre, dans la crise pathologique on pourra constater soit une empathie paralysante, soit une absence ou une insuffisance d'empathie à l'égard de l'Autre. Ainsi, la jeune femme que nous venons d'évoquer pourrait se paralyser prématurément en se bloquant dans des arguments tels : « Ça ne se fait pas. Cela dévasterait mes parents de me savoir en relation avec un homme de cet âge, un professeur, marié en plus. Et sa femme ? Et ses enfants ? »

Il n'est pas dit qu'elle ne devrait pas en tenir compte ! Ce qui pose un problème c'est que, précisément, elle n'en tient pas compte dans une expérience réfléchie. Elle interrompt plutôt la complexité de la crise par une « empathie » qui évacue toute autre considération, y inclus sa propre expérience et celle de son objet d'amour.

Inversement, l'insuffisance d'empathie est indicatrice d'une trame reproductrice dans la crise : « Ça n'est pas mon problème. Je vis ma vie, que les autres se débrouillent. » Ici, on aurait une absence de considération pour l'autre et, en définitive, un évitement de la dimension critique de l'expérience en cours, évitement qui pourrait se payer cher un peu plus tard… Dans un cas comme dans l'autre, la crise n'est pas véritablement affrontée.

Voilà donc 5 repères qui, lorsqu'ils sont utilisés judicieusement, peuvent permettre au thérapeute et au client de s'orienter dans la part inévitable de doute et d'incertitude que provoque la crise de l'âge adulte.

Jusqu'ici, nous avons défini ce que nous entendons par crise développementale. Nous avons tracé les grandes lignes du développement de l'âge adulte et des crises susceptibles d'en marquer les étapes. Enfin, nous nous sommes donné quelques repères susceptibles de nous aider à apprécier le poids relatif de la transformation et de la reproduction au cœur de la crise de l'âge adulte. Nous pouvons maintenant ouvrir la voie à quelques principes généraux utiles au traitement de la crise adulte, dans le contexte de la psychothérapie d'essence développementale.

SCHÉMA GÉNÉRAL DU TRAITEMENT DE LA CRISE DÉVELOPPEMENTALE EN PSYCHOTHÉRAPIE

Le traitement de la crise adulte suppose une intervention en 5 axes qui peuvent se résumer ainsi :

- Une mise en relation de l'âge du client, de son stade développemental et du thème de la crise.
- Une analyse des thèmes de la crise en ce qui a trait aux :
    - Enjeux développementaux précoces et inachevés ;
    - Enjeux développementaux actuels à élaborer.
- Une évaluation de la tension reproduction-transformation.
- Une approche d'intervention classique sur la part de reproduction au sein de la crise.
- Une herméneutique de la métamorphose quant au potentiel de transformation développementale que présente la crise.

On l'a vu précédemment, le dialogue herméneutique est une coconstruction du sens de l'expérience. Il cultive et organise, dans un rapport dialogique, les contributions issues de la compétence narrative et expérientielle du client et de la compétence affective et réflexive du thérapeute. L'herméneutique s'inscrit dans un travail de reconnaissance des reproductions pathologiques, cet effort ambivalent qui prête sens à l'expérience actuelle, rend l'univers prévisible et, enfin, dénoue des impasses issues d'enjeux développementaux inachevés.

Parce qu'elle est tournée vers le devenir et qu'elle débouche sur l'inconnu, l'herméneutique de la métamorphose exige, de la part du thérapeute, davantage de tolérance à l'incertitude. De plus, alors que l'herméneutique de la reproduction se nourrit largement des théories du développement précoce, l'herméneutique de la métamorphose s'alimente plutôt aux perspectives de type ericksonnien visitées dans le présent chapitre.

Voyons maintenant le cas de Madame A, afin d'illustrer le propos tenu jusqu'ici.

Une illustration : Madame A.[18]

Madame A est âgée de 67 ans. Son entourage, notamment ses enfants et une amie, croient qu'elle est dépressive, qu'elle s'intéresse trop au passé. On s'inquiète de ce qui, par certains côtés, ressemble à une monomanie. Depuis quelques années, elle consacre son temps à un champ d'intérêt que son entourage trouve morbide.

Madame A. est à la retraite depuis deux ans. Son mari est décédé il y a 11 ans, après trente-cinq ans de vie commune. Elle pense que la mort de son compagnon a transformé sa vie et l'a plongée dans ce qu'elle avait soigneusement évité depuis très longtemps et à quoi elle ne peut plus éviter de penser : son identité juive et l'histoire juive.

Monsieur est mort d'un cancer, alors que madame était partie se reposer à la campagne, sur l'insistance de monsieur. Elle se reproche de l'avoir écouté et de ne pas avoir été là pour le soutenir et pour l'accompagner. C'est depuis ce deuil qu'elle se tourne vers l'histoire juive, l'histoire de la Seconde Guerre mondiale, de la montée du nazisme. Elle participe à toutes les commémorations, allant même à l'étranger. Elle ne lit que ce qui se rapporte aux questions qui la préoccupent, elle cherche à se documenter, elle compare les sources et relève les incongruités dans les rapports des faits historiques. Bref, depuis la mort de son mari, son intérêt pour cette histoire grandit. Il culmine depuis qu'elle a pris sa retraite. Elle y consacre tout son temps. Ses proches, qui croyaient que la retraite serait pour elle

---

[18] Mes remerciements à Jacqueline Jacoutot, psychothérapeute de France, pour m'avoir permis d'utiliser ce cas, soulevé lors d'une supervision.

un moment de vie paisible, s'inquiètent de la voir consacrer autant d'énergie à une histoire dont ils savent qu'elle la concerne, mais qui remonte tout de même à près de soixante ans. Selon eux, madame se portait bien mieux avant de plonger dans ce sombre univers.

Malgré tout, elle s'investit socialement et ne néglige pas sa vie familiale. Elle garde son petit-fils deux fois par semaine, elle a des amis et fait partie d'associations juives.

Dès le premier entretien, elle paraît préoccupée par les coupures de son histoire, par les fondements de la religion juive et par le fait qu'elle n'en a rien transmis à ses enfants et à ses petits-enfants. Pourtant, elle n'est pas du tout pratiquante ; ni son identité juive ni sa religion n'ont occupé sa vie jusqu'à la mort de son mari.

Elle revoit, de temps en temps, la dame de Berne (Suisse) qui s'est occupée d'elle pendant la guerre (voir plus loin).

Alors qu'elle n'a que 7 ans, ses parents (son père, sa mère et sa sœur) sont emmenés par les Allemands à la rafle du vélodrome d'hiver de Paris et disparaissent dans un camp d'extermination nazi. Son grand-père périra plus tard dans un camp nazi.

Au moment de la rafle, elle parvient à se cacher et rejoint son oncle et sa tante qui réussissent à passer en Suisse avec elle. Parce qu'ils ont une enfant avec eux, la Suisse ne les extrade pas. Son oncle et sa tante faisant face à de graves difficultés matérielles, elle est confiée à une famille juive. Dans cette famille, elle est maltraitée et subit des attouchements sexuels. Quand elle parle de ces mauvais traitements et des abus à caractère sexuels qu'elle a subis, Madame A. ne semble pas tellement affectée. Elle ne nie pas l'extrême gravité de ces événements, mais ce n'est pas cette part singulière de son histoire qui l'intéresse.

Plus tard, elle est confiée à la Croix-Rouge (Suisse) à Berne, puis, pendant un an et demi, elle vit chez une vieille demoiselle catholique. Cette dame la considère et l'élève comme sa propre fille. Son oncle et sa tante ne supportent pas que la jeune A. ne soit pas élevée dans la religion juive et décident de la reprendre avec eux. Comme ils sont de la famille, ils en ont le droit. Elle vit alors chez eux (avec le strict minimum) jusqu'à sa majorité.

Elle fait des études en chirurgie dentaire en Suisse et rencontre alors celui qui deviendra son mari. Il est catholique. Le couple s'établit dans l'Est de la France.

Elle vit 35 ans de bonheur avec cet homme qu'elle décrit non pas comme n'ayant pas de défauts, mais comme l'homme qu'il lui fallait. Il ne lui pose jamais de questions, la protège, dit-elle, et la respecte. Elle a deux enfants, aujourd'hui mariés et eux-mêmes parents.

Les processus cognitifs de Madame A. ne semblent pas présenter d'anomalies. Elle est correctement orientée dans le temps et dans l'espace et son discours est continu et cohérent. Son affect de base semble alterner entre une sorte de tristesse mélancolique et un dynamisme manifeste, bien qu'elle soit un peu embarrassée quand elle parle de ses champs d'intérêt actuels. Elle semble étonnée de se trouver engagée dans une démarche thérapeutique. Elle espère que cette démarche l'aidera à mieux se faire comprendre de son entourage.

Elle dit avoir accepté de consulter afin de calmer les inquiétudes des membres de sa famille. À la 2e séance, elle dit ne pas savoir que penser de cet intérêt que ses proches trouvent excessif et morbide. Elle se demande si elle est en dépression.

Voyons comment appliquer notre modèle au cas de Madame A.

1. *La mise en relation de l'âge de la cliente, de son stade développemental et du thème de la crise*

À 67 ans, la cliente est au début du stade 8 dans la typologie d'Erikson. Eu égard aux grandes tâches développementales de ce stade, il semble que Madame A. ait bien rompu l'attachement avec son travail. Elle prend conscience du fait d'être de la 1ère génération. Elle s'investit sur le plan de l'attachement à la génération suivante.

De plus, il se peut qu'elle s'applique actuellement à consolider son intégrité personnelle, et que la quête de son histoire et de celle de sa communauté lui permette de faire le bilan de sa vie. Elle ne semble pas en proie au désespoir, elle s'implique avec ses petits-enfants (génération suivante) et accepte les soins qui lui sont offerts par ses enfants. Elle s'est découvert un champ d'intérêt vital et, dans ce champ proprement identitaire, elle construit à rebours le sens de sa vie en cherchant à l'inscrire aussi dans le mouvement de l'histoire.

2. *L'analyse des thèmes de la crise*

Ce qui semble à l'avant-plan pour Madame A., ce sont les tâches développementales de la maturité qui réactivent les grands enjeux de l'attachement et, dans une moindre part, de l'estime de soi. On pourrait se demander quelle est la nature du rapport qu'elle entretient avec la disparition de ses proches et si le syndrome du survivant (pourquoi eux et pourquoi pas moi ?) ne joue pas un rôle dans son expérience actuelle. Toutefois, il ne semble pas y avoir d'indices d'un retour de sentiments de honte-culpabilité et les événements traumatiques qui ont suivi la disparition de sa famille immédiate, y inclus les événements à caractère sexuel, ne semblent pas jouer un rôle sensible dans l'expérience actuelle.

Quant à la question de l'estime de soi, liée à son identité, elle se reproche de n'avoir rien transmis de son héritage juif. Toutefois, ce reproche ne la place pas dans un espace d'accablement. Elle semble plutôt agir dans le sens d'une réparation en forme de quête de racines, de reconstruction de la mémoire et de témoignage actif.

3. L'évaluation de la tension reproduction-transformation

Bien qu'elle semble retourner vers le passé, on doit considérer qu'elle fouille le passé historique dans un mouvement personnel qui va vers l'avant, vers la complétion identitaire. Ses affects semblent liés à ce qui se passe dans sa vie actuelle. Elle est capable d'empathie et comprend l'inquiétude de ses proches, ce en quoi elle est peut-être menacée d'adopter leur point de vue et, en introjectant le regard des autres, de se découvrir une « pathologie » qui n'est pourtant pas observable cliniquement. Au contraire, la cliente est vitalisée par cette expérience de vie. Cette vitalité ne présente pas les signes cliniques d'une quelconque manie, mono ou autre, et semble orientée vers un but ancré dans la réalité.

4. L'intervention classique sur le pôle reproduction

Il est vraisemblable que Madame A. porte quelques résidus affectifs, *MI* ou autres, desquels il peut lui être utile de parler. Une herméneutique de la mise en lien de l'actuel et du passé (champ 3 et champ 4), lui permettrait de donner un sens à l'éloignement prolongé de son identité et de ses racines, aux ressorts de sa solidarité, à son rapport à sa famille disparue, à ceux qui l'ont bien et mal traitée. Cependant, ce travail ne doit pas viser à compléter une expérience passée qui délierait la cliente de ses tâches développementales actuelles.

5. Herméneutique de la métamorphose sur le pôle transformation

La cliente, si elle le souhaite, pourrait être accompagnée dans l'affirmation de la légitimité de ses tâches développementales actuelles. Elle pourrait l'être également dans l'affirmation de son besoin de faire un bilan de sa vie. Cet accompagnement devrait se faire au sein d'un dialogue tourné vers le sens de la réalisation actuelle, le sens de la discontinuité qui a marqué sa vie et le sens tant personnel qu'historique de sa recherche et de sa condition de témoin.

Conclusion et épilogue

J'ai entrepris l'écriture de ce livre animé du désir d'être utile à mes confrères et consœurs. J'ai voulu jouer le rôle de traducteur ou d'interprète d'un matériel théorico-clinique très diversifié et qui touche des domaines de recherche et de pratique de plus en plus pointus. J'ai revisité des thèmes personnels et professionnels qui, il me semble, nous concernent tous. J'ai avancé dans les pages qui précèdent que les grands enjeux développementaux de l'être humain peuvent utilement être rassemblés en 3 chantiers, ceux de l'attachement, de l'estime de soi et de l'amour érotique. J'ai conclu en affirmant que le développement se poursuit durant toute la vie adulte, parfois sous la forme de crises. Celles-ci peuvent condenser toute une série de significations qui réactivent les grands chantiers dévelopementaux précoces. Elles n'en contiennent pas moins une part plus ou moins grande de germes de transformation qui ouvrent à la conscience du sujet des horizons nouveaux pour la suite de son itinéraire. Il nous appartient de soutenir ceux qui nous consultent dans cette quête de sens, dans cette recherche de cohérence, qui illuminent l'essence de la vie humaine.

Je crois que chacun de nous doit, à chaque jour et en plus de sa pratique clinique, livrer bataille : celle d'une certaine vigilance face à la possible dégradation de la pratique de la psychothérapie. Jamais autant de connaissances n'ont été disponibles. Elles éclairent la complexité inaliénable de la psyché et soulèvent davantage de questions fondamentales qu'elles n'apportent de réponses. Au même moment, jamais la pratique n'a autant été soumise aux pressions de l'utilitarisme à court terme, lequel se fonde parfois sur le déni de la complexité. Jamais la psychothérapie n'a été confrontée aux progrès des connaissances de la génétique et des neurosciences.

Face à cette transformation de son champ global d'exercice, le psychothérapeute doit, car il en connaît les coûts et les contrecoups, refuser les simplifications réductrices. Outre notre présence à chacun de nos clients, la dignité de notre pratique repose sur la défense de la singularité absolue du sujet et de sa quête inaltérable de sens.

Références

Adler, A. (1907) : La compensation psychique de l'état d'infériorité des organes. Paris. Payot. 1956

Ainsworth, M.S., & Bowlby, J. (1991). « An ethological approach to personality development ». American Psychologist, 46 (4), 333-341.

Alberoni, F. (1987) : L'érotisme. Ramsay. Paris.

Alberoni, F. (1997) : Je t'aime. Plon. Paris.

Allport, G. (1937) : Personality. A Psychological Interpretation. Constable. London.

American Psychiatric Association. (1994) : Diagnostic And Statistic Manual of Mental Disorders. Fourth Edition. The APA Press. Washington, D.C.

Apfelbaum, B. (2000) : « A Confusion of Tongues : The Analytic Community ». Journal of the Northern California Society for Psychoanalytic Psychology. Vol. VI, no 2.

Appignanesi, L. ; Forrester, J. (1992) : Freud's Women. Basic Books. New York.

Bauer, J. (2000) : L'amour impossible. Le Jour Éditeur. Montréal.

Bayn, N. (1978) : Women's Fiction. Cornell University Press. Ithaca.

Bellah, R.N. ; Madsen, R ; Sullivan, W.M. ; Swidler, A. ; Tipton, S.M. (1996) : Habits of the Heart : Individualism and Commitment in American Life. University of California Press. Los Angeles.

Benedek, T. (1958). « Parenthood as a developmental phase: a contribution to the libido theory. » Journal of the American Psychoanalytic Association, 7, pp. 389–417.

Benjamin, L.S. (1996). « An interpersonal theory of personality disorders ». In J. F. Clarkin, M. F. Lenzenweger, & et al. (Eds.), Major theories of personality disorder. (pp. 141-220). Guilford Press. New York

Birtchnell, J. (1997). « Attachment in an interpersonal context ». British Journal of Medical Psychology, 70(3), 265-279.

Bollas, C. (1997). « The wish of borderline patients ». [Allemand]. Zeitschrift Fuer Psychoanalytische Theorie und Praxis, 12(2), 128-135.

Bouchard, M-A. ; Guérette, L. (1991) : « Notes sur la composante herméneutique de la psychothérapie ». Revue québécoise de psychologie. Vol. 12, p. 19-33.

Boutinet, JEAN-P. (1995) : L'immaturité de la vie adulte. PUF

Boutinet, JEAN-P. (1995) : Psychologie de la vie adulte. PUF.

Bowlby, J. (1958) « The Nature of The Child's Tie to His Mother », International Journal of Psychoanalysis, 39, 350-73.

Bowlby, J. (1960a) « Separation Anxiety », International Journal of Psychoanalysis, 41, 89-113.

Bowlby, J. (1960b) Grief and Mourning in Infancy and Early Childhood. Psychoanalytic Study of The Child, 15, 9-52.

Bowlby, J. (1969, 1982) Attachment and Loss, vol. 1: Attachment. London: The Hogarth Press.

Bowlby, J. (1973), Attachment and Loss, vol. 2: Separation. London: The Hogarth Press.

Bowlby, J. (1989). The role of attachment in personality development and psychopathology. In S. I. Greenspan, G. H. Pollock, & et al. (Eds.), The course of life, Vol. 1: Infancy. (pp. 229-270). Madison CT: International Universities Press.

Branden, N. (1984) : Honoring the Self. Bantam. New York

Brennan, K.A. ; Shaver, P.R. (1998). « Attachment styles and personality disorders: their connections to each other and to parental divorce, parental death, and perceptions of parental caregiving ». Journal of Personality, 66(5), 835-878.

Bretherton, I. (1992). « The origins of attachment theory: John Bowlby and Mary Ainsworth ». Developmental Psychology, 28(5), 759-775.

Browning, D. ; Boatman, B. (1977) : « Incest : Children at risk ». American Journal of Psychiatry. 134, p. 69-72.

Brownmiller, S. (1985) : Feminity. Fawcett. Columbine. New York.

Bruckner, P. ; Finkielkraut, A. (1997) : Le nouveau désordre amoureux. Le Seuil. Paris.

Buckley, P. (1986) : Essential papers on Object Relations. New York University Press. New York.

Bugental, J. F. T. (1987) : The Art of the Therapist. Norton. New York.

Buhler, C. (1968) : The course of human life. Springer. New York.

Cassell D. ; Coleman, R. (1995) : « Parents with psychiatric problems ». Assessment of Parenting: Psychiatric and Psychological Contributions. Edited by Reder P, Lucey C. London, Routledge, 1995

Chevalier, N ; Vandernotte, C. (2000) : Accomplissement de soi et crise du mitan de la vie. Souffle d'or. Montréal.

Cloninger, C.R.. (1988) : « The genetics and psychobiology of the seven factor model of personality ». In Annual Review of Psychiatry. Vol 17, K Silk, editor. American Psychiatric Association. Washington, DC.

Cloninger, C.R.. ; Przybeck, TR. ; Svrakic, DM. ; Wetzel, R. (1994) : The Temperament and Character Inventory : A Guide to Its Development and Use. Center for Psychobiology of Personality. Washington University. St. Louis.

Cloninger, C.R.. ; Svrakic, DM. (1997) : Integrative psychobiological approach to psychiatric assessment and treatment. Psychiatry 60 : 120.

Cloninger, C.R.. ; Svrakic, DM. ; Przybeck, TR. (1993) : « A psychobiological model of temperament and character ». Arch Gen Psychiatry 50 : 975.

Cloninger, C.R.. ; Svrakic, DM. ; Przybeck, TR. (2000) : « Personality disorders ». Comprehensive Textbook of Psychiatry, Sixth Edition. Edited by Kaplan et Saddok. Williams and Wilkins. London.

Cohn, J. F. ; Campbell, S. B. ; Matias, R., ; Hopkins, J. (1990) : « Mother-infant face-to-face interactions of postpartum depressed and non-depressed mothers ». Developmental Psychology, 26, 15-23.

Commons M.L (2002) : « Introduction: Attaining a New Stage ». Journal of Adult Development, vol. 9, no. 3, pp. 155-157(3)

Cournut, J. (1997) : Epître aux Oedipiens. PUF. Paris.

Couvreur, C. (2000) : La polarité de l'amour et de la mort. PUF. Paris.

Crittenden, P. M. (1985). « Social networks, quality of child-rearing, and child development ». Child Development, 56, 1299-1313.

Cyrulnik, B. (1997) : Sous le signe du lien. Pluriel. Paris.

Cyrulnik, B. (2000) : La vie peut reprendre après un traumatisme. Conférence, département de psychiatrie. Hôpital Ste-Justine, 4 octobre 2000.

Cyrulnik, B. (2000) : Les nourritures affectives. Odile Jacob. Paris.

Davidove, D. (1991) : « Loss of Ego functions, conflict, and resistance ». Gestalt Journal. 14 (2), p. 27-43.

De Beauvoir, S. (1949) : Le deuxième sexe. Gallimard. Paris.

De Grace, J.R. ; Joshi, P. (1986) : Les crises de la vie adulte. Décarie, Montréal.

Dekeon-Furash, L.D. (1994). « Parameters of schizotypal personality disorder: Interpersonal attachment styles and psychodiagnosis. » Dissertation Abstracts International: Section B: the Sciences & Engineering, 55(6-B), 2396-2396.

Delisle, G. (1991) : Les troubles de la personnalité ; perspective gestaltiste. Les Éditions du Reflet. Montréal.

Delisle, G. (1992) : « De la relation clinique à la relation thérapeutique ». Revue québécoise de Gestalt. Vol. I, no 1, p. 53-77.

Delisle, G. (1993) : « La relation thérapeutique tri-modale et l'identification projective ». Revue québécoise de Gestalt. AQG. Montréal.

Delisle, G. (1998) : La relation d'objet en Gestalt-thérapie. Les Éditions du Reflet. Montréal.

Deutsch, H. (1925 ; 1991 ; 1994 v.f.) : Psychanalyse des fonctions sexuelles de la femme. PUF. Paris.

Deutsch, H. (1944 ; 1949 v.f.) : La psychologie des femmes. PUF. Paris.

Dormaar, J. ; Dijkman, C. I. ; de Vries, M.W. (1989) : « Consensus in patient therapist interactions : A measure of the therapeutic relationship related to outcome ». U Limburg, Maastricht, Netherlands Psychotherapy and Psychosomatics. Vol. 51 (2) p. 69-76.

Dumas, D. (1990) : La sexualité masculine. Pluriel. Hachette. Paris.

Eagle, M. (1995). « The developmental perspectives of attachment and psychoanalytic theory ». In S. Goldberg, R. Muir, & et al. (Eds.), Attachment theory: Social, developmental, and clinical perspectives. (pp. 123-150). Hillsdale, NJ: Analytic Press.

Ellis, H. (1977) : Sex and Marriage. Greenwood Press. Londres.

Erdelyi, M.H. (1996) : The Recovery of Unconscious Memories : Hypermnesia and Reminiscence. University of Chicago Press. Chicago.

Erikson, E. H. (1950). Childhood and society. New York: W. W. Norton. (2nd ed. revised & enlarged, 1963.)

Erikson, E. H. (1958). Young man Luther. New York: W. W. Norton.

Erikson, E. H. (1968). Identity: Youth & crisis. New York: W. W. Norton.

Erikson, E. H. (1969). Ghandi's truth. New York: W. W. Norton.

Fairbairn, WRD. (1952) : Psychoanalytic Studies of the Personality. Routledge & Kegan Paul. London.

Faust, B. (1981) : Women, Sex and Pornography. Penguin Books. New York.

Fendrich, M. ; Weissman, M.M. ; Warner,V. (1990) : « Screening for depressive disorder in children and adolescents: validating the Center for Epidemiologic Studies Depression Scale for Children ». Am. J. Epidemiol. 131: 538-551.

Fernandez-Zoila, A. (1999) : Récits de vie et crises d'existence : une herméneutique métamorphique. L'Harmattan. Paris.

Fifer, W. P., ; DeCasper, A. J. (1980) : « Newborn preference for the maternal voice: An indication of early attachment ». Southeastern Conference on Human Development, Alexandria.

Finkelhor, D. (1979) : Sexually victimized children. : Free Press. New York.

Finkelhor, D. ; Baron, L. (1986) : « High risk children ». In D. Finkelhor & Associates (Eds.). A sourcebook of child sexual abuse, p. 60-88. Newbury Park. CA : Sage.

Fleming, P. (1986) : The family life cycle model : a paradigm for separation and attachment. University of Massachussetts.

Fonagy, P. ; Target, M. ; Steele, M. ; Steele, H. ; Leigh, T. ; Levinson, A. ; Keenedy, R. (1997) : « Morality, disruptive behavior, borderline personality disorder, crime and their relationship to security of attachment ». In L. Atkinson, K. J. Zucker, & et al. (Eds.), Attachment and psychopathology. (pp. 223-274). Guilford Press. New York.

Fontaine, R. (1999). Manuel de psychologie du vieillissement. Paris: Dunod.

Franz, C.E., & White, K.M. (1985). « Individuation and attachment in personality development: Extending Erikson's theory ». Journal of Personality, 53(2), 224-256.

French, M. (1978) : Toilettes pour femmes. Laffont. Paris.

Freud, S. (1905) : Trois essais sur une théorie de la sexualité. Gallimard. Paris (1987).

Freud, S. (1914) : « Pour introduire le narcissisme ». La vie sexuelle. Paris, PUF. (1969).

Freud, S. (1915) : « Pulsions et destin des pulsions ». Métapsychologie, Paris. Gallimard. (1968).

Freud, S. (1920) : « Au-delà du principe de plaisir ». Essais de psychanalyse. Payot. Paris (1993).

Freud, S. (1923) : « Le Moi et le Ça ». Payot. Paris. Essais de psychanalyse. Payot. Paris (1993).

Freud, S. (1931) : « Sur la sexualité féminine ». La vie sexuelle. PUF (1969). Paris

Freud, S. (1933) : Nouvelles conférences d'introduction à la psychanalyse. Collection Connaissance de l'Inconscient ; série Oeuvres de S. Freud-traductions nouvelles. Paris. Gallimard. (1984).

Friedman, L. (1988) : « The clinical popularity of object relations concepts ». Psychoanalytic Quarterly. 57, p. 667-691.

Gabbard, G. (1992) : Psychodynamic psychiatry in the "decade of the brain." Am J. Psychiatry 149 : 991.

Gabbard, G. (1997) : Psychotherapy of personality disorders. J. Pract Psychiatry Behav Health 3 : 327.

Gabbard, G.O. (1994) : Psychodynamic Psychiatry in Clinical Practice. The DSM IV Edition. American Psychoanalytic Press. Washington, D.C.

Gacono, C.B., Meloy, J.R., ; « Object relations, defensive operations, and affective states in narcissistic, borderline, and antisocial personality disorder ». Journal of Personality Assessment, 59(1), 32-49.

Gacono, C.B., ; Meloy, J.R. (1991). « A Rorschach investigation of attachment and anxiety in antisocial personality disorder ». Journal of Nervous & Mental Disease, 179(9), 546-552.

Galland, O. (1998) : L'entrée des jeunes dans la vie adulte. Documentation Française.

Garelli, J.C. (1999) : Controversial aspects of Bowlby's attachment theory. Buenos Aires Attachment Research Center. Site web. (http://www.geocities.com/Athens/Acropolis/3041/

Goldberg, S., Muir, R., ; Kerr, J. (1995). Attachment theory: Social, developmental, and clinical perspectives. Hillsdale, NJ: Analytic Press.

Gould, R. L. (1978). Transformations: growth and change in adult life. New York: Simon and Schuster, Inc.

Greenberg, JR. ; Mitchell, SA. (1983) : Object Relations in Psychoanalytic Theory. Harvard University Press. Cambridge, MA.

Greene, N. (1977) : « A view of family pathology involving child molest, from a juvenile probation perspective ». Juvenile Justice. 13, p. 29-34.

Grotstein, J. S.; Rinsley, D. B. (1994) : Fairbairn and the Origins of Object Relations. The Guilford Press. New York.

Gunderson, J. G.; Phillips, K. A. (1998) : « Personality Disorders ». Comprehensive Textbook of Psychiatry, Sixth Edition. Edited by Kaplan et Saddok. Williams and Wilkins. London.

Hage, D. (1999) : Attachment Symptoms. Attachment Center at Evergreen. Website. (http://attachmenttherapy.com/ad.html)

Haley, J. (1963) : Strategies of psychotherapy. Grune and Stratton. New York.

Haley, J. (1973) : Uncommon therapy. Norton. New York.

Hamilton, V. (1996) : The analyst's preconscious. NJ : Analytic Press. Hillsdale.

Haugaard, J. ; Reppucci, N. (1988) : The sexual abuse of children : A comprehensive guide to current knowledge and intervention strategies. Jossey-Bass. San Francisco.

Hazan, C. ; Shaver, P.R. (1987) : « Romantic love conceptualized as an attachment process ». Journal of Personality and Social Psychology. 52, p. 511-524.

Hazel, H. (1983) : Endless Rapture. Rape Romance and the female imagination. Charles Scribner and sons. New York.

Heard, D.H., ; Lake, B. (1986). The Attachment Dynamic in adult life. British Journal of Psychiatry, 149, 430-438.

Heinicke, C., & Westheimer, I. Brief separations. New York: International Universities Press.

Henry, W. P. ; Schacht, T. E. ; Strupp, H. H. (1990) : « Patient and therapist introject, interpersonal process, and differential psychotherapy outcome ».

Vanderbilt U. Ctr for Psychotherapy Research. Nashville. TN, US Journal of Consulting and Clinical Psycholog. Dec. Vol. 58 (6) p. 768-774.

Herman, J. (1981) : Father-daughter incest. MA : Harvard University Press. Cambridge.

Holzman, P.S. ; Aronson, G. (1992) : Psychoanalysis and its neighboring sciences : Paradigms and opportunities. J Am Psychoanal Assoc. 40 : 63.

Horney, K. (1942). The collected works of Karen Horney (volume II). New York: W.W. Norton Company.

Horton S.L. (2002) : « Conceptualizing Transition: The Role of Metaphor in Describing the Experience of Change at Midlife ». Journal of Adult Development, vol. 9, no. 4, pp. 277-290(14)

Houde, R. (1999) : Temps de la vie : développement psychosocial de l'adulte. Gaëtan Morin. Montréal.

Hycner, R. (1985) : « An Interview with Erving and Miriam Polster ». Gestalt Journal. Vol. 10 (2) p. 27-66.

Ivey, A.E., (1986) : Developmental therapy. Josey-Bass. New York.

Jabobsen, T; Miller, L.J. (1999) : « Attachment quality in young children of mentally ill mothers ». Attachment Disorganization. The Guilford Press. New York. 1999.

Jaques, E. (1970). « Death and the mid-life crisis ». Work, creativity and social justice. London: Heinemann.

Johansen, K. (1984). Attachment theory in the treatment of hospitalized borderline patients. Psychiatric Hospital, 15(3), 113-118.

Johnson, S.M. (1987) : Humanizing the Narcissistic Style. Norton. New York.

Johnson, S.M. (1994) : Character Styles. Norton. New York.

Jung, C. G. (1969) : On the nature of the psyche. Princeton University Press. Princeton.

Jung, C. G. (1983) : The essential Jung. (Selected and introduced by Anthony Storr) Princeton University Press. Princeton.

Jung, C. G. (1990) : Modern man in search of a soul. Harcourt. New York.

Jung, C. G. (1958) : The undiscovered self. Little. Boston.

Jung, C. G. (1975) : Critique of psychoanalysis. Princeton University Press. Princeton.

Justice, B. ; Justice, R. (1979) : The broken taboo. : Mormon Science Press. New York.

Kandel, ER. (1999) : Biology and the future of psychoanalysis : A new intellectual framework for psychiatry revisited. Am J. Psychiatry 4 : 505.

Kantrowitz, J. L. (1986) : « The role of the patient analyst "match" in the outcome of psychoanalysis ». Boston Psychoanalytic Society & Inst, MA. Annual of Psychoanalysis. Vol. 14. p. 273-297. Wolf. 1988.

Kazdin, A.E. ; Thompson, R.A. ; Yates, T.T. ; Marans, S.R. ; Cohen, D.J. ; Chess, S. ; Thomas, A. (1991) : « Major general theories of child and adolescent development ». In M. Lewis et al. (Eds.). Child and adolescent psychiatry : A comprehensive textbook, p. 87-159. Williams & Wilkins Co. Baltimore MD.

Kernberg, O. (1974) : « Mature love : prerequisites and caractéristiques ». Journal of the American Psychoanalytic Association. Vol. 22. p. 743-768.

Kernberg, O. (1975) : Borderline Conditions and Pathological Narcissism. Aronson. New York.

Kernberg, O. (1995) : Love Relations, normality and pathology. Yale University Press. London.

Kernberg, P.F. (1998). « Developmental aspects of normal and pathological narcissism ». E. F. Ronningstam (Ed.), Disorders of narcissism: Diagnostic, clinical, and empirical implications. (pp. 103-120). Washington DC: American Psychiatric Press, Inc.

Kissane, D.W. ; Ball J.R.B. (1988) : « Postnatal depression and psychosis - A mother and baby unit in a general hospital ». Australian & New Zealand Journal of Obstetrics & Gynaecology, 28: 208-212.

Klein, M. (1978) : Envie et gratitude. Gallimard. Paris

Klein, M. (1994) : Développements de la psychanalyse. PUF. Paris

Klein, M. (2001) : L'amour et la hainee. Payot. Paris

Kohut, H. (1991) : Analyse et guérison. PUF. Paris

Kohut, H. (1991) : Le Soi. PUF. Paris

Koppelman, S. (1976) : Images of Women in Fiction. Bowling Green University Popular Press. Bowling Green. Ohio.

Leiderman, P.H. ; Seashore, M.J. (1975) : « Mother-infant neonatal separation: some delayed consequences ». Ciba Found Symp. 33:213-239

Lemaire, P. (1999). Le Vieillissement Cognitif. Paris: Presses Universitaires de France

Lester, E.P. (1985). « The female analyst and the erotized transference ». International Journal of Psycho-Analysis, 66, 283- 293

Levinson, D. J., (1978). The season's of a man's life. Random House. New York

Levinson, D. J., ; Levinson, J. D. (1996). The season's of a woman's life. New York: Alfred A. Knopf.

Levy, T. M., Orlans, M. et Winger, S (1999) : What is attachment disorder ? Evergreen Consultants In Human Behavior. Colorado

Lewin, K. (1951) : Field theory in social science : selected theoretical papers. Harper and brothers. New York.

Lichtenberg, J. (1989) : Psychoanalysis and Motivation. Analytic Press, Hillsdale. NJ.

Liotti, G. (1999) : « Disorganization of attachment as a model for understanding dissociative pathology ». Attachment Disorganization. The Guilford Press. New York. 1999. (Liotti, 1999)

Livesley, W.J., Schroeder, M.L., ; Jackson, D.N. (1990). « Dependent personality disorder and attachment problems ». Journal of Personality Disorders, 4(2), 131-140.

Mahler, M. (1968;1973) : Psychose infantile. Éditions Payot. Paris.

Main, M. ; Hesse, E. (1990) : « Parents' unresolved traumatic experiences are related to infant disorganized attachment status ». Attachment in the preshool years. University of Chicago Press. Chicago.

Maisch, N. (1973) : Incest. Andre Deutsch. London.

Makari, GJ. (1997) : Dora's hysteria and the maturation of Sigmund Freud's transference theory : A new historical interpretation. J. Am Psychoanal Assoc.

Masters, W.H. ; Johnson, V.E. (1992) : Masters & Johnson on Sex & Human Loving. Little, Brown and Co. New York.

McWilliams, N. (1994) : Psychoanalytic Diagnosis: Understanding Personality Structure in the Clinical Process. The Guilford Press. New York.

Miller, A. (1991) : Le drame de l'enfant doué. PUF.

Miller, A. (1996) : L'avenir du drame de l'enfant doué. PUF.

Millet-Bartoli, F. (2002) : La crise du milieu de la vie. Odile Jacob.

Millon, T. ; Klerman, G.L. (1986) : Contemporary Directions in Psychopathology. The Guilford Press. New York.

Modell, A. (1986) : « The Missing Elements in Kohut's Cure ». Psychoanalytic Inquiry. Vol. 6. No. 3.

Montuori, E.; Garelli, J. C. (1995) : Outline of the Theory of Attachment. Psychology Notes - Cultural Association for Psychology Research Buenos Aires.

Mueller, W. ; Aniskiewicz (1986) : Psychotherapeutic Intervention in Hysterical Disorders. NJ : Jason Aronson. Northvale.

Muir, R.C. (1995). « Transpersonal processes: A bridge between object relations and attachment theory in normal and psychopathological development ». British Journal of Medical Psychology, 68(3), 243-257.

Mulder, R. ; Joyce, P. (1997) : « Temperament and structure of personality disorder symptoms ». Psychology Medical, 27 : 99.

Nass, G.D. ; Fisher, M.P. (1988) : Sexuality Today. Jones & Bartlett Publishers, Inc.

Newton, P. (1995). Freud: from youthful dream to midlife crisis. New York: Guilford Press.

Ochoa, E. (1999) : L'amour au bord de la folie. Payot. Paris.

Olivier, C. (1994) : Les fils d'Oreste. Flammarion. Paris.

Osborne, C. ; Pollack, R. (1977) : « The effect of two types of erotic litterature on physiological and verbal measures ». Journal of Sex Research. 13. no 4, p 250-256.

Panksepp, J. (1998) : « Attachment theory, personality development, and psychotherapy ». Clinical Psychology Review, 8(6), 611-636.

Perls, F S., Hefferline, R et Goodman, P. (1979). Gestalt Therapie. Vers une théorie du Self. Nouveauté excitation et croissance. L'Exprimerie. Bordeaux.

Peterson, G.H. ; Mehl, L.E. (1978) : « Some determinants of maternal attachment ». American Journal of Psychiatry 135:1169-1173, 1978

Proulx, M. (2002) : Le coeur est un muscle involontaire. Boréal. Montréal

Reinisch, J.M. ; Beasley, R. (1991) : Kinsey Institute New Report on Sex. St-Martins Press.

Roazen, P. (1992) : Hélène Deutsch, une vie de psychanalyste. PUF. Paris.

Rosario, V.A. (2000) : L'irrésistible ascencion du pervers. Epel. Paris.

Rosenstein, D.S., & Horowitz, H.A. (1993). « Attachment, personality, and psychopathology: Relationship as a regulatory context in adolescence. » Adolescent Psychiatry, 19, 150-176.

Saddock, V.A. (2000) : « Normal Human Sexuality and Sexual Disorders ». Comprehensive Textbook of Psychiatry. Lippincott Williams & Wilkins. New York.

Schulz, R., & Ewen, R.B. (1993). Adult Development and Aging.

Sheehy, G. (1996) : New Passages. Ballantine Books. New York.

Sheldon, A.E. (1993). « The discrimination of attachment and affiliation: Theoretical propositions and application to specific personality disorders ». Dissertation Abstracts International, 53(10-B), 5475-5475.

Sheldon, A.E., ; West, M. (1990). « Attachment pathology and low social skills in avoidant personality disorder: An exploratory study ». Canadian Journal of Psychiatry, 35(7), 596-599.

Sidoun, P. (2000) : Désirs, amours et autres destins noirs. MNH. Montréal.

Silverman, D. K. (1986) : « A multi model approach. Looking at clinical data from three theoretical perspectives ». Psychoanalytic Psychology;

Slater C.L (2003) : « Generativity Versus Stagnation: An Elaboration of Erikson's Adult Stage of Human Development ». Journal of Adult Development, vol. 10, no. 1, pp. 53-65(13)

Slobodnik, N.J. (1997). « Communication about adoption, personality development and attachment in adoptive families ». Dissertation Abstracts International Section A: Humanities & Social Sciences, 58 (3-A), 1113-1113.

Sneddon, J., Kerry, R.J., Bant, W.P. (1981): « The psychiatric mother and baby unit. A three-year study. » Practitioner, 225, 1295-1300.

Solomon, J.; George, C (1999) : « The place of disorganization in attachment theory ». Attachment Disorganisation. The Guilford Press. New York. 1999

Solomon, R. F. (1987) : Narcissism and Intimacy. Norton. New York.

Stern, D. (2000) : Interpersonal World of the Infant: A View from Psychoanalysis and Developmental Psychology. Basic Books. New York.

Sutherland, J. D. (1994) : Fairbairn's achievement. In Grotstein; Rinsley. (Eds.) Fairbairn and the Origins of Object Relations. The Guilford Press. New York.

Sutherland, J.D. (1994). « Fairbairn's achievement ». J. S. Grotstein, D. B. Rinsley, & t al. (Eds.), Fairbairn and the origins of object relations. (pp. 17-33). New York NY: Guilford Press.

Thorman, G. (1983) : Incestuous families. IL : Charles Thomas. Springfield.

Tronick, E ; Adamson, L. (1980) : Babies as people: new findings on our social beginnings New York. Collier Books.

Tyson, P. (1994) : Theories of female psychology. Psychoanal Assoc. 42 : 447.

Uddenberg, N. ; Englesson, I. (1978) : « Prognosis of post partum mental disturbance: A prospective study of primiparous women and their 4-year-old children ». Acta Psychiatr Scand 58: 201–212.

Valliant, G. E. (1977) : Adaptation to life. Boston: Little, Brown and Company.

Valliant, G. E. (1995) : The Wisdom of the Ego: Sources of Resilience in Adult Life. Rank.

Van der Kolk, B.A. (1987) : Psychological Trauma. American Psychiatric Press. Washington, DC.

Van Ijzendoorn, M.H., Feldbrugge, J.T.T.M., Derks, F.C.H., de Ruiter, C. (1997). « Attachment representations of personality-disordered criminal offenders ». American Journal of Orthopsychiatry, 67(3), 449-459.

Wakefield, JC. (1992) : « Freud and the intentionality of affect ». Psychoanal Psychol. 9 : 1.

Waters, E.; Valenzuela, M. (1999) : « Explaining Disorganized Attachment: Clues From Research Mild-to-Moderately Undernourished Children In Chile ». Attachment Disorganization. The Guilford Press. New York. 1999.

Waters, P.L. ; Cheek, J.M. (1999) : « Personality development ». In V. J. Derlega ; B. A. Winstead et al. (Eds.). Personality : Contemporary theory and research, p. 126-161. IL : Nelson-Hall. Chicago.

Weinberger, D.A. (1998) : « Defenses, personality structure, and development : Integrating psychodynamic theory into a typological approach to personality ». Journal of Personality. 66 (6), p.1061-1080.

West, M., Rose, M.S., ; Sheldon-Keller, A. (1995) : « Interpersonal disorder in schizoid and avoidant personality disorders: An attachment perspective ». Canadian Journal of Psychiatry, 40(7), 411-414.

West, M., ; Keller, A. (1994). « Psychotherapy strategies for insecure attachment in personality disorders ». M. B. Sperling & W. H. Berman (Eds.),

Attachment in adults: Clinical and developmental perspectives. (pp. 313-330). New York, NY: Guilford Press.

West, M., ; Sheldon, A.E. (1988). « Classification of pathological attachment patterns in adults ». Journal of Personality Disorders, 2(2), 153-159.

Whiteley, J.S. (1994). « Attachment, loss and the space between: Personality disorder in the therapeutic community ». Group Analysis, 27(4), 359-387.

Williams, D. ; Schill, T. (1993). « Attachment histories for people with characteristics of self-defeating personality ». Psychological Reports, 73(3, Pt 2), 1232-1234.

Winnicott, D.W. (1975) : Jeu et réalités. Gallimard. France.

Winnicott, D.W. (1988) : L'enfant et le monde extérieur. Payot. France.

Winnicott, D.W. (1988) : Processus de maturation chez l'enfant. Payot. France.

Winnicott, D.W. (1989) : De la pédiatrie à la psychanalyse. Payot. France.

Winnicott, D.W. (2002) : L'enfant et sa famille : premières relations. Payot. France.

Zazzo R. (1979) : L'attachement. 2e éd. Delachaux et Niestlé. Neuchatel.

Zeanah, CH. ; Klitzke, M. (1991) « Role reversal and the self-effacing solution: Observations from infant-parent psychotherapy ». Psychiatry, 54, 346-357.